Google로 수업을 바꾸는
교사들의 시크릿

**Google로 수업을 바꾸는
교사들의 시크릿**

초판 발행 | 2025년 12월 28일

지은이 | 정진아, 권재범, 김학민, 박빛나, 박오종, 심하루 **감수 |** 강경욱
펴낸곳 | 교사크리에이터협회 **펴낸이 |** 이준권 **진행책임 |** 신혜영 **편집 디자인 |** 앤써북

출판사 등록번호 | 제 450-2024-00007호
주소 | 충청남도 공주시 신관로 8, 테라파워빌딩 3층 **대표전화 |** 041-856-0416 **팩스 |** 041-856-0417
이메일 | teacher@tcreator.kr **홈페이지 |** t-creator.com

도서 구입 문의 | 앤써북 **전화 |** 070-887-4177 **팩스 |** 031-624-2753

ISBN | 979-11-990234-3-7 13370

※ 책값은 뒤표지에 있습니다.
※ 이 책은 저작권법에 따라 보호를 받는 저작물이므로 무단 전제와 복제를 금지하며, 이 책의 내용의 전부 또는 일부를 이용하려면
반드시 저작권자와 교사크리에이터협회의 서면동의를 받아야 합니다.
※ 잘못 만들어진 책은 서점에서 교환해드립니다.

> 선생님의 교실 속,
> 놀라운 변화
> 이제 시작해 볼까요?

이 책에서 다루는 기능들은 Google Workspace for Education 계정을 기준으로 설명되어 있습니다.
개인 Google 계정으로 실습할 경우 일부 기능은 제공되지 않을 수 있습니다.

여는 글

교실 속, '진짜 변화'는 어떻게 시작되는가

수업이 끝나고 교실을 나서는 아이들의 뒷모습을 바라보며 이런 생각을 해본 적 있나요?

'내일 수업은 또 어떻게 해야 하지?'

아마 교사라면 누구나 한 번쯤은 품어봤을 질문일 겁니다. 좋은 수업을 하고 싶은 마음은 늘 간절하지만, 예상과 다른 아이들의 반응에 당황하거나 아쉬움이 남을 때도 많지요.

저희 G-CREATOR팀도 다르지 않았습니다. 늘 물었습니다. "어떻게 하면 아이들이 더 즐겁게 배우고, 더 깊이 성장할 수 있을까?"

그러던 어느 날, 교실 안에서 조금씩 놀라운 변화가 일어나기 시작했습니다. 아주 작은 시도에서 비롯된 변화였습니다. 수업 방식을 조금 달리했을 뿐인데, 아이들이 달라지기 시작한 것입니다. 늘 조용하던 아이가 적극적으로 손을 들었고, 서로의 생각을 나누며 토론하고 협력하는 장면이 펼쳐졌습니다.

그 변화의 출발점은 바로 Google이었습니다.

연수 현장에서 선생님들이 가장 많이 물으셨던 것도 이와 같은 부분이었습니다.

"그래서 실제로 선생님은 Google 도구를 어떻게 수업에 활용하시나요?"

『Google로 수업을 바꾸는 교사들의 시크릿』은 바로 그 질문에 답하기 위해 쓰인 책입니다. 이 책은 딱딱한 매뉴얼이 아닙니다. 저희가 직접 부딪히고 실패하며 얻은 경험 속에서 정성껏 가려낸, 내일 당장 내 수업에 적용할 수 있는 현실적인 방법을 담았습니다.

결국 교실의 변화를 만들어낸 건 복잡한 기술이 아니었습니다. 그것은 바로 교사의 작은 용기였습니다.

이제 선생님의 교실에도 그 변화가 시작될 차례입니다.

저희가 시도하고 깨달으며 찾아낸 수업 혁신의 열쇠, 그 생생한 여정에 선생님을 초대합니다.

G-CREATOR팀 ㈜교사크리에이터협회 소속 팀으로 Google for Education 트레이너, 혁신가 등 50여 명의 전문가로 구성된 전국 최고 Google 교사 팀이다. Google 교육 콘텐츠, 자율연수, 트레이너 캠프, 해외 교류 사업, 디지털 튜터 자격증 등 '교육을 구글리하게'라는 비전 아래 다양한 교육 프로그램을 기획 운영하고 있다.

추천사

교사크리에이터협회 선생님들께서 집필하신 『Google로 칼퇴하는 교사들의 시크릿』은 선생님들의 업무 경감과 디지털 전환에 큰 도움을 주었습니다. 그로부터 불과 몇 개월이 지났을 뿐인데, 이번에는 후속편인 『Google로 수업을 바꾸는 교사들의 시크릿』이 출간되었습니다. 교실 운영의 핵심 플랫폼인 구글클래스룸과 강력한 협업 도구들의 실전 활용법을 담은 책입니다.

이 책은 현직 교사로서 수많은 시행착오와 성공 경험을 쌓아 온 교사크리에이터협회 집필진 선생님들의 생생한 노하우가 고스란히 담겨 있는 책입니다. 단순히 기능을 소개하는 데 그치지 않고, 교사들이 매일 마주하는 '수업 준비의 부담'을 구글 도구로 어떻게 해소할 수 있는지에 대한 구체적인 해법을 제시합니다. 온라인 수업 개설부터, 산더미 같은 과제 채점 자동화, 학부모 및 학생과의 효율적인 소통, 그리고 행정 업무 경감까지! 선생님들의 시간을 절약하고, 수업의 본질에 더욱 집중할 수 있도록 돕는 실질적인 '워크플로우'가 담겨 있습니다.

요즘은 모든 것들이 너무 빠르게 변화하고 있고, 학교도 예외는 아닐 것입니다. 그 변화의 중심에는 학생들의 성장을 위해 끊임없이 도전하는 선생님들이 계십니다. 수업의 질은 높이고, 업무 시간은 줄이는 '스마트 교사'가 되기를 원한다면, 이 책이야말로 책상 위에 늘 두고 펼쳐 봐야 할 현장 맞춤형 필독서입니다. 이 책을 통해 선생님들께서는 '미래형 교실'을 구축하고, 학생들에게 '협력과 소통 능력'을 길러주는 진정한 스마트 교육의 리더가 되실 수 있을 것입니다.

이 책을 집필하시느라 애써주신 각 지역의 GEG리더, 캡틴 및 교사크리에이터협회 소속이신 정진아, 권재범, 김학민, 박빛나, 박오종, 심하루 선생님, 그리고 강경욱 선생님께 감사의 인사를 드리고 싶습니다. 항상 교육 현장에서 변화를 두려워하지 않고 학생들과 선생님들을 위해 애써 주셔서 감사합니다.

Google for Education Community Manager, Colbe Lee

목차

여는 글

추천사

1 Google Classroom
학습의 디지털 허브

01. Google Classroom으로 여는 수업 혁신의 문 … 14

02. Google Classroom의 핵심 기능과 전략 … 16
1. Google Classroom 개설로 디지털 허브 구축하기 … 16
2. Google Classroom 메뉴를 이해하고 교실 운영 지도 그리기 … 19
3. 과제 설계와 배포로 학생 참여 전략 수립하기 … 22
4. 평가와 피드백 기능으로 학생들의 성장 돕기 … 30
5. 표절 여부(원본성) 확인 기능으로 저작권 점검하기 … 35
6. 기한·재사용·주제 기능으로 스마트 클래스 만들기 … 36

03. Google Classroom 확장 꿀팁 … 40
1. EduPlus로 진화하는 Google Classroom 만들기 … 40
2. EduPlus의 새로운 기능으로 Classroom 업그레이드하기 … 41

2 Google Docs
생각을 연결하고 사고를 확장하는 도구

01. Google Docs가 깨운 표현의 즐거움 … 54

02. Google Docs의 핵심 기능과 전략 … 56
1. 탭(Tab)기능으로 모둠 활동 환경 만들기 … 56
2. 스마트 칩(Smart Chip) 기능으로 프로젝트 학습 관리하기 … 58
3. 이미지 웹검색 기능으로 유해성 없는 자료 탐색하기 … 61
4. 페이지 없음(Pageless) 기능으로 경계 없는 디지털 학습공간 만들기 … 64

5. 댓글, 제안 기능으로 소통하는 학습 환경 구축하기   66
6. 자유 곡선 그리기 기능으로 아이디어 표현하기   69
7. 도형 그리기와 텍스트 상자 기능으로 아이디어 구조화하기   71
8. 링크 삽입 기능으로 학습 정보 확장하기   75
9. 음성 입력 기능으로 말하며 기록하기   76

03. Google Docs로 만드는 살아있는 교실   78
1. 사회: 클릭 한 번으로 세상과 연결되는 살아있는 인권 수업   78
2. 국어: 모둠별로 실시간 협업하여 토의·토론하기   83

04. Google Docs 확장 꿀팁   87
1. Gemini로 진화하는 Google Docs   87

Google Slides
시각적 표현과 발표력을 키우는 수업 도구

01. Google Slides로 생각을 시각화하는 아이들   92

02. Google Slides의 핵심 기능과 전략   94
1. 템플릿 갤러리 기능으로 발표 자료의 틀 만들기   94
2. 자리 표시자 기능으로 슬라이드 내용 체계화하기   97
3. 이미지 삽입 기능으로 발표 자료의 기본 구성 다지기   100
4. 동영상 삽입 및 편집 기능으로 발표 자료 구성하기   104
5. 공동 제작 및 편집 기능으로 협업 슬라이드 만들기   107
6. 댓글 기능으로 또래 피드백 주고받기   110
7. 링크 삽입 기능으로 쉽게 자료 탐색하기   111
8. 발표자 보기 및 Q&A 기능으로 발표 흐름과 소통 강화하기   113
9. 버전 기록 기능으로 슬라이드 수정 과정 살펴보기   118

03. Google Slides로 만드는 살아있는 교실 120
1. 국어: 시를 시각화하는 시화 슬라이드 만들기 120
2. 사회: 모둠별 역사 인물 소개하기 123
3. 영어: 나만의 영어 단어장 만들기 126
4. 관계 형성: 디지털 롤링페이퍼로 마음 전하기 129

04. Google Slides 확장 꿀팁 132
1. 타이머 삽입으로 집중력 올리기 132
2. 단축키로 작업 속도 올리기 134
3. 학생 포트폴리오로 활용하기 134
4. EduPlus에서 슬라이드를 영상으로 녹화하기 136

Google Forms & Sheets
생각을 수집하고 데이터를 시각화하는 도구

01. Google Forms & Sheets가 만든 데이터 기반 수업 문화 140

02. Google Forms & Sheets의 핵심 기능과 전략 142

Google Forms
1. 다양한 질문 유형으로 수업 활동 설계하기 142
2. 자동 채점 기능으로 효율적인 퀴즈 평가하기 146
3. Google Classroom에서 Google Forms 퀴즈 성적 자동 가져오기 152
4. 답변을 기준으로 섹션 이동 기능으로 수준별 문제지 만들기 154
5. 이미지 삽입 기능으로 시각적 힌트 제공하기 157
6. 응답 탭과 시트 연동으로 전체 응답 흐름 한눈에 보기 159

Google Sheets
1. 기초 함수로 줄넘기 기록 시각적으로 정리하기 162
2. 필터 기능으로 원하는 내용만 빠르게 확인하기 167

3. 조건부 서식으로 수행평가 결과 시각적으로 분석하기   169

03. Google Forms와 Sheets로 만드는 살아있는 교실   171
1. 모든 교과: 조용한 궁금증을 이어주는 질문 폼의 힘   171
2. 사회: 미션 해결의 짜릿함, 구글 폼 방탈출 게임   174
3. 학급 경영: 한 장의 시트로 통합 관리하는 교실   176
4. 과학: 협업과 탐구의 완성, Google Sheets로 실험 보고서 쓰기   181

04. Google Forms & Sheets 확장 꿀팁   184
1. 정규표현식으로 오류 없는 응답 데이터 받기   184
2. 앱스크립트(Apps Script)로 나만의 자동화 기능 맛보기   186

Google Earth & Maps
교실을 넘어 세상을 품는 디지털 탐험 도구

01. Google Earth & Maps로 교과서 너머, 살아있는 세상 탐험하기   192

02. Google Earth & Maps의 핵심 기능과 전략   194

Google Earth
1. 기본 탐색 기능으로 지구 지리 탐험하기   194
2. 과거 이미지 표시 및 타임랩스 기능으로 지역 변화 탐구하기   196
3. 3D 건물 및 스트리트 뷰 기능으로 생생한 현장 학습하기   198
4. 프로젝트 만들기 기능으로 나만의 이야기 구성하기   199

Google Maps
1. 장소 검색 및 저장 기능으로 지도 자료 만들기   207
2. 나만의 지도 기능으로 학생 주도형 시각화 프로젝트 진행하기   209

03. Google Earth & Maps로 만드는 살아있는 교실   214
1. 미술: 시공간 경계를 허무는 나만의 명화 여행 플래너(with Google Earth)   214
2. 사회: 외국인 친구를 위한 우리 동네 가이드북 만들기 (with Google Maps)   219

04. Google Earth & Maps 확장 꿀팁   225
1. Google Earth Pro 설치 및 활용: 전문가 수준의 기능 사용하기   225

Google Sites
교실과 세상을 연결하는 디지털 포트폴리오

01. Google Sites로 만드는 나만의 디지털 포트폴리오   230

02. Google Sites의 핵심 기능과 전략   232
1. Google Sites 시작하기   232
2. 삽입 기능으로 수업 자료와 학습 결과물 통합하기   235
3. 콘텐츠 블록과 이미지 캐러셀로 학습 내용을 효과적으로 정리하기   239
4. Google 도구 연동으로 다양한 기능 추가하기   242
5. 페이지 구성으로 체계적인 학습 설계하기   247
6. 테마 설정으로 개성 있는 학습공간 꾸미기   251
7. 공유와 게시 기능으로 세상과 연결하기   253
8. 사이트 도구 설정 관리로 편의성 더하기   257

03. Google Sites로 만드는 살아있는 교실   260
1. 프로젝트 산출물을 모아 자신만의 탐구 보고서 만들기   260

04. Google Sites 확장 꿀팁   262
1. Gemini Canvas로 '프로젝트 수업 개요 페이지' 만들기   262

+7 〈번외 편〉 Chrome Music Lab _ Song Maker
클릭 한 번으로 시작하는 나만의 음악 만들기

01. Song Maker가 바꾼 교실의 음악 수업 풍경   268

02. Song Maker의 핵심 기능과 전략   270
  1. 디지털 격자 악보로 누구나 쉽게 작곡하기   270
  2. 링크 공유 시스템으로 함께하는 음악 수업 만들기   275

03. Song Maker로 만드는 살아있는 교실   277
  1. 음악: 내 마음 날씨 음악관 만들기   277

04. Song Maker 확장 꿀팁   281
  1. Gemini Canvas로 '우리반 음악 전시관' 한 번에 완성하기   281

닫는 글

Google Classroom
학습의 디지털 허브

Google Classroom은 과제 제출, 자료 공유, 피드백 제공과 같은 학습 활동을 하나의 공간에서 관리할 수 있는 '디지털 학습 허브'입니다. 이를 통해 수업 자료 게시, 과제 제출, 댓글을 통한 실시간 소통이 가능합니다. 특히 Google 문서, 슬라이드, 드라이브 등 다양한 Google Workspace 도구와의 연동성이 뛰어나 수업의 준비부터 운영, 평가까지 통합적으로 처리할 수 있어 교사와 학생 모두에게 효율적인 학습 환경을 제공합니다.

Google Classroom은 'Google 앱 메뉴 – 클래스룸'을 선택해 실행하거나 주소창에 'classroom.google.com'을 입력하여 접속할 수 있습니다.

Google Classroom으로 여는 수업 혁신의 문

> "
> 수업 준비부터 과제 제출, 피드백까지…
> 모두 다 되는 거네요?

    수업 자료를 찾고, 과제를 나눠주고, 피드백을 전하고, 누가 과제를 냈는지 확인하는 일까지, 수업은 수없이 작은 일들의 연속입니다. 매일 반복되는 일상 속에서 교사는 단순한 지식 전달자를 넘어 수업 설계자이자 학습자 이해자이며, 동시에 평가자 역할까지 해내고 있습니다. 이처럼 복잡하고 다양한 역할을 동시에 수행해야 하는 교사가 수업과 학생 지도에 더욱 집중할 수 있게 도울 방법은 없을까요?

    Google Classroom은 수업의 모든 과정을 하나의 공간에서 연결해주는 디지털 교실의 중심 플랫폼입니다. 복잡하고 반복적인 수업 준비 과정을 훨씬 더 간단하고 유연하게 만들어 주고, 수업의 흐름을 자연스럽게 이어주는 교사의 든든한 동반자입니다.

    ✦ Google Classroom은 수업의 큰 그림을 한눈에 볼 수 있는 구조를 갖추고 있습니다. 수업 자료, 과제, 공지 사항, 피드백, 평가까지. 이전에는 각각 따로 관리하던 요소들이 하나의 Google Classroom 안에 정리되면서, 교사와 학생 모두 지금 무엇을 해야 하는지, 어디에서 확인할 수 있는지 명확하게 알 수 있게 됩니다.

    ✦ 학생도 능동적인 참여자로 변화합니다. 게시된 과제나 자료를 스스로 찾아보고, 댓글로 질문하거나 친구의 글에 피드백을 남기면서 단순히 지시를 따르는 수동적인 존재가 아니라, 학습에 주도적으로 참여하는 모습을 보이게 됩니다.

✦ Google Docs, Slides, Forms, YouTube와 같은 Google 도구들과의 연동은 수업 설계의 자유도와 유연성을 크게 높여줍니다. 문서로 자료를 만들고, 프레젠테이션으로 설명하고, 실시간 피드백을 주고, 퀴즈로 마무리하는 수업 전 과정이 별도의 프로그램 전환 없이 매끄럽게 이어져, 교사도 학생도 흐름의 끊김 없이 수업에 온전히 몰입할 수 있습니다. 특히 Slides로 만든 수업 자료에 바로 질문 링크를 연결하고, Docs로 제출된 과제에 직접 댓글을 남기며 개별화된 피드백을 줄 수 있어 수업과 과제, 평가가 하나의 흐름으로 자연스럽게 연결됩니다.

✦ Google Classroom의 또 다른 장점은 수업의 연속성과 접근성입니다. 수업 전에 자료를 미리 업로드하고, 수업 중에는 그 자료를 중심으로 활동을 진행하며, 수업이 끝난 뒤에는 과제를 다시 확인하고, 댓글이나 피드백으로 학습을 이어갈 수 있습니다. 학생들은 언제 어디서든 Google Classroom에 접속해 자료를 보고, 과제를 제출하고, 선생님의 피드백을 확인할 수 있습니다. 수업이 교실 안에서만 머무르지 않고, 시간과 공간을 넘어 계속 이어지는 것, 바로 이 점이 Google Classroom이 만들어낸 변화입니다.

✦ Google Classroom은 교사 간 협업 환경을 만들기에도 아주 적합합니다. 하나의 Google Classroom에 여러 명의 교사가 함께 참여할 수 있어, 담임과 전담 교사 또는 연구회 교사들이 함께 자료를 만들고 과제를 살펴보며, 학생 개개인의 성장 과정에 대해 함께 논의할 수 있습니다. 수업의 질이 높아지고, 교사의 부담은 나누어지며, 자연스럽게 협력 중심의 수업 문화가 만들어집니다.

✦ 무엇보다 중요한 점은, Google Classroom이 교사 중심 수업에서 학생 중심 수업으로의 전환을 돕는다는 사실입니다. 학생들은 단순히 '과제를 제출하는 사람'이 아니라, 자료를 읽고 의견을 나누며 친구의 생각을 듣고 자신의 생각을 발전시키는 학습 공동체의 일원으로 성장합니다. 이러한 활동은 모두 Classroom 안에서 이루어지며, 학생 개개인의 성장 과정과 발달 정도가 차곡차곡 기록됩니다. 교사는 학생의 강점을 파악하고 그에 맞는 자료를 연결해주는 수업 디자이너가 됩니다.

✦ Google Classroom은 교사의 전문성을 살리는 도구입니다. 과제를 누가 냈는지 일일이 확인하던 시간을 줄여 그만큼 학생 개별 피드백, 학습 자료 제작, 수업 설계에 더 많은 에너지를 쏟을 수 있는 여유를 만들어 줍니다.

교실 속 디지털 허브, Google Classroom을 제대로 활용하려면 어떻게 해야 할까요?

02. Google Classroom의 핵심 기능과 전략

수업에 유용한 Classroom의 핵심 기능

• Google Classroom 구성하기 • Google Classroom 메뉴 알아보기 • 과제 생성하고 배포하기
• 과제 평가하기 • 과제 기한 정하기 • 게시물 재사용하기 • 주제 기능으로 분류하기

이번 장에서는 수업에 효과적으로 활용할 수 있는 Google Classroom의 핵심 기능과 실전 전략을 살펴보겠습니다. 실제 교실에서 어떻게 적용되고, 학생들의 참여와 교사의 수업 설계를 어떻게 바꾸는지 구체적인 장면을 통해 함께 살펴보겠습니다.

1. Google Classroom 개설로 디지털 허브 구축하기

Google Classroom 만들기와 학생 초대는 디지털 교실을 '교실답게' 만드는 첫 작업입니다. 단 몇 번의 클릭만으로 새로운 학습공간을 만들고, 학생을 초대하면, 이제 Google Classroom은 모두가 함께 수업을 만들어가는 디지털 교실이 됩니다.

1 Chrome 브라우저 첫 화면에서 ❶ 'Google 앱 메뉴' - ❷ 'Google Classroom'을 클릭합니다.

2 Google Classroom에 처음 접속하면 학생, 교사 중 역할을 선택할 수 있습니다. '교사'로 선택합니다.

3 ❶ 오른쪽 상단의 '+' 버튼 - ❷ '수업 만들기'를 클릭합니다.

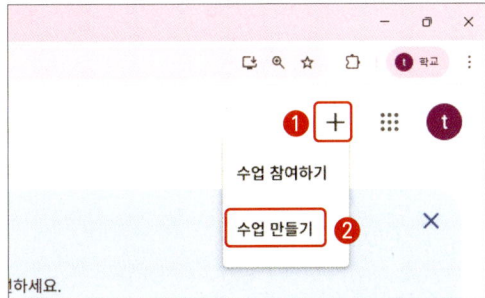

4 ❶ '수업 이름(필수)'에 학생들에게 보여질 수업 이름을 적고 ❷ '만들기'를 클릭하여 수업 만들기를 완료합니다. 섹션, 제목, 강의실 입력은 선택사항입니다.

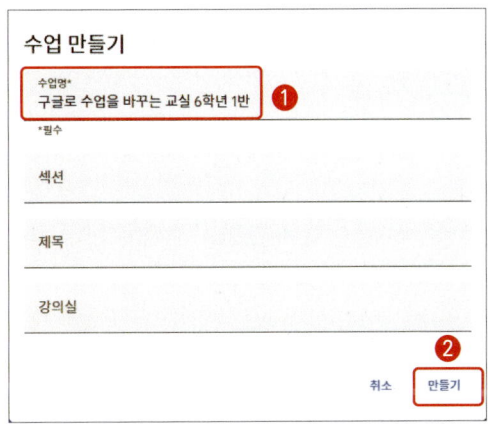

5 이제 학생들을 초대해볼까요? Google Classroom 첫 화면에서 수업 코드를 확인하고 학생들에게 안내합니다.

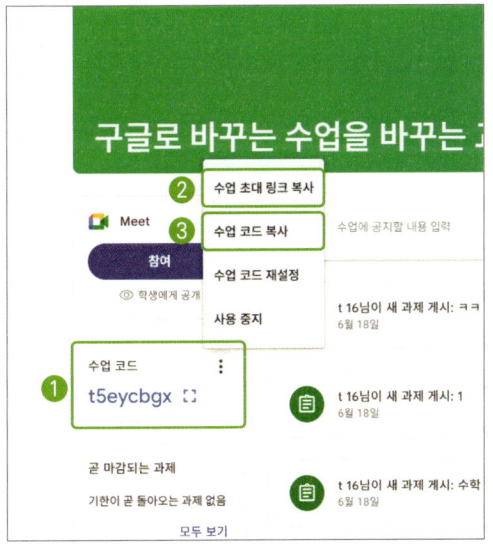

❶ **수업 코드**: 수업에 참여하기 위한 수업 코드입니다. 학생들은 Google Classroom에 접속한 뒤, '수업 참여하기' 버튼을 클릭하고 수업 코드를 입력하면 수업에 참여할 수 있습니다.

❷ **수업 초대 링크 복사**: 링크를 복사하여 학생들에게 안내합니다. 링크를 클릭한 학생은 자동으로 수업에 가입할 수 있습니다.

❸ **수업 코드 복사**: 수업 코드가 자동으로 복사됩니다. 원하는 곳에 붙여넣기 할 수 있습니다.

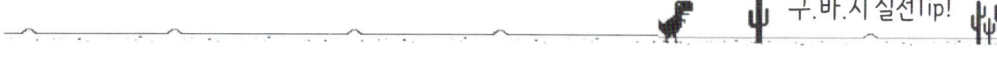

QR코드를 활용하면 더욱 편리하게 학생들을 초대할 수 있습니다.
❶ 클래스룸에서 수업 초대 링크를 복사합니다. ❷ 크롬 브라우저 오른쪽 상단의 'Chrome 맞춤 설정 및 제어
(:)' - ❸ '전송 저장, 공유' - ❹ 'QR코드 만들기'를 클릭합니다. ❺ 자동으로 입력되어 있는 URL을 지운 뒤, 복사해 둔 수업 초대 링크를 해당 칸에 붙여넣기하고 ❻ 복사 또는 다운로드를 해서 공유하면 QR코드로 쉽게 학생들을 수업에 가입시킬 수 있습니다.

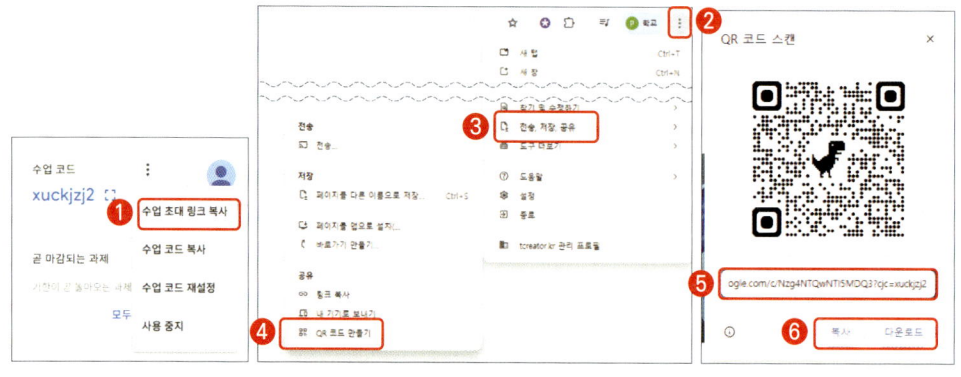

2. Google Classroom 메뉴를 이해하고 교실 운영 지도 그리기

Google Classroom 화면 상단에는 '게시판', '수업 과제', '사용자', '성적' 등의 탭이 있습니다. 이 메뉴들은 각각의 역할과 흐름을 가진 디지털 교실 속 중요한 공간입니다. 마치 학교 안에 교무실, 복도, 교실, 게시판이 있듯 Google Classroom 안에도 다양한 공간이 있고, 선생님과 학생이 머무는 위치와 목적은 상황에 따라 달라집니다. 게시판은 공지사항을 주고받는 알림판, 수업 과제는 과제와 자료가 정리되는 수업 게시판, 사용자는 학급 구성원이 한눈에 보이는 명부의 역할을 합니다. 성적 탭에서는 제출 현황과 채점 결과를 한눈에 확인할 수 있습니다.

각 메뉴의 기능과 흐름을 제대로 이해하면, Google Classroom을 다른 어떤 LMS보다 효율적으로 활용할 수 있게 될 것입니다.

1 첫 화면 알아보기 Google Classroom의 첫 메뉴에서 해당하는 수업으로 들어오면 아래와 같은 메뉴를 확인할 수 있습니다. Google Classroom의 가장 기본이 되는 메뉴와 기능들을 알아보겠습니다.

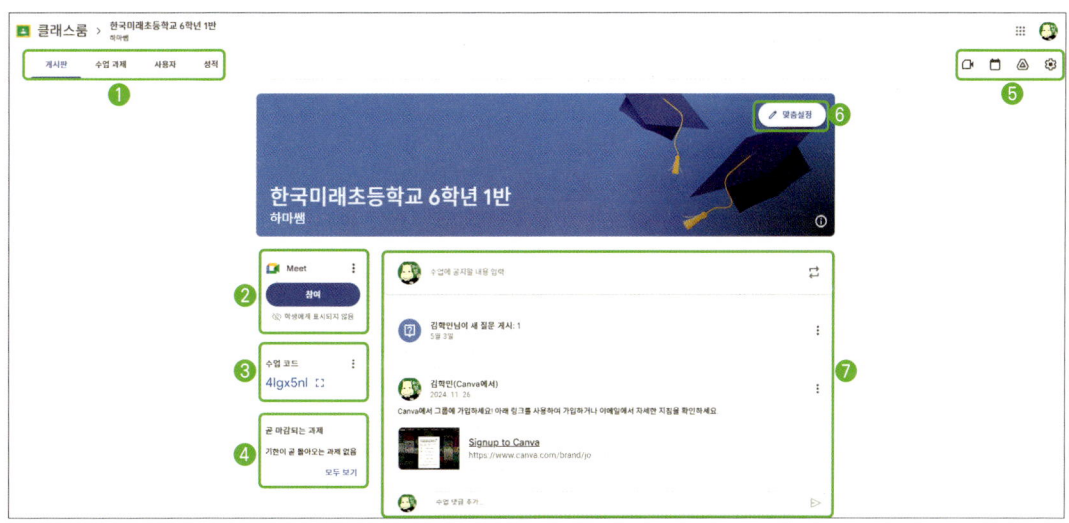

❶ **메뉴**: 게시판, 수업 과제, 사용자, 성적 4개로 구분되어 있습니다.
  - 게시판: 수업에 대한 공지를 하고 댓글 등으로 의견을 나눌 수 있습니다.
  - 수업 과제: 학생들에게 과제를 배포하고 수합한 뒤 피드백을 줄 수 있습니다.
  - 사용자: 수업에 초대된 교사와 학생을 확인할 수 있습니다.
  - 성적: 배포한 과제의 점수를 한눈에 볼 수 있습니다.
❷ **Meet**: Google Meet를 활용하여 화상회의에 참여할 수 있습니다.
❸ **수업 코드**: 수업 코드와 초대 링크를 확인할 수 있습니다.
❹ **과제 안내**: 캘린더와 연동되어 곧 마감되는 과제를 표시해줍니다.

❺ **아이콘**: Meet, Calendar, Drive, 설정 등 아이콘 메뉴입니다.
❻ **맞춤 설정**: 배너 디자인을 변경할 수 있습니다.
❼ **게시판**: 교사나 학생이 글을 쓰거나 댓글 등으로 의견을 교환할 수 있습니다.

2 게시판 알아보기 Google Classroom의 '게시판'은 선생님과 학생 간의 중요한 소통 창구입니다. 마치 교실 앞 칠판에 써 두는 알림처럼, 학급 전체에게 전달하고 싶은 소식이나 과제 안내, 수업 일정 등을 게시할 수 있는 공간입니다. 이곳은 단순한 공지 전달을 넘어, 수업을 이끄는 방향성과 분위기를 형성하는 역할도 합니다. 예를 들어 아침에 인사말을 게시해 하루를 시작하거나, 오늘의 할 일을 정리해서 올려두면 학생들이 스스로 계획을 세우는 데 큰 도움이 됩니다.

❶ '수업에 공지할 내용 입력'을 클릭한 뒤, ❷ 공지사항을 입력합니다. ❸ '게시'를 클릭하여 공지합니다.

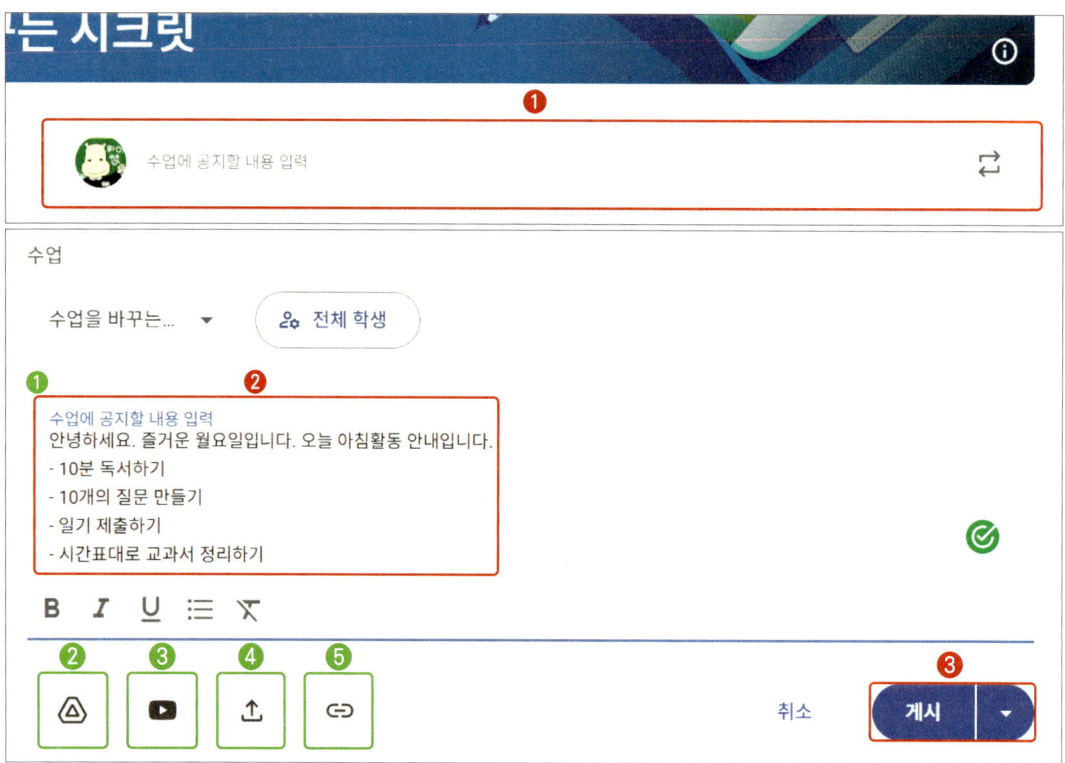

❶ **공지 사항**: 학생들에게 안내할 사항을 입력합니다.
❷ **Google Drive 파일 추가**: 구글 드라이브와 연동하여 파일을 추가합니다.
❸ **YouTube 동영상 추가**: 유튜브 영상을 검색해서 학생들에게 안내합니다.
❹ **파일 업로드**: 소유하고 있는 파일을 공유합니다.
❺ **링크 추가**: URL 형태의 자료를 학생들에게 안내합니다.

구.바.시 실전Tip!

수업 중 유튜브 영상 속 광고 때문에 곤란했던 경험 있으신가요? Google Classroom에서 유튜브 영상을 삽입하면 광고가 나오지 않습니다. 단, 영상의 URL을 '복사 – 붙여넣기'하는 것이 아니라 'YouTube 동영상 추가' 기능을 활용하여 영상을 삽입해야 합니다.

3 `Meet 알아보기` 온라인 수업이나 회의를 진행할 때 구성원만 참여할 수 있는 Meet를 활용할 수 있습니다. ❶ Google Classroom 첫 화면에서 'Meet 링크 생성'을 클릭합니다. ❷ '학생에게 공개' 버튼을 활성화 - ❸ '저장'을 클릭합니다.

4 이어서 ❶ '더보기(⋮)' - ❷ '링크 복사'를 클릭한 뒤, 학생들에게 공유하면 Meet 회의에 참여할 수 있습니다. Meet 활용이 끝나면 '학생에게 공개'를 비활성화 합니다.

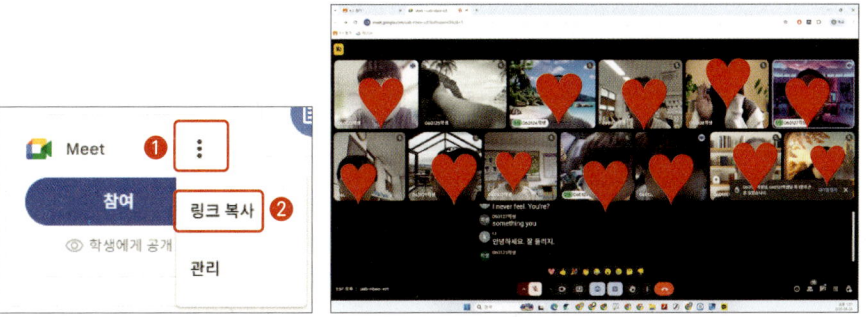

◆ Meet를 활용한 온라인 수업

3. 과제 설계와 배포로 학생 참여 전략 수립하기

'수업 과제'는 교사가 수업 자료를 정리하고 과제를 배포하며, 학생들과 소통하는 Google Classroom의 핵심 기능입니다. 교사는 구글 문서, 프레젠테이션, 설문지 등 다양한 형식의 자료를 제작해 배포할 수 있으며, 학생별로 과제 사본을 자동으로 나눠주는 기능도 활용할 수 있습니다.

학생은 과제를 받은 뒤 문서에 직접 편집하거나 댓글로 질문을 남기며 소통할 수 있고, 완성된 과제를 다시 제출할 수 있습니다. 마감일 설정, 점수 입력, 루브릭을 활용한 평가도 이곳에서 모두 이루어집니다.

예를 들어, 국어 시간에는 '독서록', 수학은 '스프레드시트 과제', 과학은 '실험 결과물' 제출처럼 과목별 특성에 맞는 다양한 활동을 운영할 수 있습니다. 주제별로 자료를 정리하면 과목이나 프로젝트 단위로도 체계적으로 관리할 수 있어 수업 운영의 효율이 높아집니다.

먼저 Google Classroom에서 과제를 생성 – 배포 – 수합 - 피드백하는 과정을 간단히 알아보도록 하겠습니다. 더 자세한 내용은 이어지는 상세 기능 설명에서 확인할 수 있습니다.

1 [교사] 과제 생성 및 배포하기   상단 메뉴의 ❶ '수업 과제' - ❷ '만들기' - ❸ '과제'를 클릭합니다.

2 ❶ 과제의 제목과 설명을 입력하고 ❷ 첨부 파일을 선택한 뒤 ❸ 과제 옵션을 지정합니다. ❹ '과제 만들기'를 클릭하여 과제를 게시합니다.

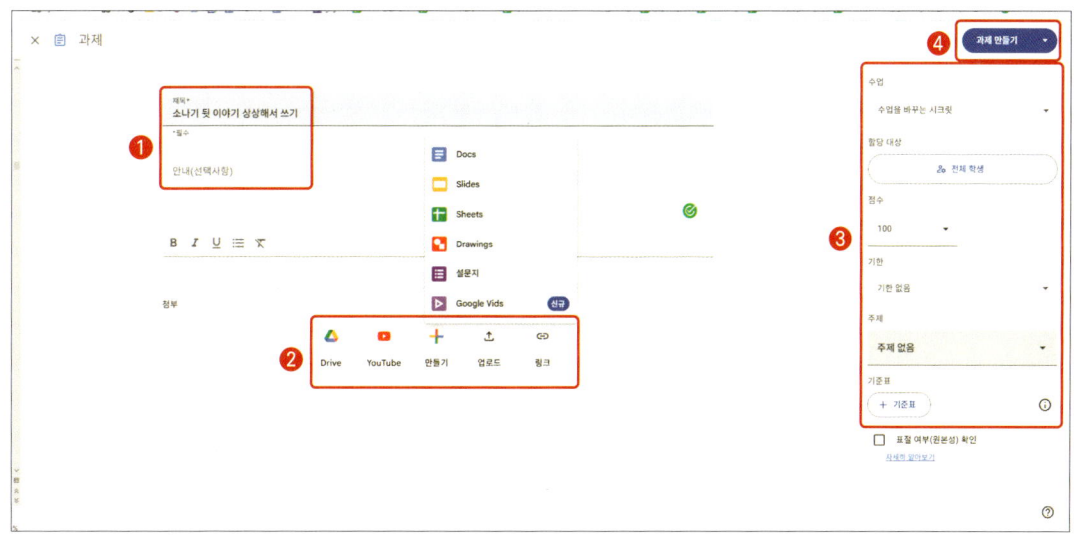

3 [학생] 과제 확인 및 제출하기 학생들은 ❶ '수업 과제' - ❷ '과제 안내 보기'를 클릭하여 과제를 확인합니다.

◆ [학생 화면] 과제 안내 보기

4 ❶ '+ 추가 또는 만들기'를 클릭하여 교사가 안내한 과제를 첨부한 뒤 ❷ '완료로 표시'를 클릭하여 교사에게 제출합니다.

◆ [학생 화면] 완료한 과제를 첨부하고 제출하기

5 [교사] 과제 수합하기   교사는 ❶ '수업 과제' - ❷ '제출함'을 클릭하여 과제 제출현황을 확인합니다.

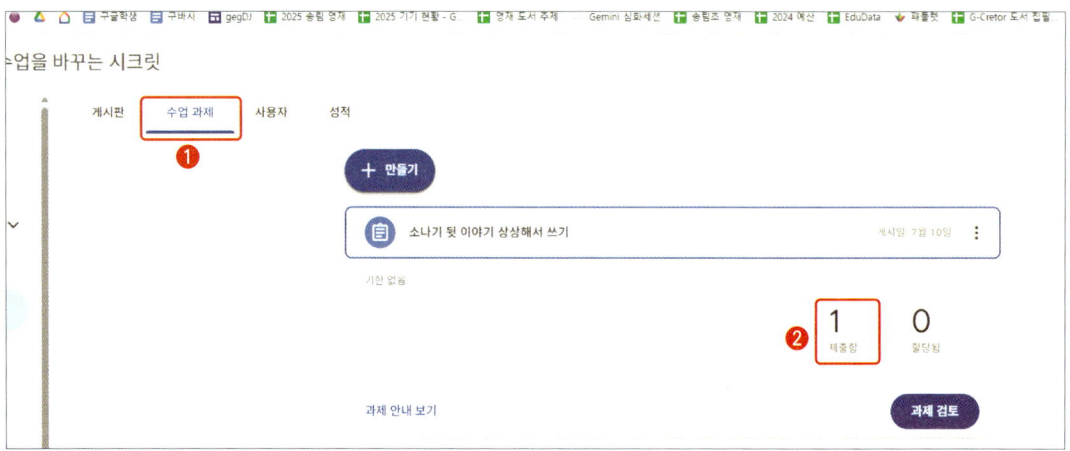

◆ [교사 화면] 과제 확인

6 [교사] 피드백 및 평가하기   ❶ 제출 완료된 과제를 클릭하여 댓글을 달거나 ❷ 학생의 이름 옆 점수를 눌러서 평가합니다.

◆ 피드백 및 평가하기

큰 흐름을 중심으로 '수업 과제' 메뉴 사용 방법을 알아보았습니다. 이제, 조금 더 상세히 각각의 기능을 알아보도록 하겠습니다.

수업 과제 만들기 세부 메뉴 알아보기

❶ **과제**: 과제를 안내하고 결과물을 수합합니다. 과제를 배부할 때 사용합니다.
❷ **퀴즈 과제**: Google Forms를 활용하여 채점할 수 있는 과제를 만듭니다. 자동 채점 기능을 활용한 온라인 시험을 볼 때 활용할 수 있습니다. (자세한 내용은 p.146 참고)
❸ **질문**: 간단히 답할 수 있는 질문형 과제를 생성합니다. 댓글 기능을 이용해 의견을 공유할 수 있습니다.
❹ **자료**: 자료를 제공하되 결과물을 수합하지 않아도 될 때 사용합니다.
❺ **게시물 재사용**: 다른 Google Classroom 수업에 배포했던 과제를 재사용할 때 사용합니다.
❻ **주제**: 과제를 구분하는 카테고리를 만듭니다. 예) 국어, 수학, 사회

과제 만들기 화면 살펴보기

수업 수업과제 만들기의 첫 번째 메뉴 '과제'를 클릭하면 아래와 같은 화면이 나옵니다.

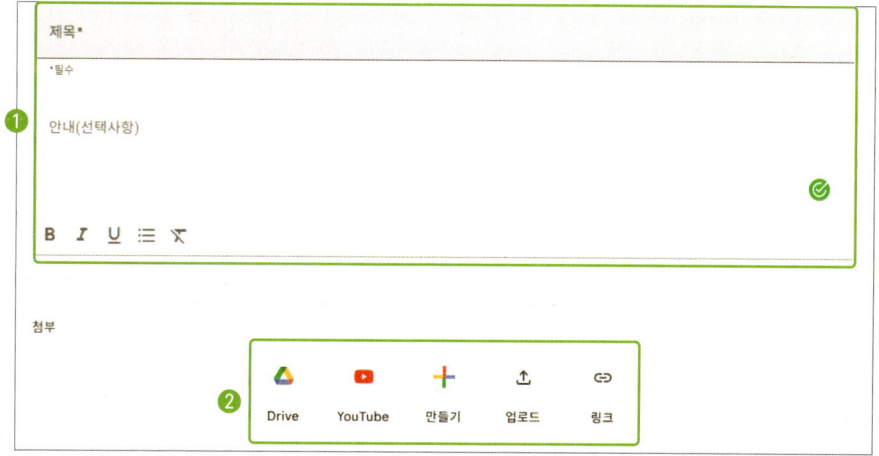

❶ **안내**: 과제의 제목과 설명을 입력합니다. 학생들이 이해하기 쉽게 직관적으로 작성하는 것이 좋습니다.

❷ **첨부**: 과제와 함께 제공할 첨부 파일을 선택합니다.
  - Drive와 연동하여 파일을 업로드할 수 있습니다.
  - Youtube 영상을 삽입할 수 있습니다.
  - Docs, Slides, Sheets, Drawings, 설문지 등을 만들 수 있습니다.
  - 내 컴퓨터에 있는 파일을 업로드할 수 있습니다.
  - URL 링크를 삽입할 수 있습니다.

이어서 오른쪽 화면의 사이드 메뉴를 살펴보겠습니다.

❶ **수업 및 대상**: 과제를 게시할 수업과 학생들을 선택합니다.
❷ **점수**: 과제를 만들 때 최대 점수를 설정해두면, 제출된 과제에 대한 점수를 입력할 수 있습니다. 교사가 점수를 입력하면 학생들은 본인의 점수를 확인할 수 있습니다.
❸ **기한**: 과제 마감 기한(날짜와 시간)을 지정합니다.
❹ **주제**: 카테고리로 과제를 구분합니다.
❺ **기준표**: 평가 기준을 미리 설정합니다. 각 항목별로 점수를 매기고 학생에게 구체적인 피드백을 제공할 수 있어 평가가 더욱 공정하고 체계적으로 이루어집니다. (p. 33참고)

구.바.시 실전Tip!

✅ '수업' 메뉴를 활용하면 하나의 과제를 여러 수업(학급)에 동시에 게시할 수 있습니다. 같은 과제를 여러 학급에 부여해야 할 때, 혹은 같은 학년 선생님들이 함께 활용할 경우 매우 유용합니다. 예를 들어, 학년 부장 교사가 동학년 선생님들의 클래스에 동일한 과제를 한 번에 게시하면 업무를 더욱 효율적으로 관리할 수 있습니다.

✅ '할당 대상' 메뉴를 활용하면 특정 학생만 선택해 과제를 배부할 수 있습니다. 선택되지 않은 학생은 해당 과제를 볼 수 없으므로, 일부 학생이나 모둠에게만 과제를 안내하고 진행할 때 유용하게 활용할 수 있습니다.

과제 배부 형태 알아보기

Docs, Slides, Forms, Sheets와 같은 구글 도구를 활용하여 생성한 과제를 배부하는 경우 아래와 같은 3가지 옵션을 설정할 수 있습니다. 과제의 목적과 형태에 따라 다른 방식으로 배부할 수 있습니다.

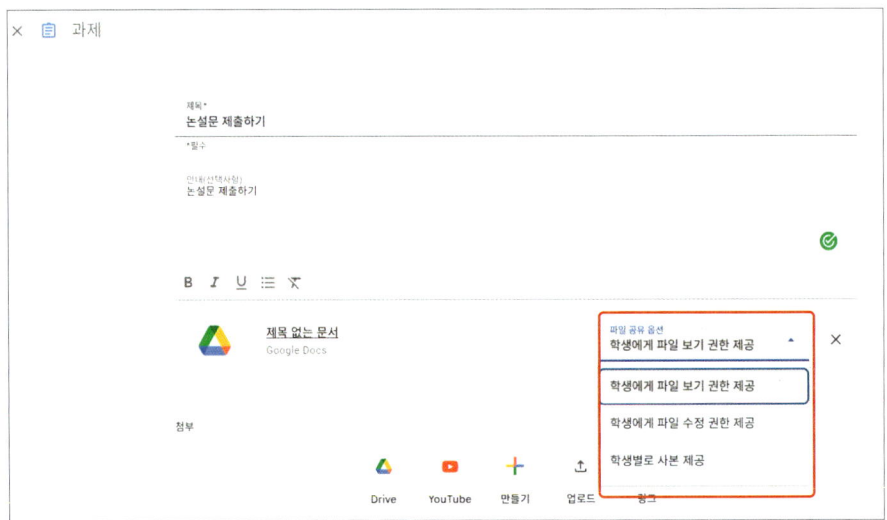

❶ **학생에게 파일 보기 권한 제공**: <u>학생들은 교사가 제공한 자료를 볼 수만 있습니다.</u> 예를 들어, 교사가 제공한 신문 기사나 발표 슬라이드 등을 살펴본 뒤 자신의 과업을 수행하고 자료를 제출하도록 할 때 사용합니다.

❷ **학생에게 파일 수정 권한 제공**: <u>학생 모두가 하나의 파일을 함께 편집할 수 있습니다.</u> 이 방법은 공동 작업이 필요한 활동에 적합합니다. 예를 들어, 조별로 뉴스 기사에 대한 토론 정리표를 작성하거나, 하나의 구글 슬라이드에 공동으로 발표 내용을 채워 넣는 활동을 할 때 활용할 수 있습니다.

❸ **학생별로 사본 제공**: <u>문서가 자동으로 복제되어 개인별로 배부됩니다.</u> 교사가 미리 만든 양식(독서록, 실험 보고서 등)을 학생들에게 배부할 때, '학생별 사본 제공' 기능을 활용하면 문서가 자동으로 복제되어 각 학생에게 개별로 제공됩니다. 학생은 자신만의 문서를 작성해 제출할 수 있으며, 이는 마치 종이 학습지를 한 장씩 받은 것처럼 독립적인 작업이 가능하다는 점에서 효과적입니다. 교사는 각 학생의 과제를 하나씩 열어 확인하고, 피드백을 남기거나 개별 점수를 부여하는 방식으로 세심한 평가와 소통이 가능합니다.

구.바.시 실전Tip!

"선생님! 과제를 다 했는데 제출 메뉴가 안 보여요.", "제출한 과제를 취소하고 싶어요." 학생이 이렇게 말한다면, 다음과 같이 안내해 주세요.

❶ '과제 안내 보기' - ❷ '제출' 클릭

일부 학생들은 미리보기 화면에서 문서만 클릭해 과제를 작성하고 마무리하는 경우가 있습니다. 하지만 '제출' 또는 '제출 취소' 버튼은 '과제 안내 보기' 화면에서만 확인할 수 있습니다. 따라서 과제를 끝낸 후 반드시 '과제 안내 보기' 화면으로 들어가서 제출하도록 지도해 주세요.

01장 Google Classroom 학습의 디지털 허브

4. 평가와 피드백 기능으로 학생들의 성장 돕기

지금까지 과제를 만들어서 학생들에게 배포하는 과정을 자세히 알아보았습니다. 이제 학생들이 제출한 과제를 확인하고 평가 및 피드백을 할 차례입니다. 평가 방식은 과제의 성격에 따라 다양하게 설정할 수 있으므로 수업 목표와 활동 유형에 맞게 선택하면 됩니다.

1 학생들에게 과제를 배포하면 교사는 아래와 같은 화면을 볼 수 있습니다.

❶ 제출함: 과제를 제출한 학생의 수가 표시됩니다.
❷ 할당됨: 과제를 할당받았지만 아직 제출하지 않은 학생 수가 표시됩니다.

2 과제 메뉴에서 ❶ '제출함'을 클릭합니다.

3 학생들이 제출한 과제 현황을 확인합니다.

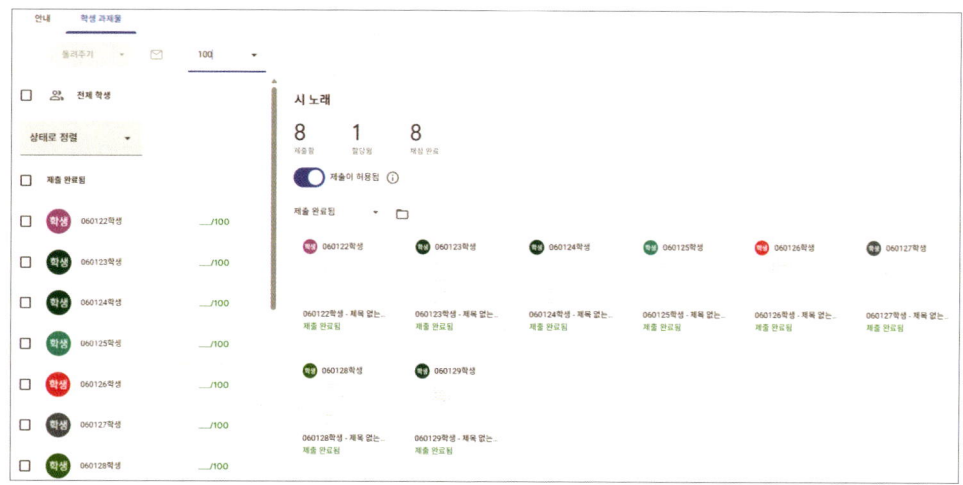

4 **'점수' 입력 및 '비공개 댓글'로 평가하기** 평가할 학생을 클릭합니다. 학생이 제출한 과제를 점검하고 ❶ 점수를 입력한 뒤 ❷ '돌려주기'를 클릭합니다. ❸ 필요한 경우 '비공개 댓글'을 쓰고 ❹ '게시'를 클릭합니다.

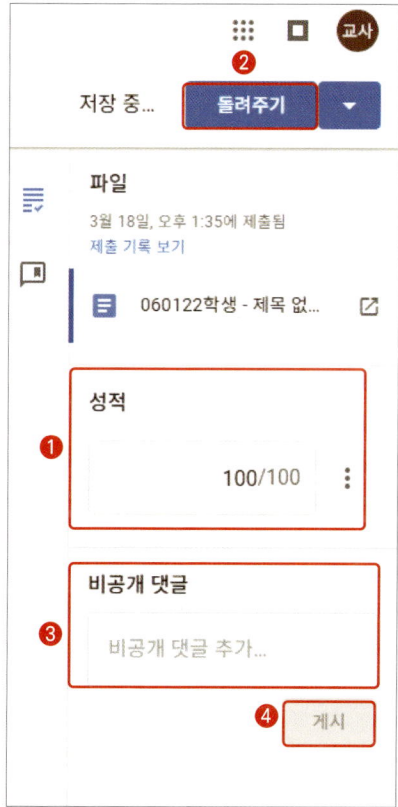

5 **'일괄 평가' 버튼, '면제'로 버튼으로 빠르게 체점하기** 여러 학생에게 같은 점수를 부여하거나 피드백을 주지 않아도 되는 과제일 경우, '일괄 평가' 또는 '면제' 기능으로 평가를 완료할 수 있습니다. ❶ 평가할 학생을 체크하고 ❷ 상단의 '▼ 메뉴 더 보기' - ❸ '일괄 평가' 또는 ❹ '면제' 버튼을 클릭합니다.

6 채점이 완료된 학생은 '채점 완료' 상태로 표시됩니다.

7 **'기준표' 기능을 활용하여 기준에 따라 평가하기** 기준표 기능을 활용하면 '표현력', '내용의 깊이', '형식의 정확성' 등의 기준에 따라 각각의 수준을 나누어 점수를 부여할 수 있습니다. 학생들은 과제를 제출하기 전 기준표를 미리 볼 수 있어 어떤 기준으로 평가받는지 알 수 있고, 교사는 기준표를 기준으로 더 객관적이고 효율적으로 평가할 수 있습니다. ❶ '기준표' - ❷ ' + 기준표 만들기'를 클릭합니다.

❶ 기준표 다시 사용: 과거에 내가 만든 기준표를 바로 불러올 수 있습니다.
❷ 스프레드시트에서 가져오기: 다른 사람이 공유한 기준표를 불러와서 활용할 수 있습니다.

8 ❶ 기준 제목을 입력합니다. (예 '분량', '내용', '형식' 등) ❷ 점수를 입력합니다. ❸ 등급 제목을 입력합니다. '매우 잘함', '잘함', '보통' 등 구체적인 등급을 작성합니다. ❹ '+ (등급 추가)'를 클릭하여 필요한 만큼 등급을 추가 생성합니다. ❺ '기준 추가'를 클릭하면 여러 개의 기준을 만들 수 있습니다.

9 오른쪽 상단의 '저장'을 클릭하여 기준표 작성을 완료합니다.

10 이제 교사는 학생이 제출한 과제 화면에서 성적, 비공개 댓글 이외에 '기준표'를 활용하여 평가할 수 있습니다. 이 기준에 따라 알맞은 위치를 클릭하면 점수를 선택할 수 있고, 성적이 자동 계산되어 표시됩니다.

구.바.시 실전Tip!

☑ '기준표'를 작성해두면 학생들은 과제를 제출하기 전 평가 기준을 확인할 수 있습니다. 결과물을 보다 객관적으로 점검하고 평가에 대한 관심을 높일 수 있습니다.

☑ Classroom의 상단 메뉴에서 '성적'을 클릭하면 누적된 결과를 확인할 수 있습니다.

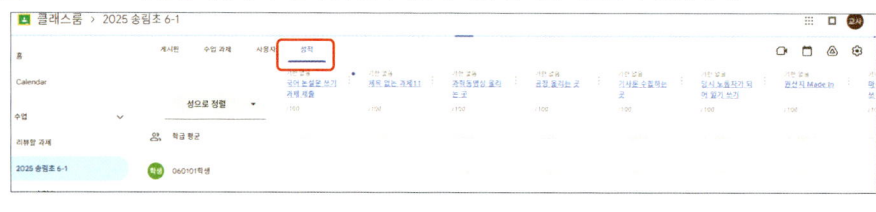

5. 표절 여부(원본성) 확인 기능으로 저작권 점검하기

아이들이 직접 글을 쓰는 활동을 하다 보면, '어디선가 복사해 붙여넣은 건 아닐까?', '스스로 쓴 글이 맞을까?' 하는 의문이 생길 때가 있습니다. 이럴 때 표절 여부(원본성) 확인 기능을 활용할 수 있습니다.

1 '수업 과제' - '+ 만들기' - '과제'를 클릭하여 과제를 생성합니다. ❶ 화면 오른쪽 사이드 메뉴 하단의 '표절 여부(원본성) 확인'을 체크합니다.

2 ❶ '계속'을 클릭합니다. 수업당 5개의 과제에 원본성 검사를 시행할 수 있습니다. (EduPlus 버전을 활용하면 무제한 사용 가능하며 아래와 같은 안내 메시지가 뜨지 않습니다. EduPlus 버전에 관한 자세한 내용은 p.40 참고)

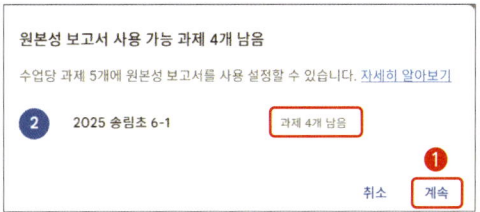

3 학생들은 과제를 제출하기 전 원본성 보고서를 실행하여 자신의 과제가 저작권에 어긋나는지 스스로 점검할 수 있습니다.

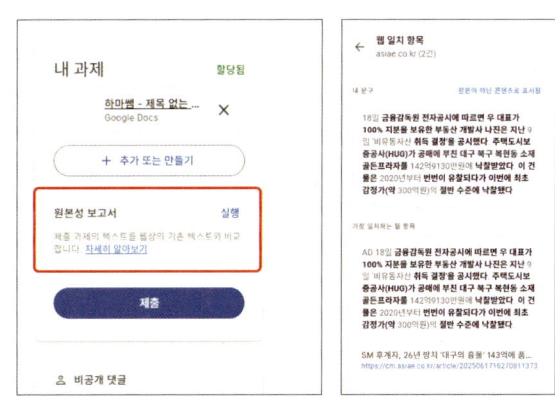

◆ [학생 화면] 원본성 보고서 검사 결과

4 교사도 학생들이 제출한 과제의 원본성 검사 결과를 확인할 수 있습니다.

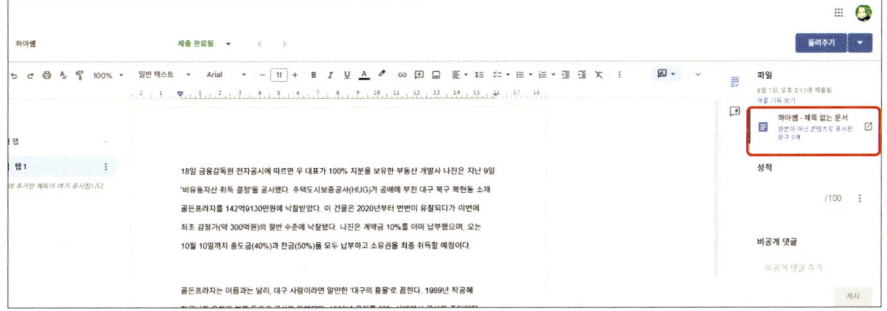

◆ [교사 화면] 학생이 제출한 과제의 원본성 검사 결과 확인

6. 기한·재사용·주제 기능으로 스마트 클래스 만들기

효과적인 과제 관리를 위한 세 가지 핵심 기능을 알아보겠습니다. 먼저 기한 설정 기능을 활용하면 과제 등록 시 제출 마감일을 명확히 안내하여 학생들의 계획적인 학습을 돕고, 미제출자도 효율적으로 파악할 수 있습니다. 게시물 재사용 기능은 한 번 작성한 과제나 안내사항을 반복 활용할 수 있게 하여 매번 새로 작성하는 번거로움을 줄이고 업무 효율성을 높여줍니다. 마지막으로 주제 분류 기능을 통해 과목별, 단원별, 프로젝트별로 체계적인 자료 관리가 가능하여 교사와 학생 모두 필요한 정보에 신속하게 접근할 수 있는 정돈된 학습 환경을 조성할 수 있습니다.

기한 설정 기능

1 과제 만들기 화면 오른쪽 사이드 메뉴 ❶ '기한 없음' 옆에 있는 '▼더보기 메뉴' - ❷ '캘린더' - ❸ 과제 제출 마감일을 선택한 뒤 ❹ '확인'을 클릭합니다.

2 날짜를 선택하면 마감 시간을 설정할 수 있는 메뉴가 표시됩니다. 선택 입력 사항이므로 필요한 경우 마감 시간을 지정합니다.

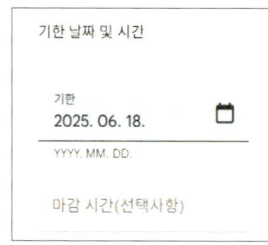

3 제출 기한이 지난 후에 학생이 과제를 제출하면 '늦게 제출함'으로 표시됩니다. 교사는 제출 시간을 기준으로 과제를 관리할 수 있습니다.

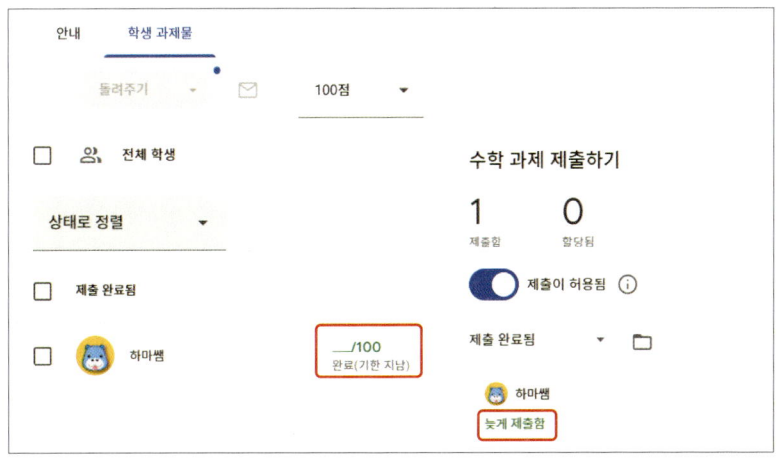

4 교사가 제출 기한을 설정한 과제를 게시하면, 학생의 Google 캘린더에 자동으로 등록됩니다. 학생들은 과제 제출 기한을 명확히 인식하고 기억할 수 있습니다.

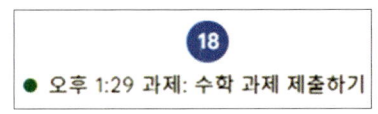

◆ 학생의 캘린더에 표시되는 과제 제출 기한

5 Classroom 첫 화면 왼쪽 하단에도 '곧 마감되는 과제'가 표시되어, 제출 기한이 임박한 과제를 쉽게 확인할 수 있습니다.

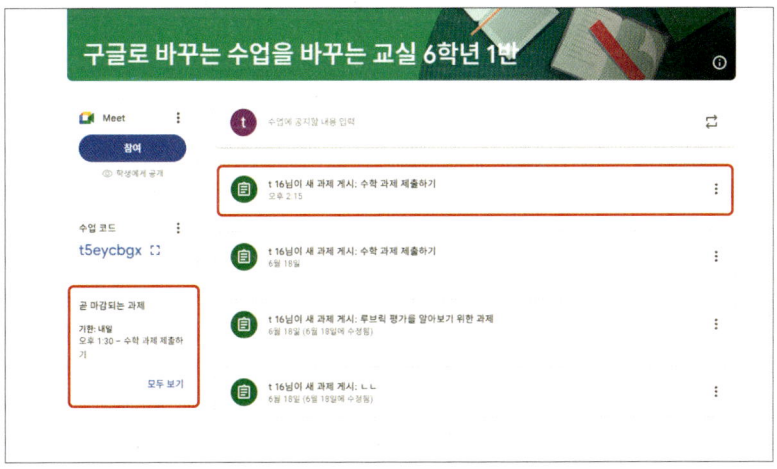

게시물 재사용 기능

1 반복되는 수업이나 비슷한 과제를 다른 학급에도 게시하고 싶을 때는 '게시물 재사용' 기능을 활용할 수 있습니다. ❶ '수업 과제' - ❷ '+ 만들기' - ❸ '게시물 재사용'을 클릭합니다.

2 가지고 오고 싶은 과제가 게시되어 있는 ❶ 수업을 선택하고, ❷ 게시물을 선택한 뒤 ❸ '재사용'을 클릭합니다.

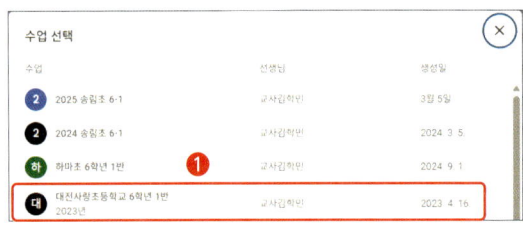

3 지난 해 활용했던 독서록 양식을 올해 다시 사용하거나, 6학년 A반에 게시했던 수학 과제를 B반에도 게시하고 싶을 때 게시물 재사용 기능을 활용하면 빠르게 복사하고 수정할 수 있습니다. 과제 파일이나 기준표도 함께 가져올 수 있어 반복 작업에 소요되는 시간을 절약할 수 있습니다.

 구.바.시 실전Tip!

☑ '만약 학년 부장님이나 연구회 단위로 Google Classroom을 운영한다면 ❶ '사용자' - ❷ '선생님 초대' 기능을 활용해 사용자를 초대하세요. 클래스룸 내에서 '게시물 재사용' 기능을 활용할 수 있는 역할은 오직 '교사'이기 때문입니다. 교사로 구성된 Classroom 내에서 게시물 재사용 기능을 활용하면 더욱 편리하게 자료를 공유할 수 있습니다.

주제 기능

1 ❶ '수업 과제' - ❷ '+ 만들기' - ❸ '주제'를 클릭합니다. 생성된 팝업창에서 ❹ 주제를 입력한 뒤, ❺ '주제 추가'를 클릭합니다.

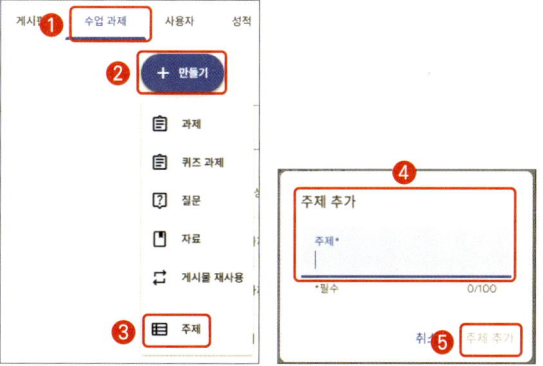

2 '주제' 기능을 활용하면 과제나 게시물을 체계적으로 관리할 수 있습니다. 수업 흐름이 한눈에 정리되고, 학생들 역시 필요한 자료를 쉽게 찾을 수 있습니다.

03. Google Classroom 확장 꿀팁

EduPlus로 클래스룸을 한 단계 업그레이드하는 방법을 알아보겠습니다. Google Classroom은 기본 버전만으로도 충분히 유용하지만, 변화하는 디지털 전환 시대에 더욱 의미 있는 학습 경험을 원하신다면 EduPlus 버전을 활용해보시길 추천합니다.

1. EduPlus로 진화하는 Google Classroom 만들기

EduPlus는 Google Workspace for Education Plus 유료 라이선스를 구매하여야 이용할 수 있습니다. 또, 학교(기관)용 Google 계정으로만 이용할 수 있습니다. 현재 대부분의 학교는 무료 기본 버전(Fundamentals)을 사용하고 있지만, 점차 EduPlus 를 도입하는 학교가 늘어나는 추세입니다. EduPlus 라이선스는 '학교장터'에서 구매할 수 있습니다.

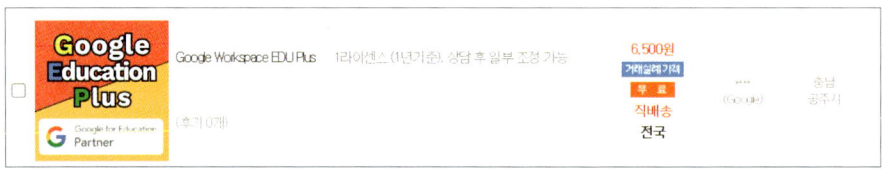

구분	무료 버전	EduPlus
대상	누구나	학교(기관)용
빠른 링크 생성	X	자주 가는 사이트 목록화 가능
연습 세트	X	지원
양방향 질문 활동	X	지원
실시간 대시보드	X, 개별로 확인해야 함	O, 한눈에 확인 가능
과제 자동 채점	기본 퀴즈 질문에 한함	세부 응답 기반 AI 분석 가능
라이선스 비용	무료	1계정당 약 6,500원 (1년 기준)

2. EduPlus의 새로운 기능으로 클래스룸 업그레이드하기

빠른 링크 기능

Google Classroom에서 과제나 게시물이 많아질수록, 원하는 자료를 다시 찾는 일이 번거롭게 느껴질 수 있습니다. 이럴 때 EduPlus의 '빠른 링크' 기능을 사용하면 많은 도움을 받을 수 있습니다.

1 EduPlus 버전의 Classroom 첫 화면에는 왼쪽에 빠른 링크 메뉴가 있습니다. ❶ '링크 추가'를 클릭합니다.

2 ❶ 링크 제목과 ❷ URL을 입력합니다. ❸ '링크 추가'를 클릭하여 게시합니다. 수업 중 자주 사용하는 링크를 '빠른 링크'에 고정해두고 활용할 수 있습니다

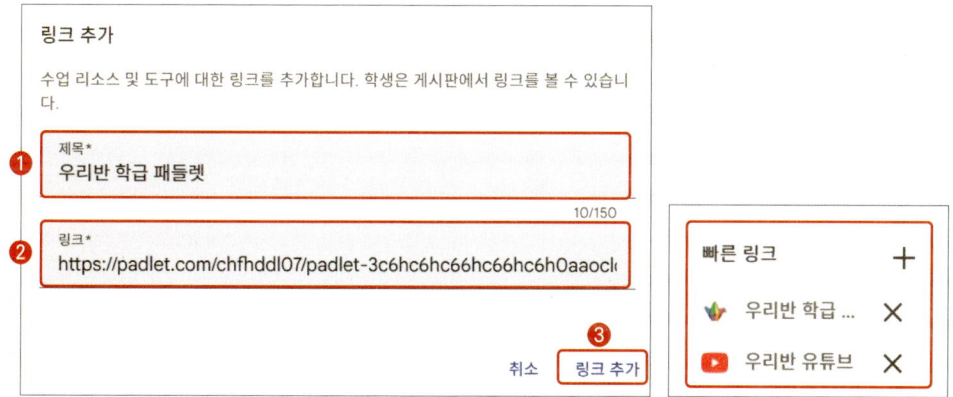

연습 세트 기능

'연습 세트'는 학생들이 문제를 풀면서 실시간으로 피드백을 받을 수 있는 대화형 자동 채점 과제입니다. 정답 여부에 따라 맞춤형 힌트가 제공되어 학생들의 자기주도 학습을 돕습니다. 교사는 자동 채점 기능으로 업무 부담을 덜면서도 성적 분석 데이터를 통해 학습 상태를 정확히 파악할 수 있습니다.

1 메인 화면 왼쪽의 ❶ '리소스' - ❷ '새 연습 세트'를 클릭합니다.

2 ❶ 질문 유형, ❷ 질문, ❸ 질문에 맞는 답변을 입력합니다. ❹ '리소스' 창을 열어 학생들이 참고할 수 있는 힌트 또는 유튜브 영상을 삽입합니다. ❺ '새 질문'을 클릭하여 문제를 추가 생성할 수 있습니다.

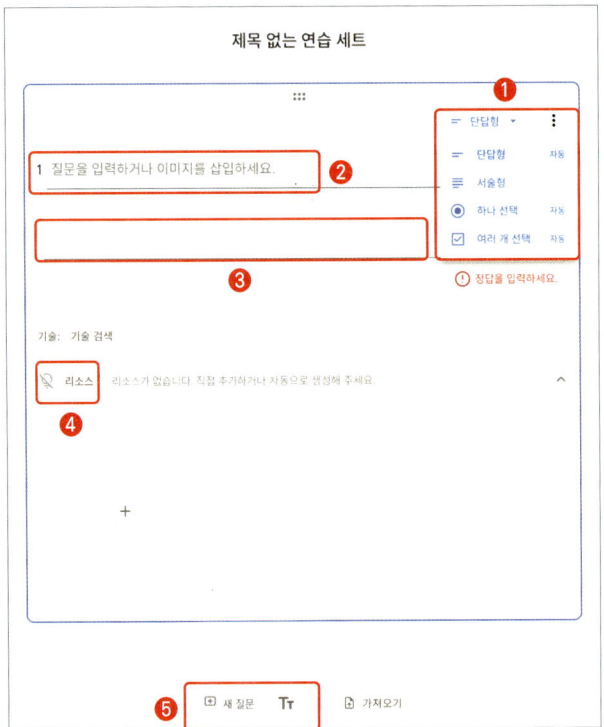

3 연습 세트 만들기를 마치면, '수정 완료'를 클릭하여 저장합니다.

4 이제 과제에 연습 세트를 삽입하는 방법을 알아보겠습니다. ❶ '수업 과제' - ❷ '+만들기' - ❸ '과제'를 클릭합니다.

5 과제 정보를 입력하고 '첨부'의 ❶ '연습 세트'를 클릭합니다.

6 앞서 만들어 둔 연습 세트를 클릭하여 추가합니다.

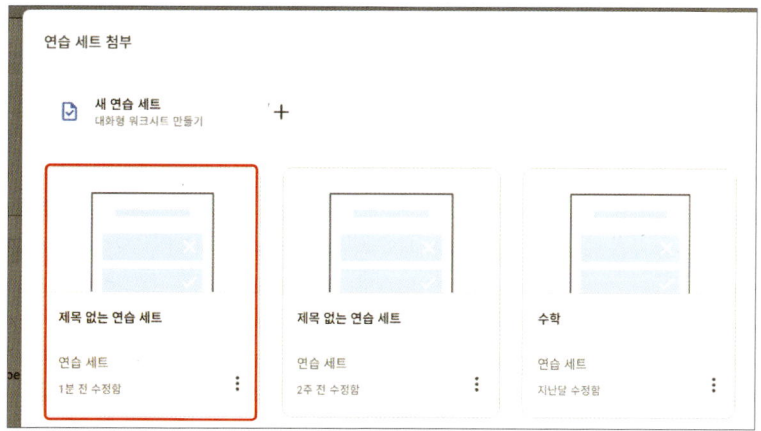

7 연습 세트를 첨부한 과제는 학생들에게 아래와 같이 표시됩니다.

◆ 학생 화면

❶ **도구**: 마우스, 펜(필기)모드, 지우개 등을 이용할 수 있습니다.
❷ **현황**: 지금 풀고 있는 문제 번호와 위치 등의 현황을 알 수 있습니다.
❸ **풀이 과정 작성**: 수학 문제 풀이 과정 또는 사고의 과정을 기록할 수 있습니다. 학생들에게 풀이 과정을 작성하도록 안내하고 활용해 보세요.
❹ **리소스**: 교사가 첨부한 힌트 또는 유튜브 영상 자료를 확인할 수 있습니다.

8 문제를 풀었지만 오답인 경우, 혹은 문제에 대해 전혀 알지 못하는 경우, 학생들은 교사가 첨부한 힌트나 영상 자료를 본 뒤 다시 문제를 풀 수 있습니다.

9 교사는 '수업 과제' - '생성한 과제' - '제출함' - '연습 세트' 메뉴에서 실시간 현황 및 학생이 입력한 답안, 문제 풀이 과정 등을 확인할 수 있습니다.

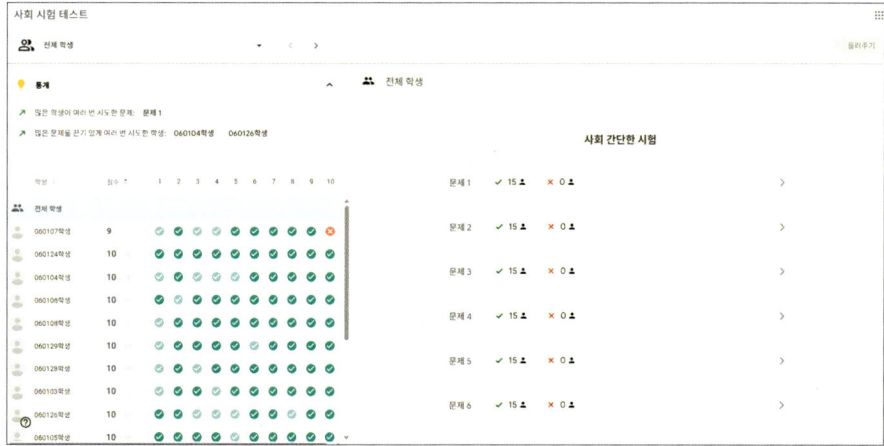

◆ [교사 화면] 대시보드

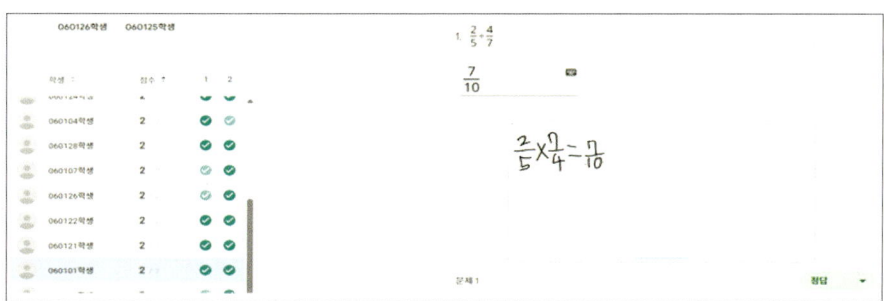

◆ [교사 화면] 풀이과정 확인

10 ❶ 학생이 주관식이나 서술형 질문의 답을 입력하면 ❷ 교사가 확인한 뒤, '정답', '오답', '미채점' 중 하나를 선택하여 직접 채점할 수 있습니다.

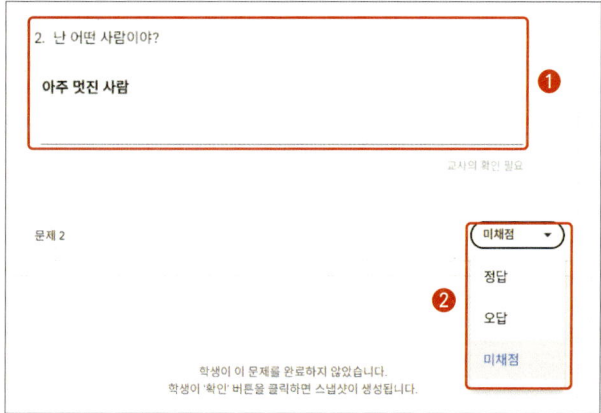

구.바.시 실전Tip!

☑ '연습 세트' 질문 창 오른쪽의 ❶ 'Σ' - ❷ '수식 키보드 열기'를 클릭하면 ❸ 수식을 쉽게 입력할 수 있습니다.

☑ '연습 세트'에서 ❶ 필기 모드로 바꾼 뒤 ❷ 글을 쓰면 ❸ AI가 글자를 인식해 한글로 자동으로 변환하여 줍니다.

구.바.시 실전Tip!

Google Forms로 만든 퀴즈와 Google Classroom의 '연습 세트'는 겉보기에는 비슷하게 보이지만, 기능, 목적, 학습 흐름 면에서 다음과 같은 차이점이 있습니다.

항목	Google Forms 퀴즈	연습 세트
플랫폼	Forms (무료, 독립적인 도구)	EduPlus Classroom (유료)
자동 채점	객관식, 단답형만 자동 채점	객관식, 단답형, 체크박스 자동 채점 + 수학 수식 인식
문제 구성	단순한 문제와 보기 구성	개별 문제마다 힌트, 유튜브 영상 등 첨부 가능 (피드백 연계)
학습 흐름	정답 여부 확인 가능 (정답 관련 의견 추가로 피드백 제공)	학생에게 실시간 피드백 제공 (힌트, 다시 풀기 유도 등)
학습 데이터	정답, 오답만 확인	문제별 응답 통계 + 성취 수준 분석

예 5 + 3 = □ 라는 문제를 출제한다면….

☑ **Google Forms 퀴즈**
정답/오답 여부 표시. 피드백 링크, 유튜브 영상이 삽입된 외부사이트로 이동
(단, 클래스룸의 유용한 기능인 광고 차단이 되지 않습니다.)

☑ **연습 세트**
학생이 답을 모르거나, 문제를 풀었지만 오답인 경우:
'덧셈 규칙 다시 보기' 링크 및 관련 유튜브 영상 제공, 시스템이 즉시 문제를 다시 풀어 보도록 유도함.

양방향 질문 추가 기능

EduPlus 버전을 이용하면, 동영상 활용 수업도 질문과 응답이 오가는 '양방향 활동'이 됩니다. 교사는 양방향 질문 추가 기능을 활용해 영상의 특정 시점에 문제를 삽입하고, 학생들은 영상 중간에 자동으로 나타나는 문제에 답합니다. 모든 응답은 실시간으로 기록되어 교사가 확인할 수 있습니다.

1 메인 화면 왼쪽의 ❶ '리소스' - ❷ '새 동영상 활동'을 클릭합니다.

2 수업에 활용할 유튜브 영상을 검색한 뒤 선택합니다.

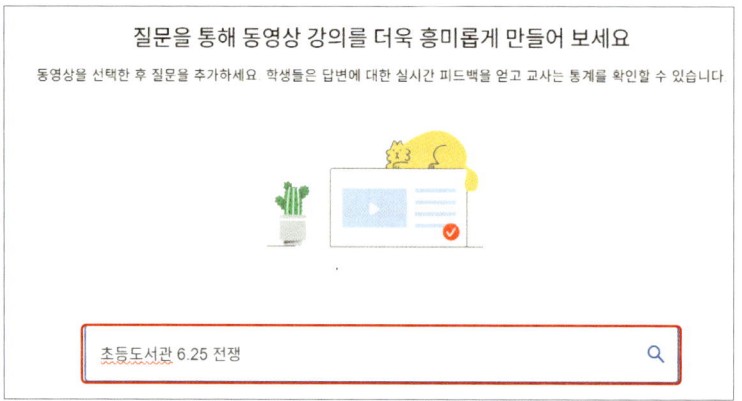

3 ❶ '질문 추가'를 클릭합니다.

4 영상을 재생하다 질문을 삽입하고 싶은 시점에 멈춘 뒤, ❶ '+추가'를 클릭합니다.

5 ❶ 질문 시간을 직접 입력하여 지정할 수도 있습니다. ❷ 질문을 입력하고 ❸ 정답을 입력합니다. ❹ '저장하고 계속'을 클릭합니다. 같은 방법으로 추가 질문을 생성합니다.

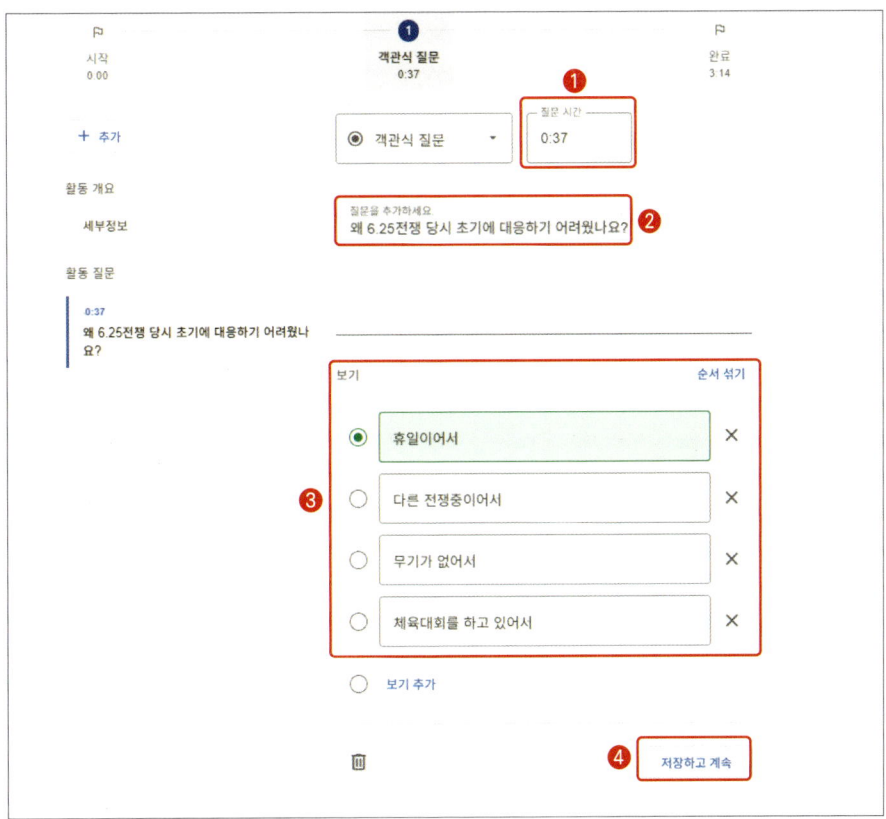

6 원하는 만큼 질문을 생성한 뒤, ❶ '완료'를 클릭합니다.

7 이어서 학생들에게 양방향 질문이 추가된 동영상 과제를 제시하는 방법을 알아보겠습니다. '수업 과제' 메뉴에서 '+만들기' - '과제'를 선택한 뒤, '첨부'의 ❶'YouTube'를 클릭합니다.

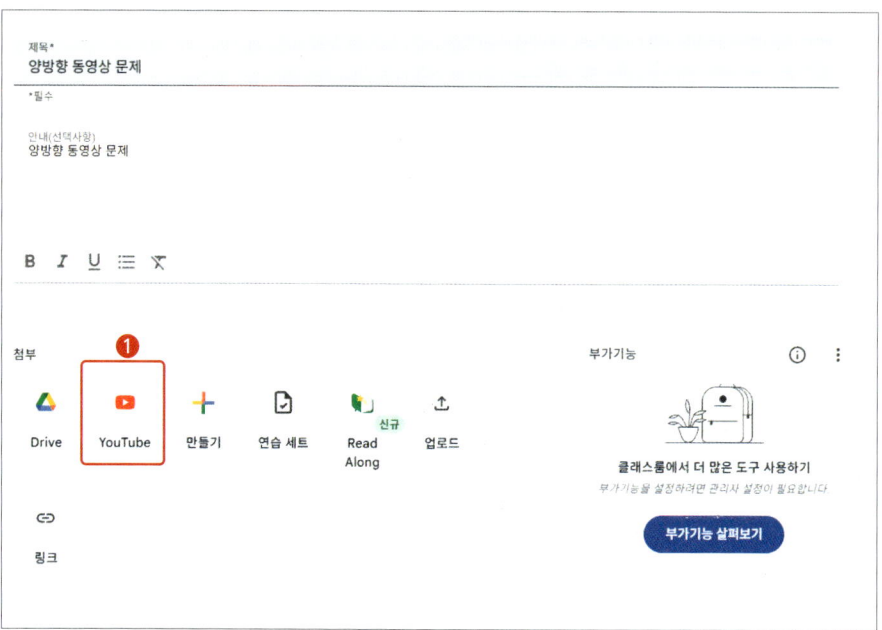

8 ❶ '내 동영상 활동' - ❷ 앞서 만들어둔 동영상 활동 과제를 클릭합니다.

9 추가하고 싶은 질문이 있다면 ❶ '+추가'를 클릭하여 추가한 뒤, ❷ '첨부'를 클릭합니다.

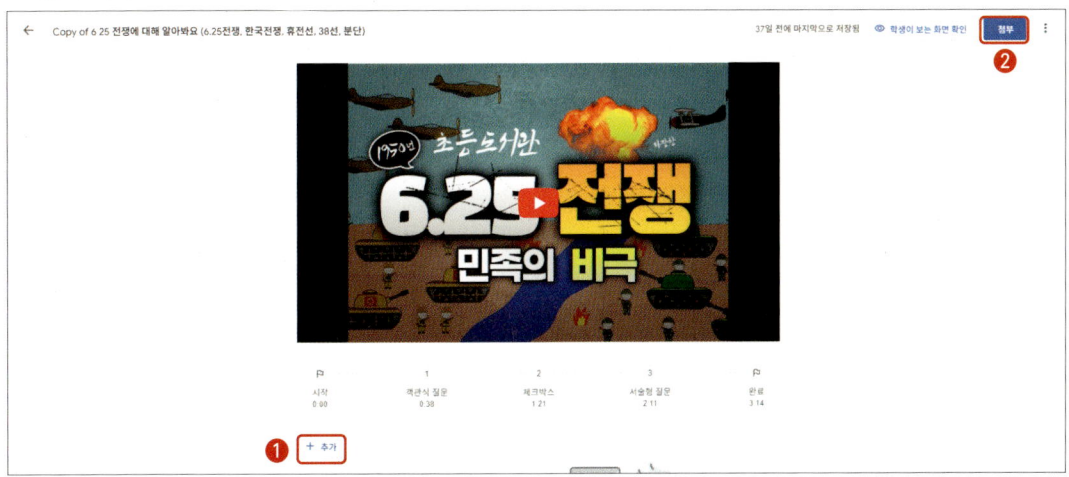

10 ❶ '과제 만들기'를 클릭하여 과제를 게시합니다.

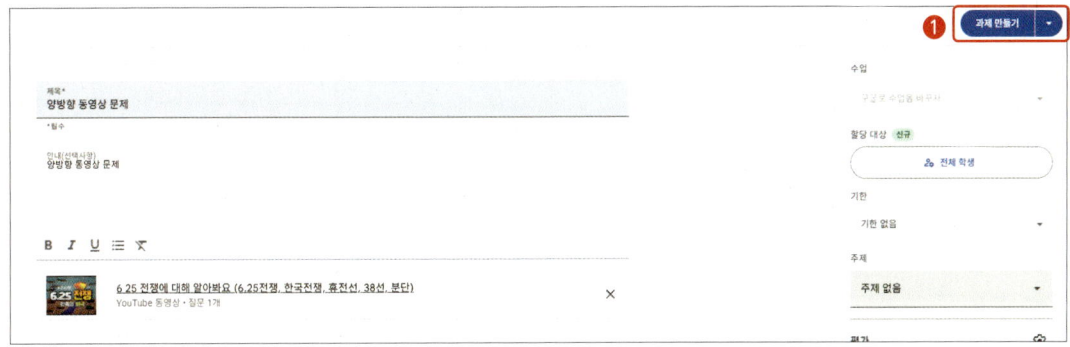

11 교사는 '수업 과제' - '생성한 과제' - '제출함' - '양방향 동영상 활동 과제' 메뉴를 통해 실시간 결과를 확인할 수 있습니다.

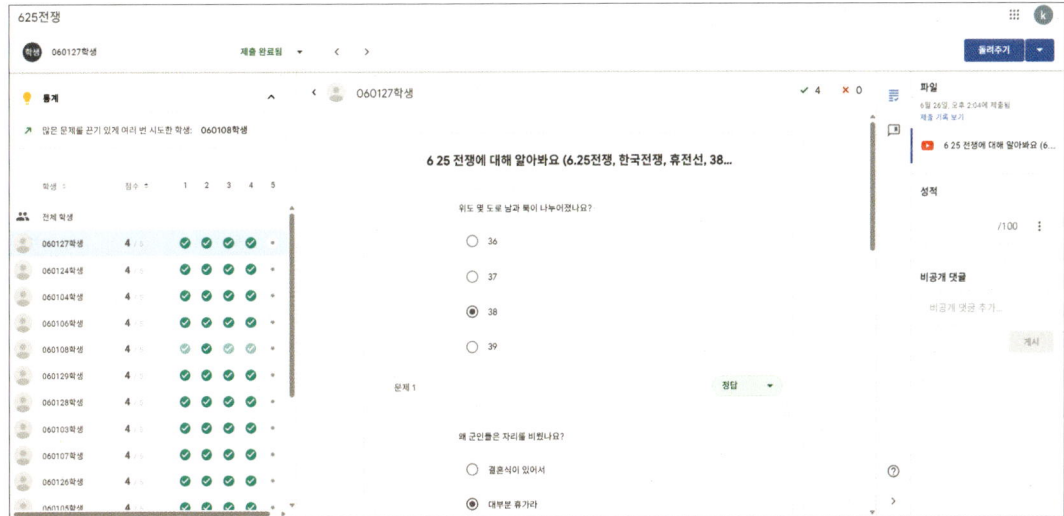

Google Docs
생각을 연결하고 사고를 확장하는 도구

Google Docs는 클라우드 기반의 웹 문서 편집기입니다. 웹 브라우저를 통해 접근 가능한 이 도구는 문서 작성, 편집, 서식 설정 등 기본적인 워드프로세싱 기능과 함께 실시간 협업 편집, 자동 저장, 버전 히스토리 관리 등의 고급 기능을 제공합니다. 교육 분야에서는 학생 간 협업 학습, 교사의 실시간 피드백 제공, 프로젝트 기반 학습 관리, 포트폴리오 작성 등에 널리 활용되고 있으며 최근 Google의 생성형AI 도구인 Gemini와의 통합을 통해 AI기반 문서 작성 지원 기능까지 확장되었습니다.

Google Docs는 'Google 앱 메뉴 – Docs'를 선택해 실행하거나 주소창에 'docs.google.com'을 입력하여 실행할 수 있습니다.

01

Google Docs가 깨운
표현의 즐거움

"
선생님, 저 여기다가 링크 걸어도 돼요?
그리고 이모지도 넣어서 제 글을 더 재미있게 꾸며 쓰고 싶어요!

이 말을 들을 순간 놀라지 않을 수 없었습니다. 평소 글쓰기 시간만 되면 "뭘 써야 할지 모르겠어요."라며 한숨부터 쉬던 학생이 이제는 자신의 생각을 더 풍부하게, 더 재미있게 표현하고 싶다며 먼저 다가온 것입니다.

교실에서 학생들과 함께하며 가장 많이 고민하던 질문이 떠올랐습니다. '어떻게 하면 글쓰기를 숙제가 아니라 즐거움으로 받아들이게 할 수 있을까?', '어떻게 하면 자신의 생각과 감정을 더욱 자유롭고 생생하게 표현하도록 도울 수 있을까?' 그리고 그 해답은 제 교실에 Google Docs가 들어오면서 생각보다 빨리, 그리고 극적으로 찾아왔습니다.

글씨가 서툴러서, 혹은 예쁘지 않다는 이유로 망설이던 작은 손들이, 모니터 앞에서는 놀랍도록 자신감 있게 키보드를 두드리기 시작했습니다. Google Docs 안에서 그들의 글은 단순한 문장 나열이 아닙니다. 굵고 색깔 있는 제목, 관련 자료에 척척 연결된 링크, 감정을 담은 이모지들로 학생들의 이야기는 다채롭고 생동감 있게 살아납니다. 모든 것이 마치 마법처럼 빠르고 자연스럽게 펼쳐집니다. 그 순간 저는 확신했습니다. Google Docs는 아이들 내면에 숨어있던 '표현 욕구'를 깨우고 있다는 것을요.

혹시 여러분의 교실에도 이런 학생들이 있지 않나요? 글쓰기에 대한 자신감 부족으로 표현하는 것 자체를 두려워하는 아이들 말입니다. 어느 날, 한 아이가 제게 이런 말을 건넸습니다. "선생님, Google Docs에서는 친구랑 같이 글을 쓸 수 있어서 재미있어요. 친구들이 글을 쓰는 것이 바로바로 보이니까 신기해요. 제가 글을 쓰고 있는데 친구가 제 글에 댓글도 바로 달아줘서 깜짝 놀랐어요."

✦ Google Docs는 실시간 협업, 댓글과 제안 기능, 자동 저장, 다양한 기기에서의 연동까지 기존의 종이 기반 글쓰기나 일반 워드 프로그램과는 또 다른 차원의 경험을 제공합니다. 이 도구 안에서는 학생들이 각자의 기기에서 동시에 같은 문서에 접속해 함께 글을 씁니다. 글을 쓴 순서, 생각의 흐름, 문장 하나하나에 담긴 의견을 실시간으로 확인하고, 필요하면 댓글을 달아 대화를 이어갈 수 있습니다.

✦ Google Docs의 '제안 모드'는 글쓰기의 주도권을 학생에게 돌려줍니다. 교사가 '제안 모드'를 활용하여 학생의 글에 '이런 표현은 어떨까?'라고 제안하면 학생들은 피드백을 수용하고 판단하며 글을 발전시키는 법을 배웁니다.

✦ 모든 기록이 Google Drive에 자동 저장되기 때문에 기기나 장소에 구애받지 않고 언제든지 글쓰기를 이어갈 수 있습니다. Google Docs가 제공하는 유연한 글쓰기 환경은 학생들에게 긍정적인 글쓰기 경험을 안겨줍니다.

Google Docs를 활용하면서 학생들의 글쓰기는 점차 달라졌습니다. 혼자서 조용히 적는 활동에서 친구들과 함께 생각을 확장하고 의미를 나누는 협력적 활동으로 자연스럽게 전환된 것입니다.

이 놀라운 도구, Google Docs를 활용하여 아이들의 잠재된 창의력과 표현력을 깨우려면 어떻게 해야 할까요?

02. Google Docs의 핵심 기능과 전략

수업에 유용한 Docs의 핵심 기능

• 탭 시스템 • 스마트 칩 • 이미지 웹검색 • 페이지리스 모드 • 댓글-제안 체계
• 이미지-그리기 • 동시편집 환경 • 링크삽입 • 개요짜기

이번 장에서는 수업에서 바로 활용할 수 있는 Google Docs의 핵심 기능들을 살펴보겠습니다. 각 기능이 어떻게 학생들의 학습 경험을 풍부하게 만들고, 교사의 수업을 더욱 효과적으로 만드는지 구체적인 교실 상황을 통하여 알아보겠습니다.

1. 탭(Tab) 기능으로 모둠 활동 환경 만들기

문서 하나에 모둠별 탭을 생성해 개별 학습과 협력 학습의 경계를 허무는 학습 환경을 만들어 보도록 하겠습니다. 각 모둠은 자신들의 탭에서 자유롭게 작업하면서도 언제든지 다른 모둠의 탭을 클릭하여 진행 상황을 확인할 수 있습니다. 선생님 역시 하나의 문서 안에서 학급 전체 학습 상황을 한눈에 파악하고 적절한 피드백을 제공할 수 있어 편리합니다.

1 Google Docs 내에서 왼쪽 패널 ❶ '문서 탭'의 오른쪽 '+' 버튼을 클릭하여 새 탭을 생성합니다.

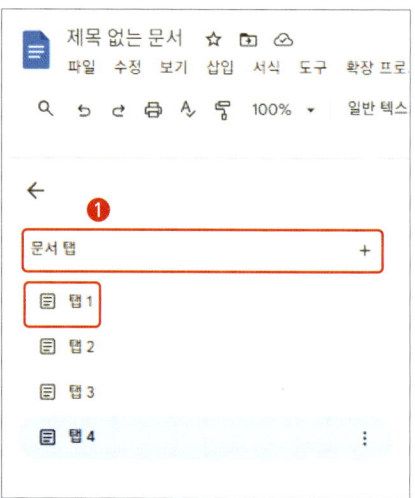

2 생성된 '탭1' 옆의 ❶ ' : ' - ❷ '이름 바꾸기'를 클릭합니다. 텍스트가 편집 모드로 바뀌면 모둠명을 입력하고 키를 누르거나 다른 곳을 클릭하여 탭 이름 변경을 완료합니다. ('탭1'을 더블 클릭하여 이름을 변경할 수도 있습니다.)

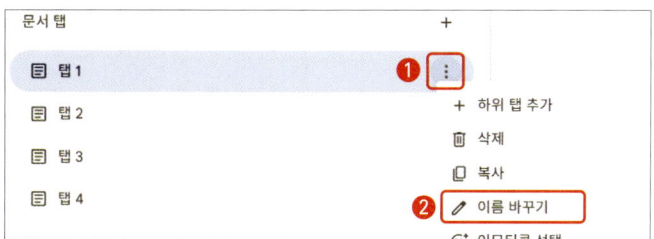

3 '이모티콘 선택' 기능을 활용하여 탭 이름을 지정하면, 모둠 또는 활동을 구분하고 체계화할 수 있습니다. ❶ ' : ' - ❷ '이모티콘 선택'을 클릭하여 탭 이름과 어울리는 이모티콘을 선택합니다.

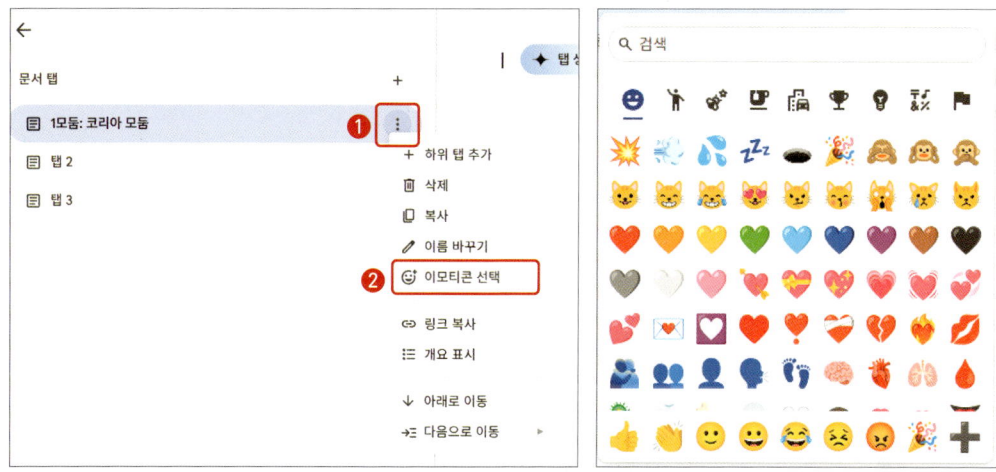

4 이어서 하위 탭을 추가해 보겠습니다. ❶ 먼저 생성된 탭 이름 옆에 ' : '버튼을 클릭합니다. ❷ 팝업창에서 ' + 하위 탭 추가'를 클릭하면 새 하위 탭이 생성됩니다.

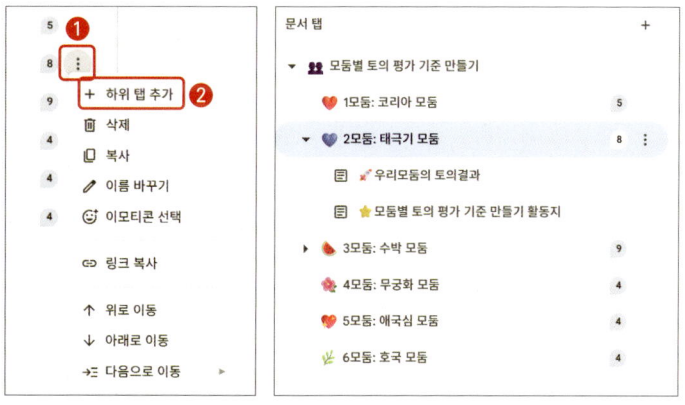

모둠 활동뿐만 아니라 개인별 활동에서도 탭 기능은 유용하게 활용됩니다. '03. Google Docs로 만드는 살아있는 교실'에서 소개하는 개인별 탭 기능 활용 사례를 참고하세요.

2. 스마트 칩(Smart Chip) 기능으로 프로젝트 학습 관리하기

Google Docs의 스마트 칩은 '@'기호 하나로 다양한 정보를 연결하고, 학생들이 상호작용할 수 있는 살아있는 학습공간을 만드는 기능입니다. 스마트 칩 기능을 활용하면 Google Docs 문서에서 프로젝트 학습의 모든 과정(역할 분담, 일정 관리, 자료 공유, 과제 점검 등)을 한눈에 파악하고 관리할 수 있습니다.

스마트 칩의 다양한 기능 중 '드롭다운'과 '날짜'를 활용하여 프로젝트 기반 학습을 관리하는 방법을 알아보겠습니다.

[스마트칩 - 드롭다운] 프로젝트 학습 역할 분담하기

1 Google Docs에서 ❶ '@' 기호를 입력한 뒤 ❷ 팝업창에서 '드롭다운'을 클릭합니다. ('@'기호를 입력해도 팝업창이 생성되지 않는 경우, '@'기호 앞에 공백을 삽입한 뒤 다시 시도해 보세요.)

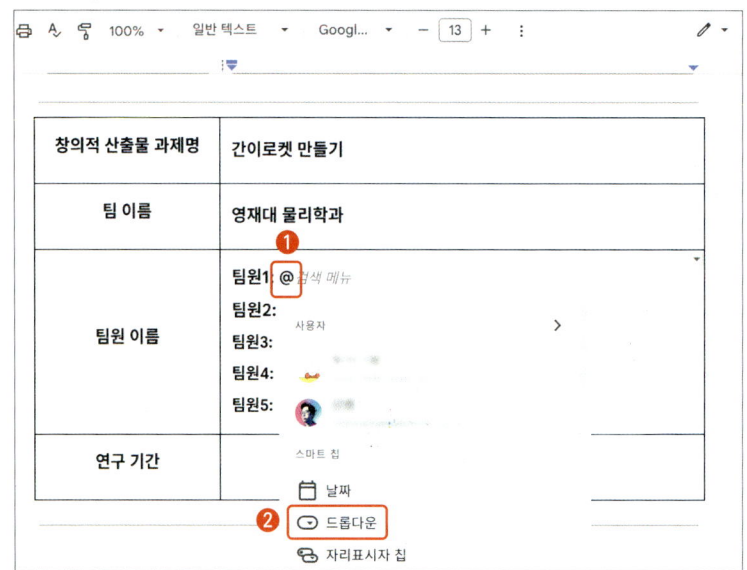

2 이어서 ❶ '+ 새로운 드롭다운'을 선택한 뒤, ❷ '드롭다운 옵션' 창에서 템플릿 이름 및 옵션(역할 이름)을 입력하고, 색상을 설정합니다. 이 방법을 활용하면 교사의 교육적 의도가 담긴 직관적인 '역할 분담' 목록을 미리 만들어 제공할 수 있습니다. 학생들은 이 목록을 바탕으로 토의하여 역할을 선택하거나 필요에 따라 새로운 역할을 추가하며 주도적으로 역할 분담을 완성할 수 있습니다.

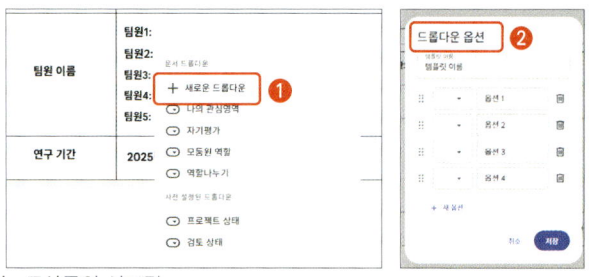

3 옵션을 추가하고 싶은 경우 ❶ '+ 새 옵션'을 클릭하여 입력창을 추가할 수 있습니다. ❷ 모든 내용을 입력하였으면 '저장' 버튼을 클릭합니다. 생성된 드롭다운 메뉴에는 제일 첫 번째로 입력했던 옵션인 '팀장'이 표시됩니다. ❸ '팀장'을 클릭하면 다른 옵션으로 변경할 수 있습니다.

4 같은 방법으로 '팀원2' 오른쪽에도 ❶ '@'기호를 입력합니다. 생성된 팝업창에서 ❷ '드롭다운' - ❸ '역할 나누기'를 클릭한 뒤, 앞서 지정해 둔 드롭다운 옵션 중에서 팀원2 학생이 맡은 역할을 선택합니다.

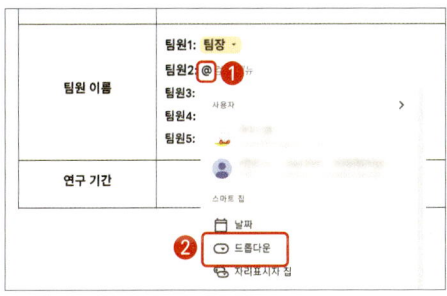
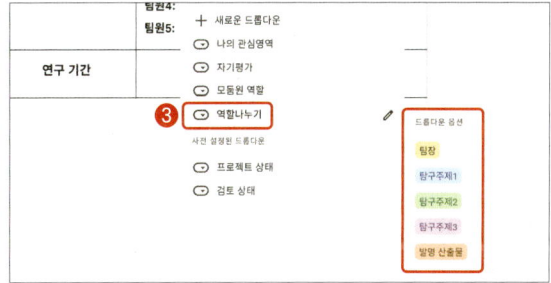

[스마트 칩 - 날짜] 연구 기간 지정하기

1 연구 기간 입력란에 ❶ '@'기호를 입력한 뒤 생성된 ❷ 팝업 창에서 '날짜'를 클릭합니다. ❸ 달력에서 원하는 날짜를 선택한 뒤 ❹ '확인' 버튼을 누릅니다. (시간 설정은 선택 입력사항이므로 필요할 경우 활용해 보세요.)

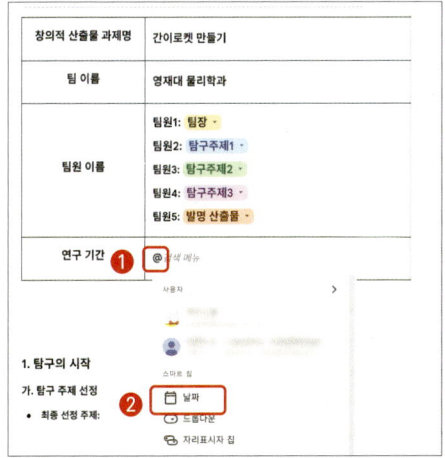

2 날짜를 변경하고 싶다면, 이미 입력된 날짜 위에 마우스를 올려 생성된 팝업창에서 ❶ '2025년 6월 28일'이라고 입력된 날짜를 클릭합니다. 이어서 변경하고자 하는 날짜를 달력에서 선택하여 날짜 변경을 완료합니다.

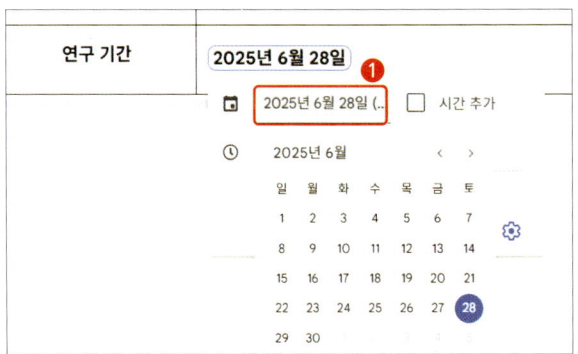

3 Google Docs의 스마트칩 기능을 활용하여 구축한 프로젝트 관리 문서는 단순한 정보 기록을 넘어 상호작용이 가능한 협력 학습 플랫폼이 됩니다. 학생들은 드롭다운을 통해 서로의 역할을 명확히 인지하고 날짜 기능을 통해 주요 일정을 '달력 팝업창'으로 쉽게 확인할 수 있습니다.

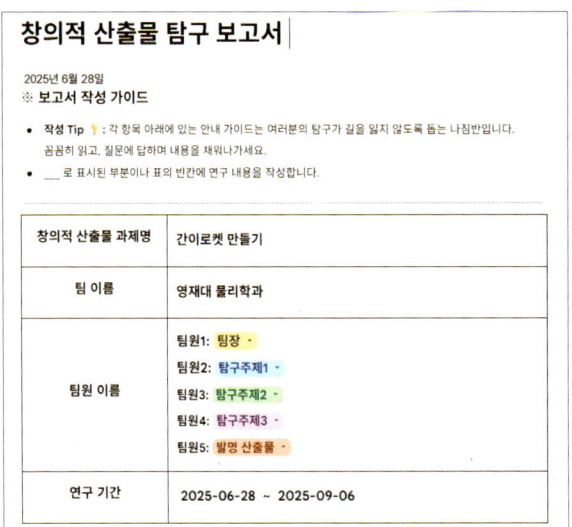

3. 이미지 웹검색 기능으로 유해성 없는 자료 탐색하기

Google Docs의 이미지 웹검색 기능은 문서 작성 과정에서 인터넷 창을 별도로 열지 않고도 Google Docs 내에서 바로 이미지를 검색하고 삽입할 수 있는 기능입니다. 학교에서 발급한 Google for Education 환경에서 이 기능을 활용하면 저작권이 확보된 이미지만을 검색 결과로 보여주고, 유해 콘텐츠를 차단하는 세이프서치(Safe Search)가 적용되어 교사와 학생 모두 안심하고 사용할 수 있는 시각 자료 탐색 환경을 만들 수 있습니다.

이미지 웹 검색 기능을 활용하여 안전하고 효율적으로 수업 자료를 만드는 방법을 단계별로 알아보겠습니다.

1 Google Docs 상단 메뉴에서 ❶ '삽입' - ❷ '이미지' - ❸ '웹 검색'을 클릭합니다. ❹ 화면 오른쪽에 사이드바가 나타나면 검색어를 입력합니다.

2 검색창에 키워드를 입력하면 관련 이미지가 나타납니다.

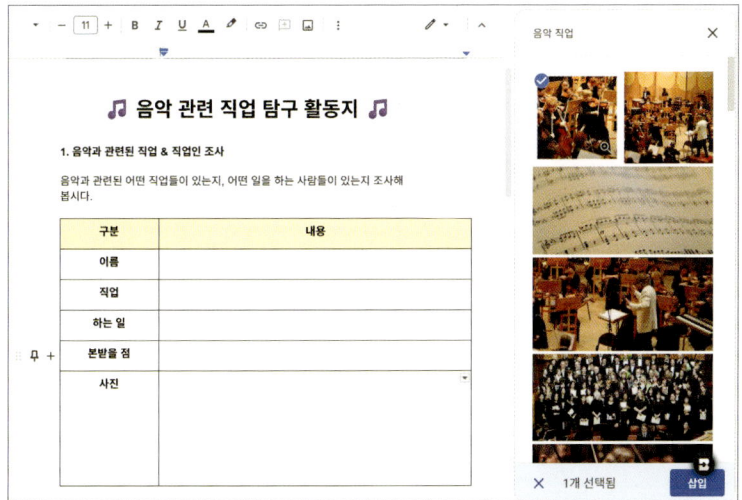

> 검색 결과는 기본적으로 '크리에이티브 커먼즈 라이선스(Creative Commons Licenses, 저작자가 일정한 조건 아래 다른 사람이 자신의 저작물을 사용할 수 있도록 허락한 표시)' 필터가 적용된 것입니다.
> 하지만 Google이 모든 이미지의 저작권을 법적으로 보증하는 것은 아니므로 저작권 문제에 관해 100% 안심하기보다는 '비교적 안전한 이미지를 편리하게 찾아주는 기능'으로 이해하는 것이 좋습니다.

3 이미지 아래쪽에 돋보기 모양의 '+'버튼을 누르면 이미지의 원본 사이트 링크에 방문할 수 있습니다. 원본 사이트에서 이 이미지를 어떤 조건으로 사용해도 되는지(예 출처만 밝히면 되는지, 상업적으로 이용 가능한지 등) 확인할 수 있습니다.

4 삽입하고 싶은 이미지를 클릭하면 선택한 이미지의 개수와 '삽입' 버튼이 아래쪽에 생성됩니다.

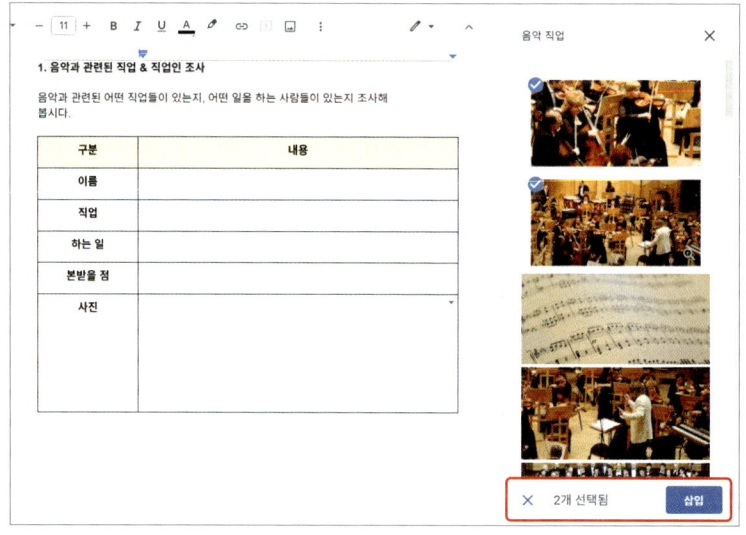

5 이미지를 삽입하고자 하는 위치에 커서를 놓은 후, '삽입' 버튼을 클릭하면 Google Docs 문서에 이미지가 삽입됩니다. ❶ 삽입된 이미지를 클릭하면 파란색 테두리와 함께 편집 메뉴가 나타납니다. 위쪽 도구 모음의 ❷ '이미지 옵션'을 클릭하면 회전, 투명도 조절 등 더 세밀한 편집이 가능합니다.

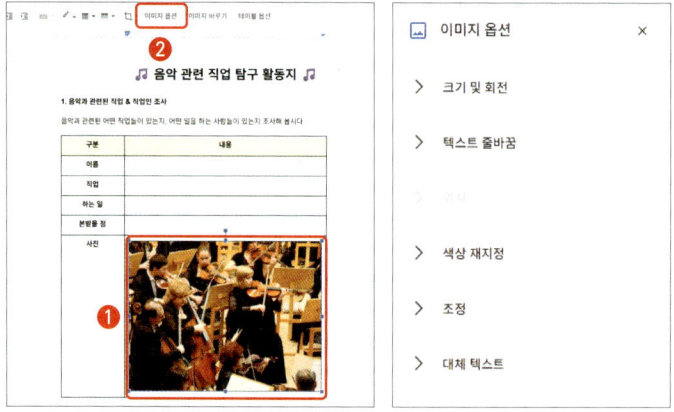

구.바.시 실전Tip!

태블릿이나 모바일에서 이미지 웹검색 기능을 활용하려면, Google Docs 어플리케이션을 실행하고 오른쪽 상단의 ❶ '+' 버튼 - ❷ '이미지' - ❸ '웹에서'를 선택합니다. 화면 오른쪽에 사이드바가 나타나면 검색어를 입력합니다.

4. 페이지 없음(Pageless) 기능으로 경계 없는 디지털 학습공간 만들기

Google Docs의 페이지 없음 기능은 정해진 페이지 경계에서 벗어나 콘텐츠를 제약 없이 넓게 활용할 수 있게 해주는 기능입니다. 이 기능을 활용하면 표나 폭이 넓은 이미지를 잘림 없이 삽입할 수 있습니다.

1 Google Docs의 상단 메뉴에서 ❶ '파일' - ❷ '페이지 설정'을 클릭합니다.

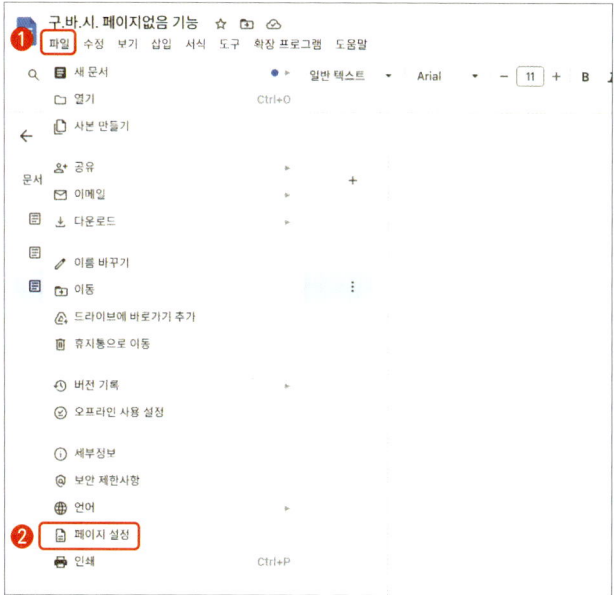

2 '페이지 설정' 창이 나타나면 위쪽의 ❶ '페이지 없음' 탭을 클릭합니다. ❷ '배경 색상' 옵션에서 원하는 색상을 선택하고 ❸ '확인'을 클릭하면 '페이지 없음' 형식이 적용됩니다.

3 '페이지 없음' 형식이 적용되면 학생들은 문서의 크기에 구애받지 않고 웹툰, 포스터 등을 잘림 없이 자유롭게 삽입하여 공유할 수 있습니다.

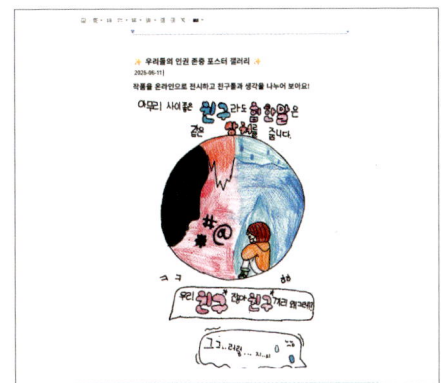

◆ 페이지 없음 기능이 적용된 곳에 삽입된 포스터

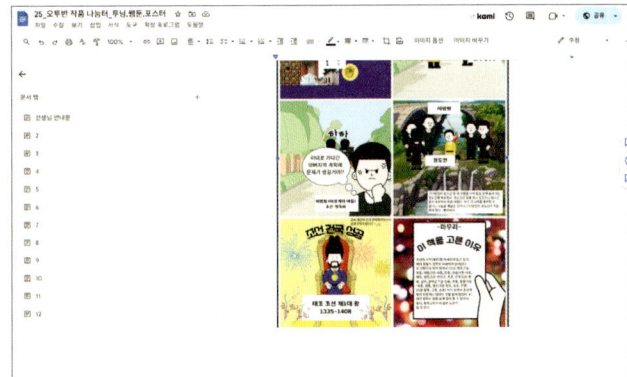

◆ 페이지 없음 기능이 적용된 곳에 삽입된 웹툰

5. 댓글, 제안 기능으로 소통하는 학습 환경 구축하기

Google Docs의 댓글 및 제안 기능은 실시간 협업과 피드백을 통해 상호작용이 활발한 수업 환경을 만들어 줍니다. 이 기능을 활용하면 교사와 학생, 그리고 학생들 간의 즉각적인 소통이 가능하며, 개별 맞춤형 피드백을 통해 학습 효과를 극대화할 수 있습니다.

[댓글 기능] 피드백 남기기

Google Docs의 댓글 기능은 문서의 특정 텍스트나 문단에 대해 직접적인 피드백을 남길 수 있는 도구입니다.

1 댓글 기능을 활용하기 위해서는 ❶ 피드백을 남기고 싶은 부분을 드래그하여 선택합니다. ❷ '마우스 오른쪽 버튼 클릭' - '댓글' 또는 툴바의 '댓글 아이콘'을 클릭합니다. ❸ 생성된 댓글 창에 피드백 내용을 작성합니다. ❹ 작성이 완료되면 '댓글' 버튼을 클릭하여 댓글을 게시합니다.

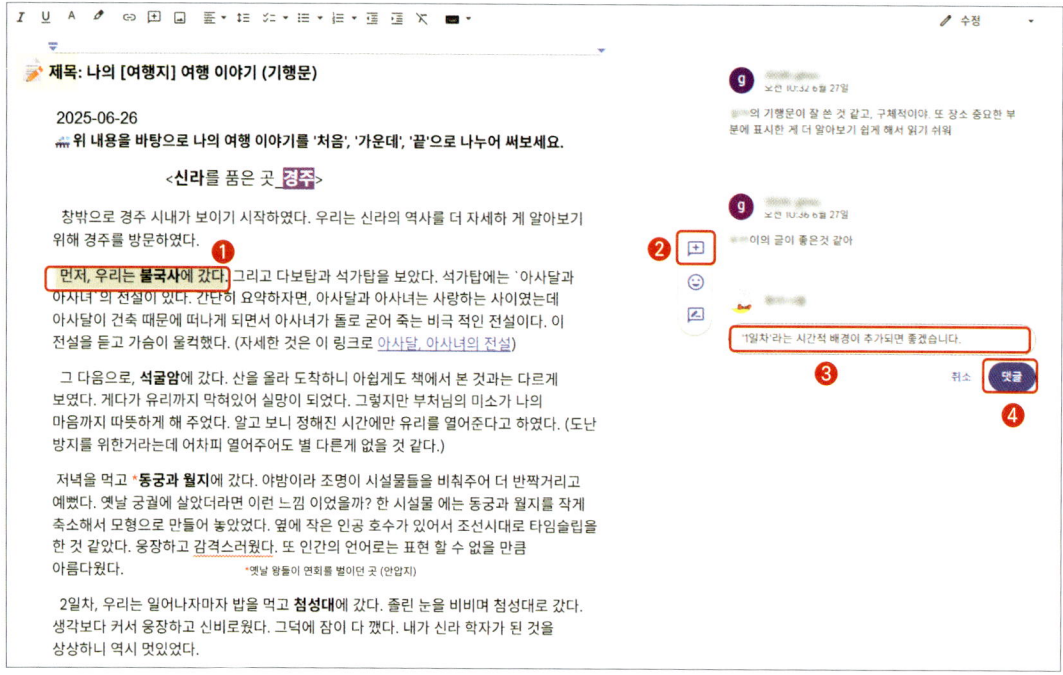

[제안 기능] 문서의 수정 제안하기

Google Docs의 제안 기능은 문서 내용을 직접 수정하거나 추가하는 것을 제안할 수 있는 기능입니다.

1 ❶ Google Docs 오른쪽 상단에 있는 '수정'을 클릭하여 '제안' 모드로 변경합니다. ❷ 문서 내에서 수정 또는 추가하려는 내용을 입력합니다. ❸ 제안한 내용은 Google Docs의 오른쪽에 회색 박스로 표시됩니다.

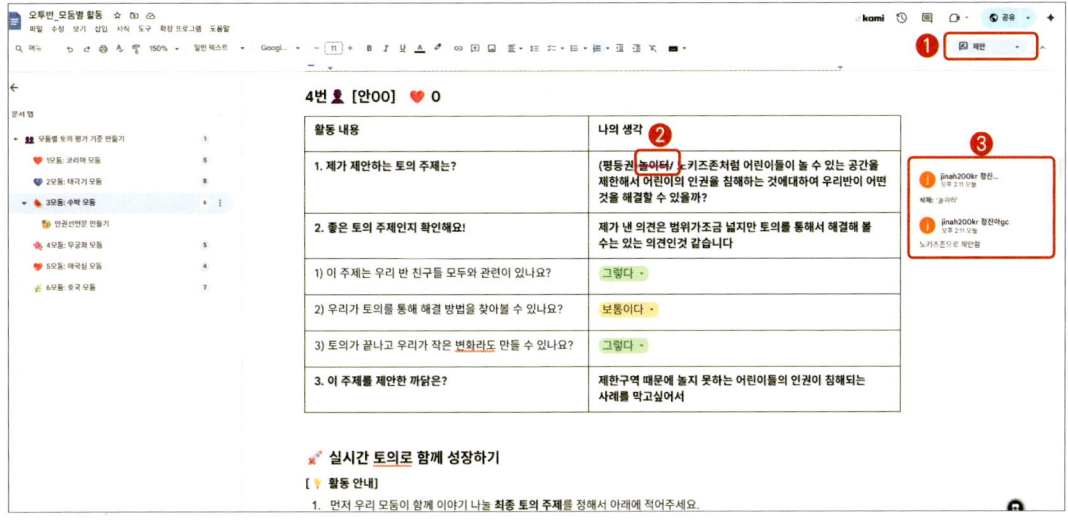

2 문서 소유자 또는 공동 작업자는 제안받은 내용을 수용(✓)하거나 거부(×)할 수 있습니다.

3 제안한 내용은 다음과 같이 구분되어 표시됩니다.

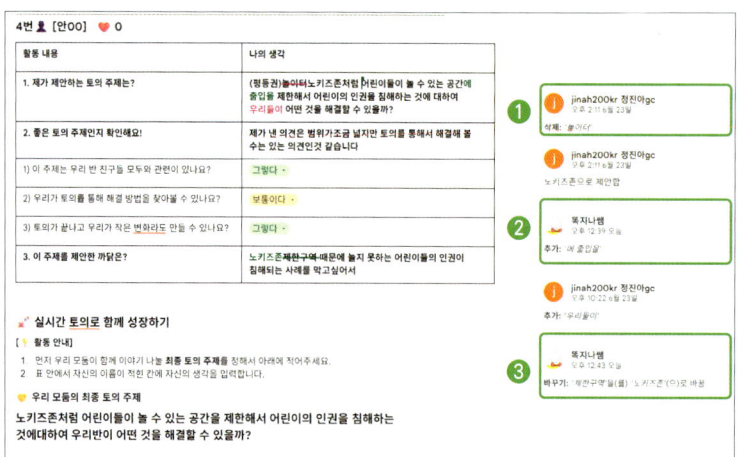

① **삭제**: 초록색 또는 빨간색의 취소선으로 표시되며 오른쪽에 '삭제'와 함께 해당 내용이 표시됩니다.
② **추가**: 초록색 또는 빨간색의 글씨로 표시되며, 오른쪽에 '추가'와 함께 추가한 내용이 표시됩니다.
③ **바꾸기**: 기존에 작성했던 내용에는 취소선이 표시되며 오른쪽에 '바꾸기'와 함께 '기존에 작성한 내용을 새 내용으로 바꿈'이라고 표시됩니다.

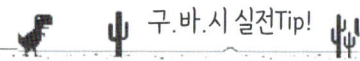

Google Docs의 수정 기능과 제안 기능은 협업 방식에서 차이가 있습니다.
☑ **수정 모드**: 문서를 편집하면 변경 사항이 즉시 문서에 반영됩니다.
☑ **제안 모드**: 편집한 내용이 제안 형태로 표시되며, 문서 소유자나 편집 권한이 있는 사용자의 '승인'을 받아야 최종 반영됩니다.

제안 모드는 교사가 학생에게 문서에 대한 피드백을 해주거나 검토 과정이 필요한 협업 프로젝트에서 유용하며, 수정 모드는 개인 작업이나 즉시 편집이 필요한 상황에서 효과적입니다.

6. 자유 곡선 그리기 기능으로 아이디어 표현하기

Google Docs의 그리기 기능은 문서 내에서 직접 도형, 선, 텍스트 상자 등을 활용하여 다이어그램, 순서도, 간단한 그림 등을 그릴 수 있게 해주고, 학생들이 자신의 생각을 보다 직관적이고 창의적인 시각적 결과물로 표현할 수 있도록 돕습니다. Google Docs에서 이미지 그리기 기능을 활용하여 생각을 시각적으로 표현하는 방법을 단계별로 알아보겠습니다.

1 상단 메뉴에서 ❶ '삽입' - ❷ '그리기' - ❸ '+ 새 그림'을 클릭합니다.

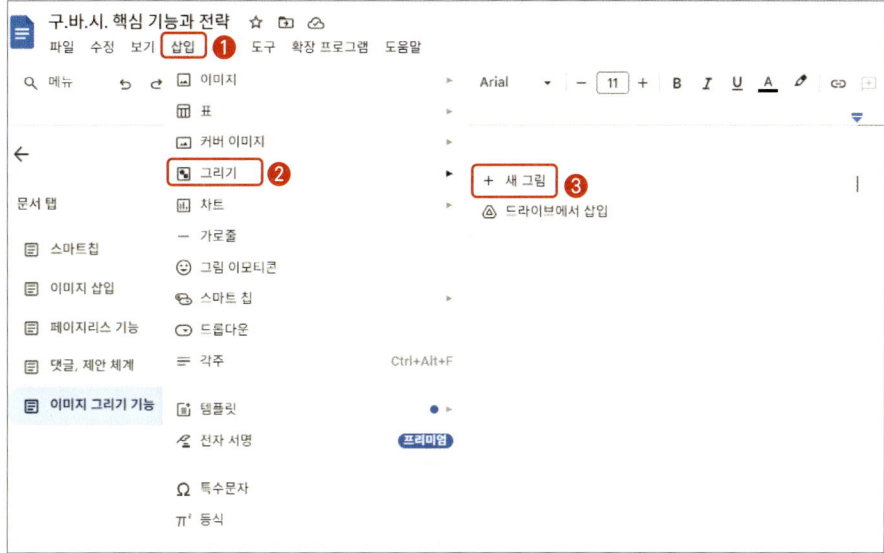

2 새로운 그리기 창이 나타나면 ❶ 도구 모음에서 '✏️'선 아이콘 옆의 '▼'를 클릭합니다. ❷ 드롭다운 메뉴에서 '자유곡선'을 클릭합니다. 이 도구는 마우스나 펜, 손가락 등을 활용하여 자유로운 그림을 그릴 수 있게 해줍니다.

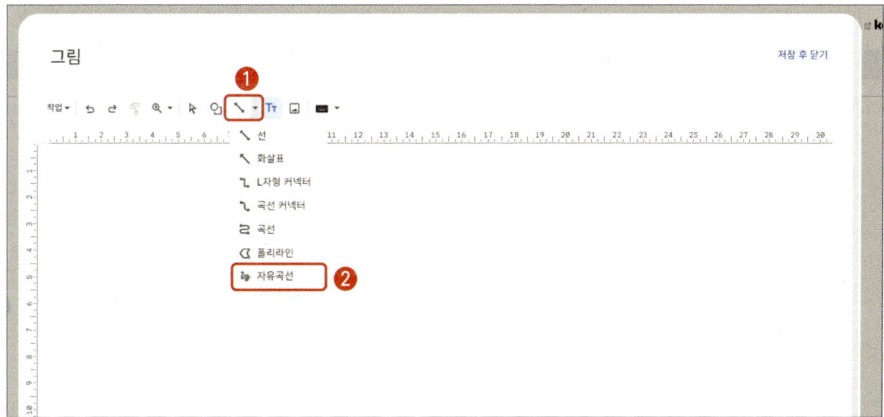

3 마우스를 클릭한 채로 드래그하거나 펜, 손가락을 활용하여 원하는 모양을 그립니다. 마치 종이에 연필로 그림을 그리듯이 자유롭게 선을 이어나갈 수 있습니다. 그림을 완성했다면 그리기 창 오른쪽 상단의 ❶ '저장 후 닫기' 버튼을 클릭하여 문서 내에 삽입합니다.

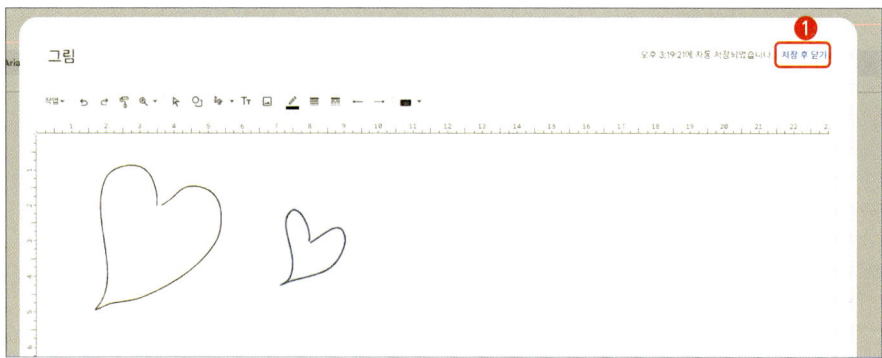

4 첨부된 그림과 같이 시각화 자료가 필요한 활동을 그림으로 표현하면 학생들의 아이디어나 활동을 구체화하고 공유할 수 있습니다.

7. 도형 그리기와 텍스트 상자 기능으로 아이디어 구조화하기

복잡한 학습 내용을 체계적으로 정리하거나 생각 그물(마인드 맵), 순서도, 개념도 등을 만들고 싶을 때 '도형 그리기'와 '텍스트 상자' 기능을 활용할 수 있습니다. 도형과 텍스트를 조합하면 아이디어 간의 관계를 논리적으로 표현하는 구조화된 시각자료를 제작할 수 있습니다. 이를 통해 학생들은 산발적인 정보를 시각적으로 연결하고 체계적으로 정리할 수 있습니다.

1 상단 메뉴에서 ❶ '삽입' - ❷ '그리기' - ❸ '+ 새 그림'을 클릭합니다.

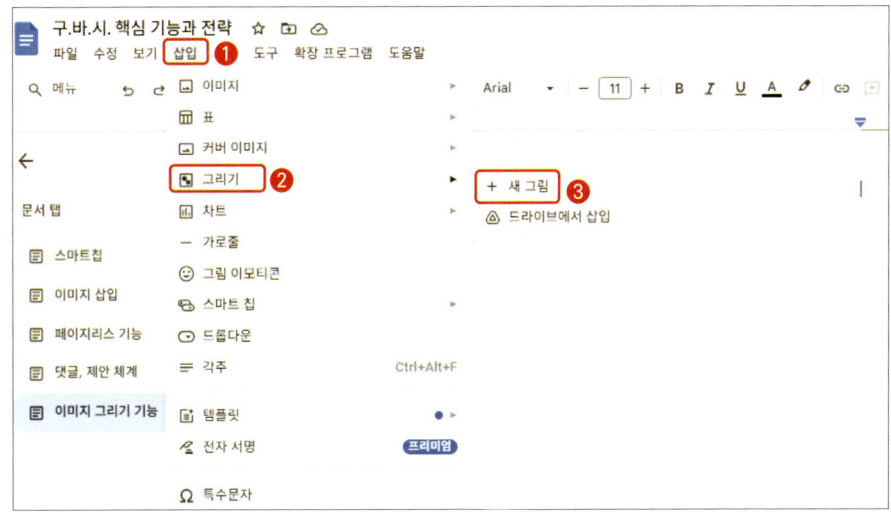

2 ❶ 도구 모음에서 '도형 아이콘 옆의 '▶'를 클릭합니다. ❷ 다양한 도형 카테고리를 확인할 수 있습니다.

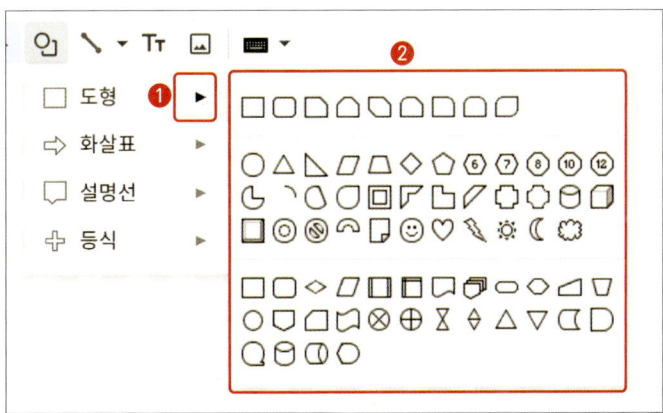

3 생각 그물의 중심 개념을 나타낼 도형을 선택합니다.

예를 들어 '도형' 카테고리에서 원을 선택한 후 그리기 영역 중앙에서 시작점을 클릭하고 드래그하여 적절한 크기로 조정합니다. 완벽한 원을 그리려면 Shift 키를 누른 상태에서 드래그하면 됩니다. 그린 도형을 선택하면 ❶ '채우기 색상'과 ❷ '테두리 색상'을 조정할 수 있습니다. '테두리 색상'을 '투명'으로 설정하여 윤곽선을 제거하면 부드러운 느낌의 중심 주제 영역을 만들 수 있습니다.

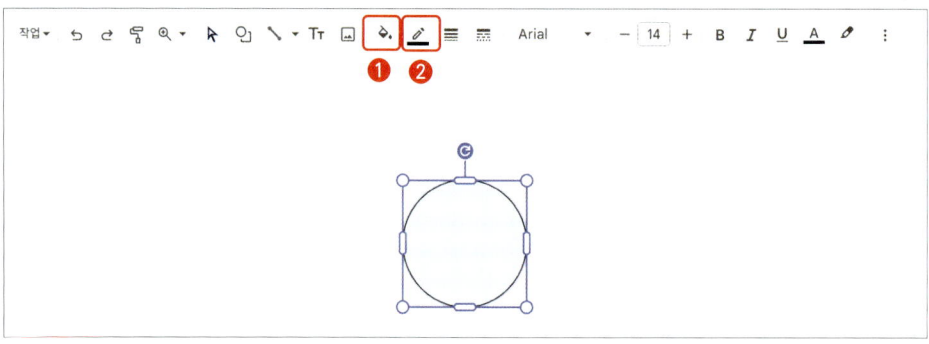

4 이어서 중심 주제에서 뻗어 나가는 대주제 가지도 만들어 보겠습니다. ❶ '도형' - ❷ '도형 카테고리'에서 ❸ '삼각형'을 선택합니다. ❹ 중심 원의 주변에 삼각형을 배치하되 삼각형의 한 면이 중심 원과 가까워지도록 그립니다.

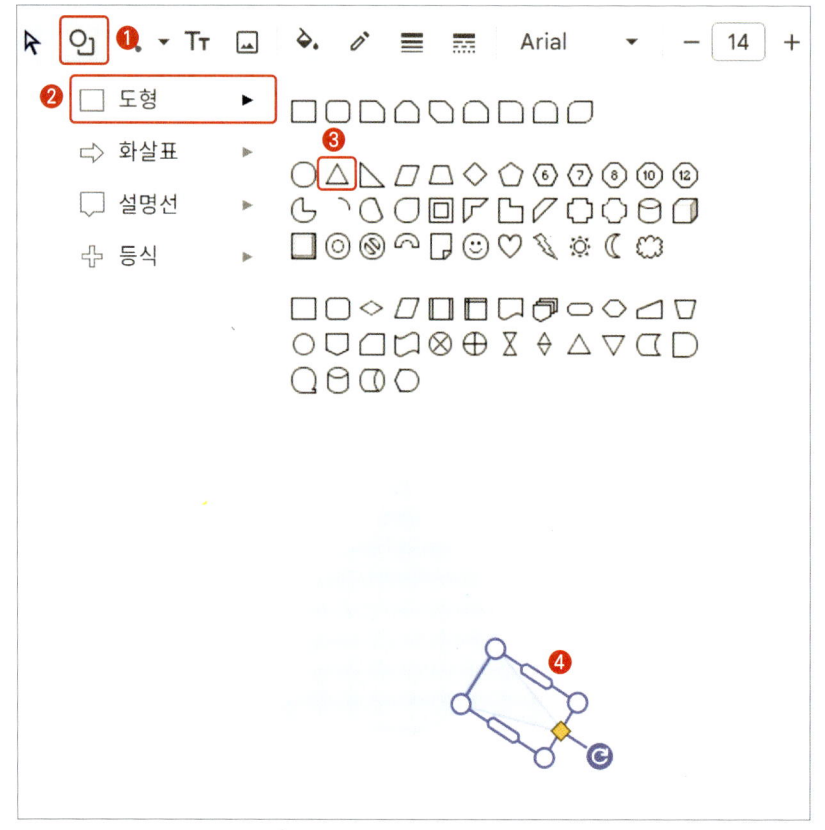

5 도형에 텍스트 상자를 추가하여 중심 주제와 대주제를 입력해 보도록 하겠습니다. ❶ '텍스트 상자'를 클릭하면 마우스 커서가 '┼' 모양으로 변합니다. ❷ 텍스트를 입력하고 싶은 위치를 클릭, 드래그하여 텍스트가 입력될 범위를 지정합니다. 만들어진 텍스트 상자 안에 중심 주제명과 대주제명을 입력합니다.

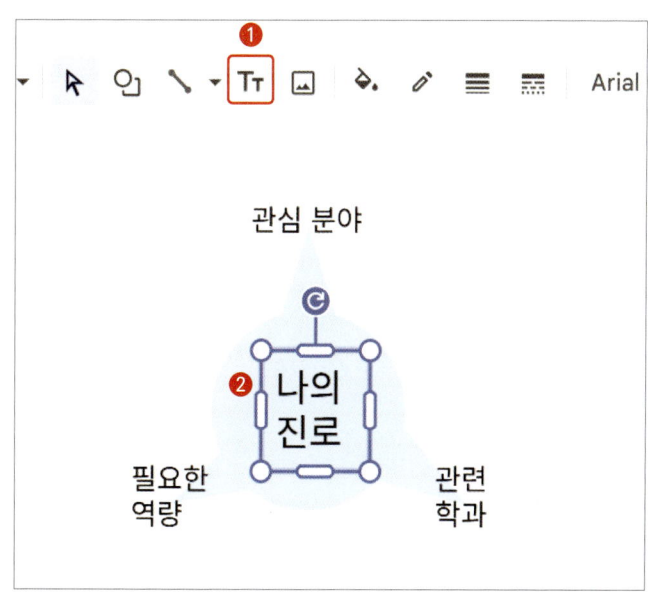

6 ❶ '선' 버튼을 클릭하고 ❷ 단어 간 연결선을 그어 개념 간의 연관성을 시각화합니다. 완성된 생각 그물은 그리기 창 오른쪽 상단의 ❸ '저장 후 닫기' 버튼을 클릭하여 문서에 삽입합니다.

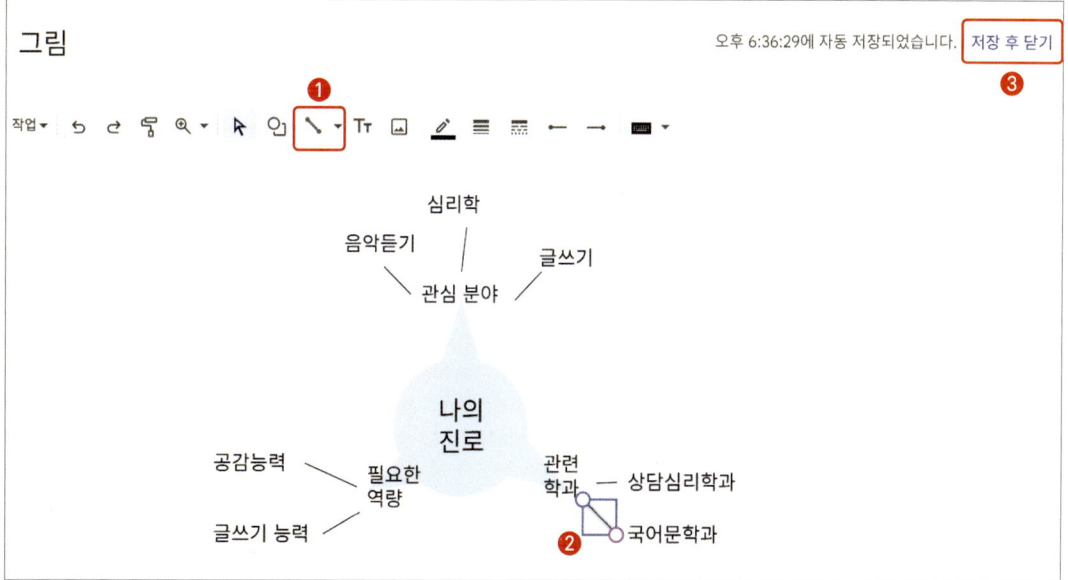

7 완성된 그림을 문서에 삽입하면 일반 이미지와 동일하게 관리할 수 있습니다. 삽입된 그림을 클릭하여 선택하면 모서리에 나타나는 크기 조절 핸들을 드래그하여 원하는 크기로 조정할 수 있습니다. 왼쪽 하단에 '수정' 버튼을 클릭하면 '그리기 편집 모드'로 재진입하여 수정할 수 있습니다.

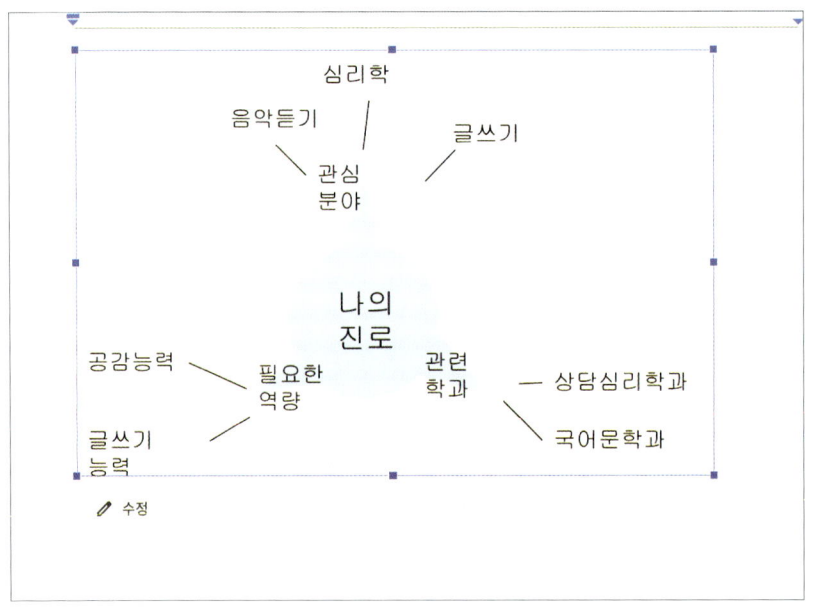

8. 링크 삽입 기능으로 학습 정보 확장하기

　　Google Docs의 링크 삽입 기능은 문서 내 텍스트나 이미지에 외부 리소스(웹사이트, 동영상, 참고 자료 등)를 연결하여 학습 범위를 확장하는 도구입니다. 이 기능을 활용하면 학생들은 정보 간 연관성을 쉽게 파악하고 학습 정보를 확장할 수 있습니다. 예를 들어 조선시대에 대해 학습할 때, 관련 박물관 홈페이지나 교육 동영상 링크를 삽입하여 안내하면 학생들은 현재 읽고 있는 내용과 관련된 추가 자료에 즉시 접근할 수 있게 됩니다.

1 상단 메뉴에서 ❶ '삽입' - ❷ '링크'를 클릭합니다.

2 링크 팝업창 ❶ '텍스트' 입력란에 문서에 표시될 링크의 이름을 입력합니다. 이어서 ❷ '링크' 입력란에 연결하고자 하는 웹사이트 주소(URL)를 입력한 후, ❸ '적용'을 클릭합니다.

3 링크 삽입이 완료되면 해당 텍스트가 파란색으로 변하고 하단에는 밑줄이 표시됩니다. 링크를 클릭하면 연결된 외부 웹사이트나 자료로 이동할 수 있습니다.

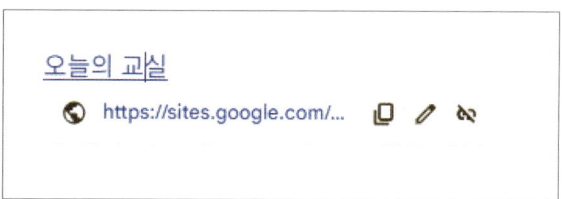

9. 음성 입력 기능으로 말하며 기록하기

Google Docs의 음성 입력 기능은 사용자가 말하는 내용을 실시간으로 텍스트로 변환하여 문서에 입력해 주는 기능입니다. 특히 아직 한글 쓰기가 익숙지 않은 저학년 학생들에게는 생각을 자유롭게 표현할 수 있는 새로운 창구가 됩니다. 학생이 머릿속에 떠오르는 이야기를 말로 풀어내면 Google Docs가 실시간으로 텍스트로 변환해주므로 쓰기에 대한 부담 없이 창의력을 발휘할 수 있습니다.

토의·토론 수업에서도 음성 입력 기능은 유용합니다. 서로의 의견을 글로 받아적느라 토론의 흐름을 놓치거나 중요한 아이디어를 빠뜨리는 일이 크게 줄어듭니다. 이제 Google Docs의 음성 입력 기능의 활용법을 단계별로 살펴보겠습니다.

1 상단 메뉴에서 ❶ '도구' - ❷ '음성입력'을 클릭합니다.

2 기능이 활성화되면 문서 왼쪽에 마이크 아이콘이 나타납니다.

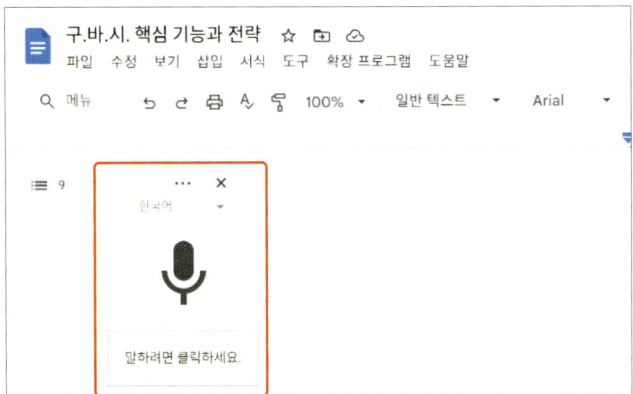

구.바.시 실전Tip!

- ☑ 음성 입력 기능을 처음 사용할 때, 반드시 '마이크 사용 허용'을 클릭하여 마이크 사용을 승인해야 합니다.
- ☑ 말하기 전에 미리 원하는 언어로 설정을 변경해두어야 합니다. 예를 들어 '한국어'로 말하고 싶다면 '한국어'로 언어가 설정되어 있어야 정확한 음성 인식이 가능합니다.
- ☑ 마이크 아이콘 위에 표시된 '한국어 버튼'을 클릭하면 드롭다운 메뉴에서 영어, 중국어, 일본어 등 다양한 언어로도 변환이 되어 외국어 학습에도 활용할 수 있습니다.
- ☑ 마이크 아이콘은 원하는 위치로 드래그하여 이동할 수 있습니다.

3 말할 준비가 되면 마이크 아이콘을 클릭합니다. 아이콘이 빨간색으로 바뀌고, 사용자의 음성이 실시간으로 텍스트로 변환되어 문서에 입력됩니다.

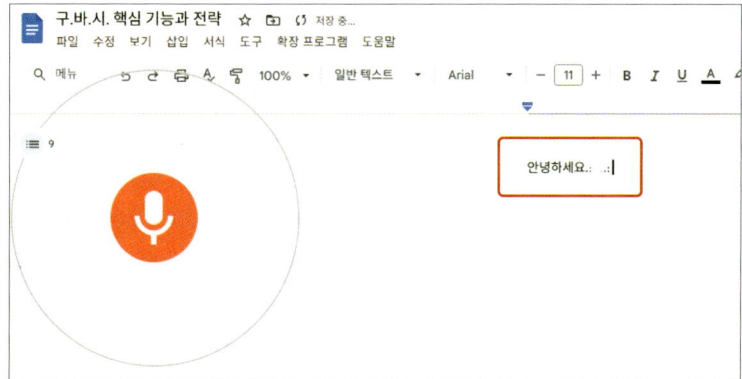

4 구두점을 추가하고 싶을 때는 "마침표, 쉼표, 느낌표, 물음표, 새 줄, 새 단락"과 같이 구두점을 직접 말하여 추가할 수 있습니다. 또한 선택, 굵게, 기울임꼴과 같은 음성 명령을 사용하여 텍스트를 편집하거나 서식을 지정할 수도 있습니다. 말하기를 마쳤거나 잠시 멈추고 싶을 때는 마이크를 다시 클릭하여 기능을 끌 수 있습니다. 마이크 아이콘이 검은색으로 변하며 음성입력이 종료됩니다.

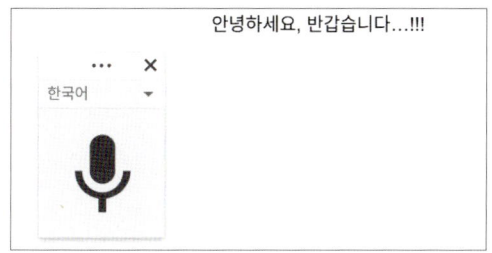

구.바.시 실전Tip!

키보드 단축키를 사용하면 음성 입력 기능을 훨씬 빠르게 사용할 수 있습니다.
- ☑ Windows/Chrome OS 환경: `Ctrl` + `Shift` + `S`
- ☑ Mac OS 환경: `Cmd` + `Shift` + `S`

03. Google Docs로 만드는 살아있는 교실

Google Docs의 다양한 기능을 교육 현장에 적용한 실제 사례를 살펴보도록 하겠습니다. 학생들의 참여도를 높이고, 개별 맞춤형 지도를 가능하게 하며, 언제 어디서나 학습이 연결되는 미래형 교실을 Google Docs와 함께 시작해보세요.

1. 사회: 클릭 한 번으로 세상과 연결되는 살아있는 인권 수업

활용한 기능
탭 시스템, 이미지 웹검색, 댓글, 링크 삽입, 이미지 삽입-카메라

'인권'이라는 단어를 들었을 때, 초등학생들은 어떤 생각을 할까요? 대부분의 학생들에게 인권은 교과서 속 딱딱한 개념이거나 어른들이 강조하는 당위적 가치일 뿐일 것입니다. 이러한 문제의식에서 출발한 것이 바로 '인권을 나의 언어로 정의하기' 활동입니다. 학생들이 인권의 사전적 정의를 단순히 암기하는 것이 아니라 자신만의 은유와 비유를 통해 표현하고, Google Docs의 협업 기능을 통해 친구들과 생각을 나누며 사고를 확장해 나갈 수 있도록 수업을 설계하였습니다.

1단계: 개별 탐구 – 나만의 인권 정의를 만들고, 인권 인물 카드 만들기

> 가장 먼저 학생들은 Google Docs 내 자신만의 탭(Tab)에서 '내가 생각하는 인권은~'이라는 문장을 만들었습니다. 이어서 이미지 웹검색 기능을 활용하여 해당 문장과 어울리는 이미지를 검색한 뒤 삽입하였습니다.

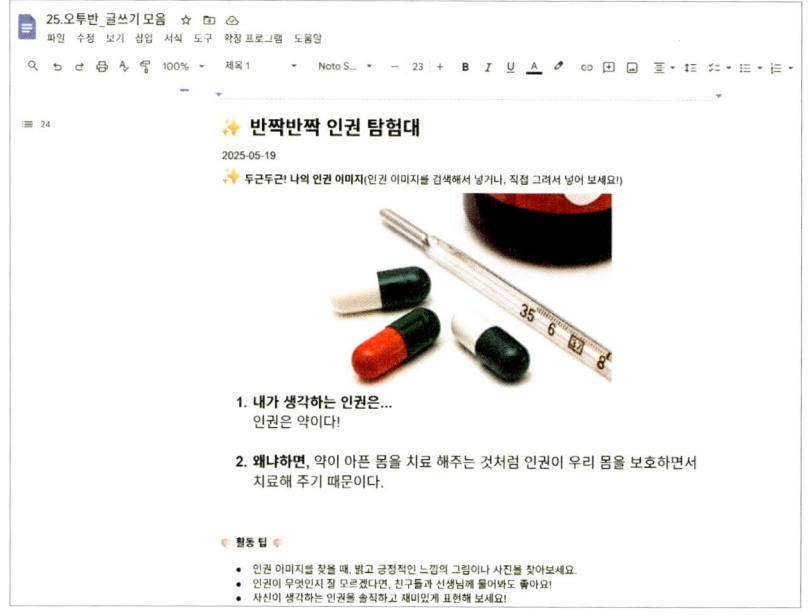

Google Docs의 **탭(Tab)기능** 덕분에 20명이 넘는 학생들이 하나의 문서 링크에서 작업하면서도 서로 방해받지 않고 온전히 자신의 활동에 집중할 수 있었습니다.

기존의 수업에서 이런 형태의 비유적 정의 수업을 진행할 때, 교사들이 겪는 어려움 중 하나는 이미지 자료 준비의 한계였습니다. 인쇄된 이미지로 제공할 경우, 미리 준비한 이미지 자료가 제한적이라는 한계가 있었고, 인터넷 검색을 허용할 경우에는 필터링되지 않은 부적절한 이미지가 노출되어 당혹감을 주는 경우도 빈번했습니다.

Google for Education 환경의 Google Docs에서는 **이미지 웹검색 기능**에 Safe Search 필터가 적용되어 학생들이 안전하게 이미지를 탐색하고 활용할 수 있도록 수업을 지원합니다. 이 수업에서 학생이 인권을 '약'에 비유하기 위해 이미지를 검색했을 때, 의약품 오남용이나 신체에 대한 잘못된 인식을 줄 수 있는 자극적인 이미지는 필터링되고 교육적으로 적합한 이미지만 검색되었습니다.

> 다음으로 인권 신장을 위해 노력했던 역사 속 인물을 탐구하는 '나만의 인권카드' 제작 활동을 진행했습니다.

'인권을 위해 노력한 인물을 찾아 인물카드 만들기' 활동에서는 Google Docs의 '웹사이트 링크 삽입' 기능과 '카메라 기능'의 장점이 발휘되었습니다. 학생들은 문서 내에서 클릭 한 번으로 인권카드 제작 참고사이트에 접속할 수 있어 교사가 구축한 안전한 디지털 학습 환경 속에서 탐구 활동을 진행할 수 있었습니다.

학생들은 교과서 부록에 있는 '인권 카드 만들기' 활동을 한 후 서로의 카드를 공유하기 위해 Google Docs의 '이미지 삽입 기능' 중 '카메라 기능'을 활용하였습니다. 종이 카드들을 일일이 돌려보거나 복사할 필요 없이 하나의 Google Docs 문서 안에서 모든 친구들의 작품을 한눈에 감상하고 피드백할 수 있게 된 것입니다.

2단계: 상호 피드백 활동 – 댓글로 연결되는 사고의 확장

개별 탐구를 완료한 학생들은 자연스럽게 다른 학생들의 탭(Tab)을 방문하여 Google Docs의 댓글 기능을 활용하여 서로의 활동 결과물에 반응하며 소통하기 시작했습니다.

자신의 비유를 뒷받침하기 위해 Google Docs의 이미지 웹검색 기능으로 울창한 숲길 사진을 선택한 학생의 작품을 본 친구들은 즉각적이고 다양한 댓글을 달았습니다.

댓글1: 나무라는 이름을 보자마자 이유가 궁금했는데 뜻을 보니 알게 되었어.
댓글2: 자연사진을 잘 넣었고, 인권을 공기(산소)를 공급해주는 나무라고 생각한 점이 좋았어.
댓글3: 나도 비슷한 생각이야. 나무에 잘 비유했어!
댓글4: 인권을 나무로 표현했다니 멋져. 그림도 정말 잘 어울려.

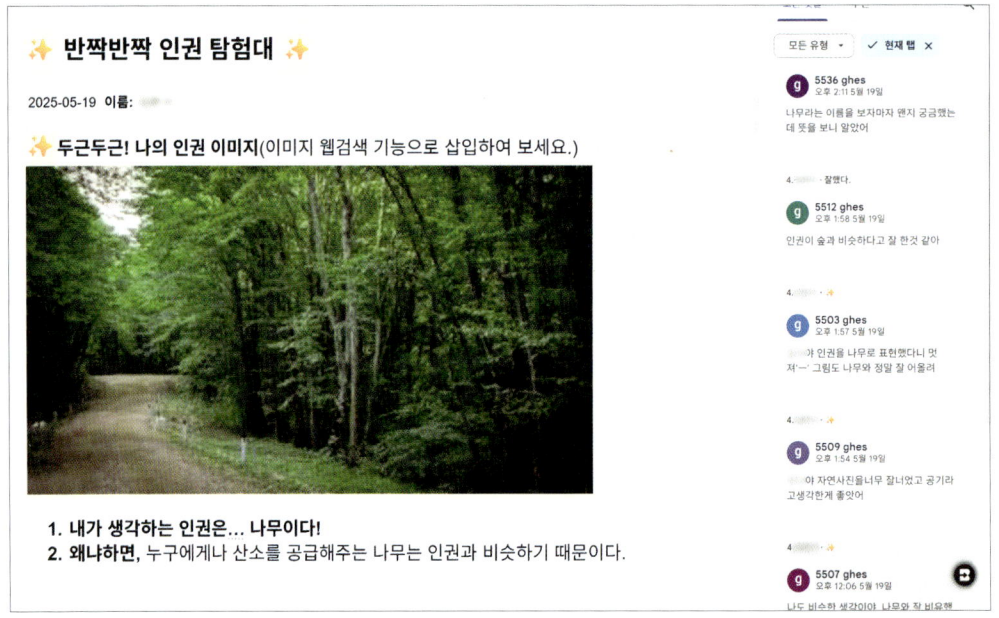

기존의 수업에서는 발표 시간의 제약으로 모든 학생들의 작품을 감상할 시간이 부족 하거나 서로에게 피드백을 충분히 나누는 데에 한계가 있었습니다. 그러나 Google Docs를 활용하니 제한된 시간 내에서도 활발한 의견 교환을 할 수 있었고, 수업이 종료된 후에도 서로 댓글을 활용하여 유의미한 의견을 교환하는 모습을 관찰할 수 있었습니다.

실제로 작품에 달린 댓글들을 시간 순으로 살펴보면 오후 12:06부터 오후 14:11까지 약 2시간에 걸쳐 점심 시간이나 쉬는 시간에도 지속적으로 댓글이 추가되었습니다. 이는 수업이 종료된 이후에도 학생이 자발적으로 학습에 참여하였음을 보여줍니다.

이렇게 시공간을 초월한 연속적이고 지속적인 학습은 Google Docs의 클라우드 기반 협업 환경에서만 가능한 일이었습니다. 학생들은 쉬는 시간에도, 가정으로 귀가하여서도 언제든지 서로의 작품을 다시 감상하고 새로운 생각을 댓글로 남길 수 있었습니다.

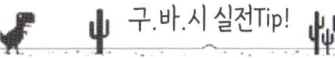

구.바.시 실전Tip!

댓글 달기 활동 중, 부정적이거나 아무 의미 없는 댓글을 다는 경우는 어떻게 지도할까요?

- ☑ **댓글의 가이드라인을 함께 정하기:** 어떤 댓글이 좋은 댓글인지 학생들과 함께 정해보세요. '구체적인 근거를 들어 말하기', '상대방을 존중하는 말 쓰기', '단순히 좋아요 보다는 왜 좋은지 설명하기'와 같은 규칙을 함께 만들어 보고 활동 전에 안내 화면에 띄워두거나 수업 시작 전에 매번 강조해주세요.
- ☑ **좋은 댓글의 예시 보여주기:** 좋은 댓글과 아쉬운 댓글을 몇 가지 보여주면서 '이 댓글은 왜 좋을까요?', '이 댓글은 어떻게 고치면 더 좋을까요?'와 같은 질문을 학생들에게 던지고 학생들이 스스로 답하고 판단할 수 있게 해보세요.
- ☑ **필요시 댓글을 삭제하거나 권한을 제한하기:** 만약 같은 문제가 계속 발생한다면 해당 댓글을 삭제하거나 '감상 활동'에서는 '뷰어' 권한까지만 부여할 수 있습니다. (Google 도구에서는 액세스 권한을 제한, 뷰어, 댓글 작성자, 편집자로 부여할 수 있습니다.) 하지만 이것은 최후의 수단이므로 충분히 설명하고 경고한 뒤에 적용하는 것이 좋습니다.

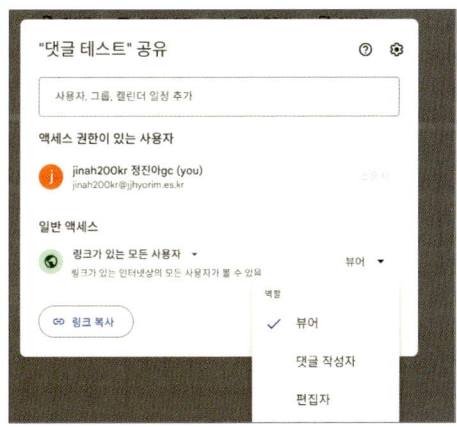

댓글이 특정 학생에게 편중되거나 아무런 댓글을 받지 못하는 학생이 생길 경우는 어떻게 하나요?

- ☑ **댓글을 달아야 하는 대상을 지정해주거나 모둠 활동으로 진행하기:** 서로 댓글을 다는 짝을 1:1로 만들어 주거나 소규모 모둠으로 댓글 달기 활동을 진행하면 소외되는 학생의 발생을 줄일 수 있습니다.
- ☑ **댓글 의무화하기:** "다른 친구들의 글에 최소한 '3개 이상' 착한 댓글을 달아주세요."와 같이 작성해야 할 댓글 개수를 정해줍니다.
- ☑ **다양한 댓글 활동 시도하기:** 단순히 평가하는 댓글 외에 '가장 인상 깊었던 문장을 찾아서 나의 댓글에 인용하기', '상대의 글의 장점을 3가지 찾기', '글을 읽고 궁금한 점을 질문하기' 등 다양한 형태로 댓글 활동을 시도해보세요. 지루하지 않게 참여를 유도할 수 있습니다.
- ☑ **선생님이 먼저 댓글 달기:** 만약 댓글이 없는 학생이 있다면 선생님이 먼저 칭찬이나 질문의 댓글을 달아보세요. 다른 학생들도 자연스럽게 관심을 갖고 댓글을 달기 시작합니다.

3단계: 협력적 결과물 제작 – 우리 반 인권선언문 만들기

마지막 활동인 '우리 반 인권선언문 만들기'에 앞서 학생들은 체계적인 생각 정리 시간을 가졌습니다.

1~2단계에서 탐구한 '인권의 의미'와 친구들과의 댓글 교환을 통해 얻은 다양한 관점들을 바탕으로 모둠별 생각 그물을 작성했습니다.

Google Docs의 '그리기' 기능을 활용하여 생각 그물을 완성한 뒤 삽입했고, 학생들은 다른 모둠의 탭을 자유롭게 방문하며 서로의 사고 과정을 살펴보며 새로운 아이디어를 얻을 수 있었습니다.

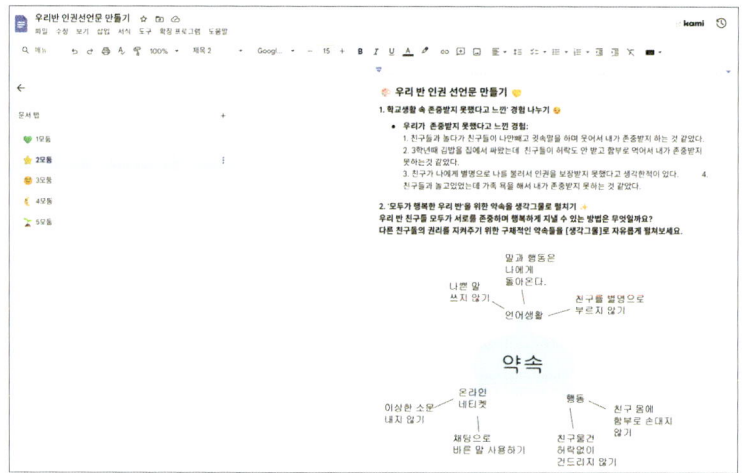

생각 정리를 마친 모둠은 모둠별 탭에서 우리 반 인권선언문 작성을 시작하였습니다. '이미지 웹 검색' 기능을 활용하여 선언문 조항에 어울리는 이미지도 삽입함으로써 추상적인 인권의 가치를 자신들만의 언어로 구체화하고 시각적 요소를 통해 더욱 풍부하게 표현하는 경험을 했습니다. 이러한 과정을 통해 학생들은 별도의 준비물 없이도 텍스트와 이미지, 링크가 조화롭게 어우러진 협업 결과물을 만들었습니다.

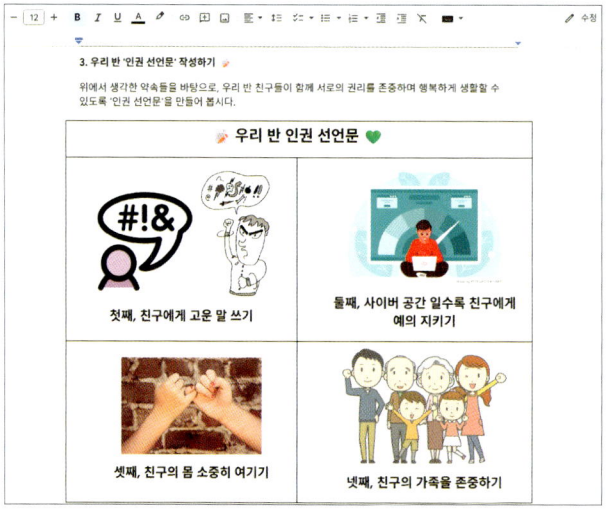

◆ Google Docs로 우리반 인권 선언문 만들기

2. 국어: 모둠별로 실시간 협업하여 토의·토론하기

활용한 기능
실시간 동시 편집, 탭 시스템, 스마트 칩(드롭다운, 날짜), 카메라, 링크 삽입, 댓글

좋은 토의·토론 수업의 핵심은 학생들이 서로의 생각을 경청하며, 함께 논리와 의견을 발전시키는 과정에 있습니다. Google Docs의 협업 기능을 활용하면 이러한 상호작용을 더욱 활발하고 체계적으로 만들 수 있습니다. 학생들은 실시간으로 서로의 생각을 확인하며 자신의 의견을 다듬고, 동시에 여러 관점을 종합하여 더 깊이 있는 결론에 도달하는 경험을 하게 됩니다.

이를 위해 Google Docs의 핵심 기능을 다음과 같이 활용할 수 있습니다.

실시간 동시 편집 기능으로 모든 학생들이 동시에 의견을 입력하고 소외되는 학생이 없이 서로의 의견을 참고할 수 있습니다. 탭 기능으로 모둠별 작업 공간이 분리되어 체계적으로 토의 활동을 진행할 수 있으며, 스마트 칩의 드롭다운 기능으로 판단의 기준을 정할 수 있습니다. 카메라 기능, 링크 삽입 기능으로 관련 자료나 증거 사진을 쉽게 첨부할 수 있어 서로의 의견에 대한 이해를 돕습니다.

구체적인 수업의 흐름을 단계별로 살펴보겠습니다.

1단계: 개별 탐구를 통해 토의 기반 구축하기

학생들은 Google Docs 링크에 접속해 '모둠별 탭'에서 '우리 모둠의 토의 주제 제안서'를 작성합니다.

실시간 동시 편집 기능을 통해 개별 작업을 하면서도 다른 학생들의 아이디어를 실시간으로 확인할 수 있어 주제의 중복을 피하고 더욱 창의적인 방향으로 아이디어를 발전시킬 수 있습니다.

교사 역시 Google Docs 문서 안에서 모든 학생들의 의견 제안 과정을 실시간으로 파악할 수 있습니다. 이를 통해 특정 모둠이 어려움을 겪거나 부적절한 주제를 제안할 경우 즉시 피드백을 제공하며 활동을 올바른 방향으로 이끌 수 있습니다. Google Docs는 개별활동의 과정이 고립되지 않고, 서로에게 영감을 주고받는 협업의 장으로서 기능하도록 돕습니다.

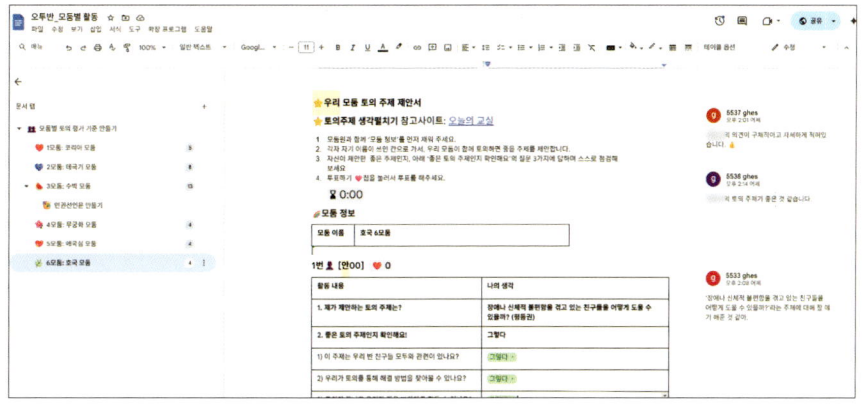

◆ Google Docs로 우리 모둠의 토의 주제 제안서 작성하기

2단계: 협력적 성찰 – 실시간 토의로 논리 함께 세우기

1단계에서 모둠별 토의 주제가 선정되면 2단계에서는 해당 주제에 대한 본격적인 실시간 협력 토의를 시작합니다. 학생들은 공유 문서 상단에 토의 주제를 명시하여 목표를 공유하고, 모둠별 탭의 '토의하기' 활동지에서 동시에 의견을 교환합니다.

토의는 Google Docs의 모둠별 탭에 '토의하기' 활동에 마련된 활동지 공간에서 실시간으로 진행됩니다. 모든 학생은 실시간으로 동시에 자신의 의견을 입력하고, 다른 학생의 의견에 대해 질문과 답변을 주고 받습니다.

◆ 실시간 동시 편집으로 진행되는 모둠 토의

평소 발표를 망설이던 학생들도 문자 입력으로 자연스럽게 토의에 참여할 수 있으며, 모든 학생들의 참여도가 실시간으로 기록되므로 소외 없는 토의 환경이 조성됩니다. 또한 모든 토의 내용이 시각적으로 남기 때문에 학생들은 동료의 의견을 반복적으로 확인하며 깊이 있게 이해하고 생각을 정교화할 수 있습니다.

3단계: 실천적 성찰 – 다함께 토의 기준을 세우고, 최적의 해결방안 작성하기

토의 과정에서 축적된 모든 상호작용 기록을 바탕으로 객관적 분석과 성찰을 진행합니다. 학생들은 '최적의 해결방안'의 기준을 함께 수립하고, 이를 토대로 최적의 해결방안을 도출하는 합리적 의사결정 과정을 경험합니다.

이 단계에서 학생들은 메타인지적 사고를 통해 자신과 타인의 논리를 분석하고 평가하는 능력을 기를 수 있습니다. Google Docs에 남겨진 모든 기록은 학습 포트폴리오가 되어 지속적인 성찰과 발전의 기회를 제공하기 때문입니다.

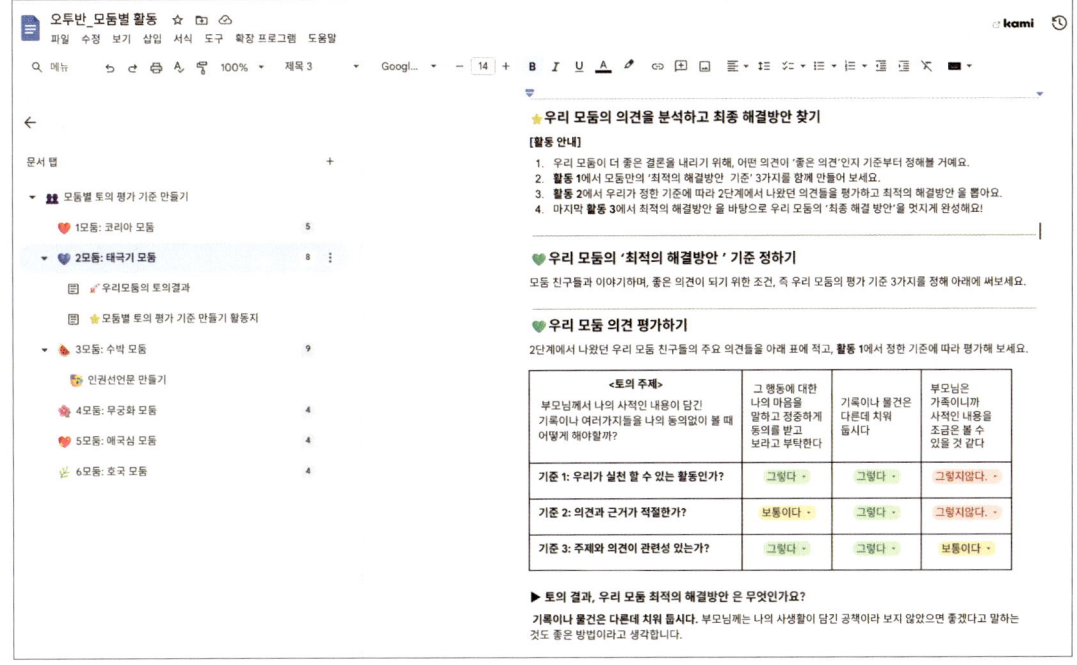

◆ Google Docs로 우리 모둠의 토의결과 정리하기 (최종 해결 방안)

구.바.시 실전Tip!

다른 학생의 탭(Tab) 또는 Docs에 함부로 들어가 문서를 변경하는 경우, 어떻게 지도해야 할까요?

- ✅ **즉각적인 확인 및 원상 복구:** 가장 먼저 Google Docs의 버전 기록 기능(p.118 참조)을 활용하여 누가, 언제, 어떤 내용을 수정했는지 확인하세요. 무단으로 변경된 내용을 즉시 원래대로 복구하는 것이 중요합니다. 학생들에게 이 기능의 존재와 추적 가능성을 명확히 알려주세요.
- ✅ **명확한 규칙 재강조:** 다른 학생의 문서에 대한 '접근 권한과 책임'에 대해 다시 한번 강조합니다. '내 문서가 아니면 함부로 건드리지 않는다.'라는 기본적인 규칙을 명확히 하고 이를 어길 경우 어떤 결과가 따르는지 알려주세요.
- ✅ **개별 면담 및 교육:** 해당 학생을 개별적으로 불러 면담하세요. 무단 변경이 왜 문제인지, 친구에게 어떤 피해를 줄 수 있는지, 그리고 학습 공동체에서 신뢰가 얼마나 중요한지 차분하게 설명합니다. 의도치 않은 실수였는지, 아니면 장난이나 악의적인 행동이었는지 파악하는 것도 중요합니다.
- ✅ **소통하기:** 피해를 입은 학생에게는 상황을 설명하고 원상 복구가 되었음을 보여주며 안심시켜 주세요. 필요하다면 가해학생이 피해학생에게 직접 사과하도록 지도하는 것도 교육적인 경험이 될 수 있습니다.

애초에 이런 문제가 발생하지 않도록 하려면 어떻게 해야 할까요?

- ✅ 교사가 참고 자료로 배포하는 학습 자료는 '댓글 작성자' 권한(학생들이 댓글만 달 수 있음)이나 '뷰어 권한'(수정은 불가능하고 보기만 가능함)으로 공유하는 것이 안전합니다.
- ✅ Google Classroom에서 과제를 배포할 때, '학생별로 사본 제공' 옵션을 선택하면 각 학생들이 독립적인 문서에서 작업하게 되어 다른 학생의 문서를 건드릴 일이 없어집니다.

◆ Google Classroom에서 '학생별로 사본 제공'하여 과제 제시하기

04. Google Docs 확장 꿀팁

Google Docs의 숨겨진 강력한 기능, Gemini와의 만남을 경험해보세요.
이제 문서 작성 중에도 Gemini의 도움을 받아 더욱 효율적이고 창의적인 수업 자료를 만들 수 있습니다.

1. Gemini로 진화하는 Google Docs

Google Docs에 Gemini가 들어온다면 어떤 변화가 생길까요? 활동지 제작으로 고민해 본 교사라면 혹은 학생들에게 더 창의적이고 개별화된 학습 경험을 제공하고 싶지만 시간과 자원의 한계를 느끼는 교육자라면 Google Docs 속 Gemini가 만들어내는 변화는 단순한 기술적 개선이 아니라 교육 자체의 혁신으로 다가올 것입니다.

Gemini를 비롯한 생성형 AI를 통해 느낄 수 있는 가장 큰 변화는 시간의 효율적 활용입니다. 이제 교사들은 더 이상 활동지를 제작하거나 수준별 자료를 준비하는 데 시간을 많이 투자하지 않아도 됩니다. 대신 교육의 본질인 학생과의 상호작용, 창의적 수업 설계, 수준별 학습 제공 등에 집중할 수 있게 되었습니다.

Google Docs에서 Gemini를 활용하려면 Google Workspace Labs 프로그램에 등록해야 합니다. Workspace Labs는 Google의 실험적 AI기능을 사전 체험할 수 있는 베타 프로그램으로 Gemini를 포함한 생성형 AI도구를 무료로 사용할 수 있는 기회를 제공합니다. Google 검색창에서 'Google Workspace Labs'를 입력하여 공식 페이지에 접속한 뒤 등록할 수 있습니다. 등록은 개인 Gmail계정(@gmail.com)을 통해서만 가능하며, 조직 계정이나 교육 기관 계정으로는 등록할 수 없습니다.

그렇다면 실제 교육 현장에서는 어떻게 이런 혁신적 변화를 경험할 수 있을까요? 앞서 다룬 인권 수업에서 실제로 Gemini를 활용한 과정을 살펴보겠습니다.

먼저 Gemini에게 입력한 프롬프트는 아래와 같습니다.

> ☞ **프롬프트의 예시:**
> 사회 선생님의 역할을 해줘.
> 아래 내용을 참고로 하여 '활동지 템플릿'을 만들어줘.
> 초등학교 5학년이 흥미를 가질 수 있도록 활동지를 만들어줘.
> 1. **학습 목표:** 인권의 보편적이고 필수적인 특성을 비유를 통해 이해하고 자신만의 언어로 정의할 수 있다.
> 2. **활동 내용:** 인권을 우리 일상 속에서 발견할 수 있는 다른 어떤 것에 비유하여 나타내어 봅시다.
>   예) 인권은 '물'과 같아요. 왜냐하면 모든 생명체가 물 없이는 살 수 없듯이, 인간은 인권 없이는 인간답게 살 수 없기 때문이에요.
> 3. **활동 안내 예시:** 여러분은 인권을 무엇에 비유하고 싶나요? 그 비유를 통해 인권이 우리에게 왜 중요하고 필수적인지, 그리고 인권이 어떤 의미를 가지는지 나만의 언어로 정의해 봅시다.
> 4. **작성 양식 예시:** 인권은 (　　)이다. 그 까닭은 (　　) 때문이다.

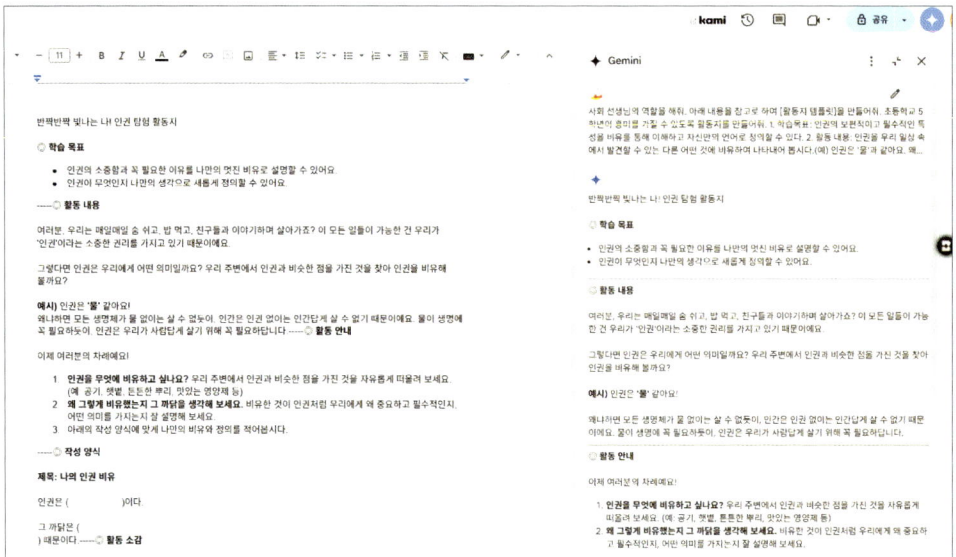

Gemini가 생성한 활동지를 검토해보니 수정할 필요가 있어 보입니다. 수업 현장에서 필요한 요소와 맥락을 추가 요청하는 프롬프트를 이어서 작성합니다.

> ☞ **1차 추가 프롬프트의 예시**
> : 너는 활동지 작성에 탁월한 능력을 가진 선생님의 역할을 해줘.
> 아래 수정사항을 반영하여 '활동지를 수정'하여 제작해줘.
> 1. 학생들이 적을 칸은 ＿＿＿＿로 적절한 분량으로 만들어줘.
> 2. 초등학교 5학년 학생들이 좀 더 흥미를 가질 수 있는 요소를 추가해줘.
> 3. 안내 설명은 줄이고 학생들의 활동공간을 적절하게 만들어줘.
> 4. 초등학생이 즐겁게 활동할 수 있도록 디자인적으로 멋지게 다듬어줘.
> 5. A4로 인쇄했을 때, 적절한 분량이 되도록 템플릿을 작성해줘.

추가 프롬프트를 입력한 결과 아래와 같은 활동지가 만들어졌습니다.

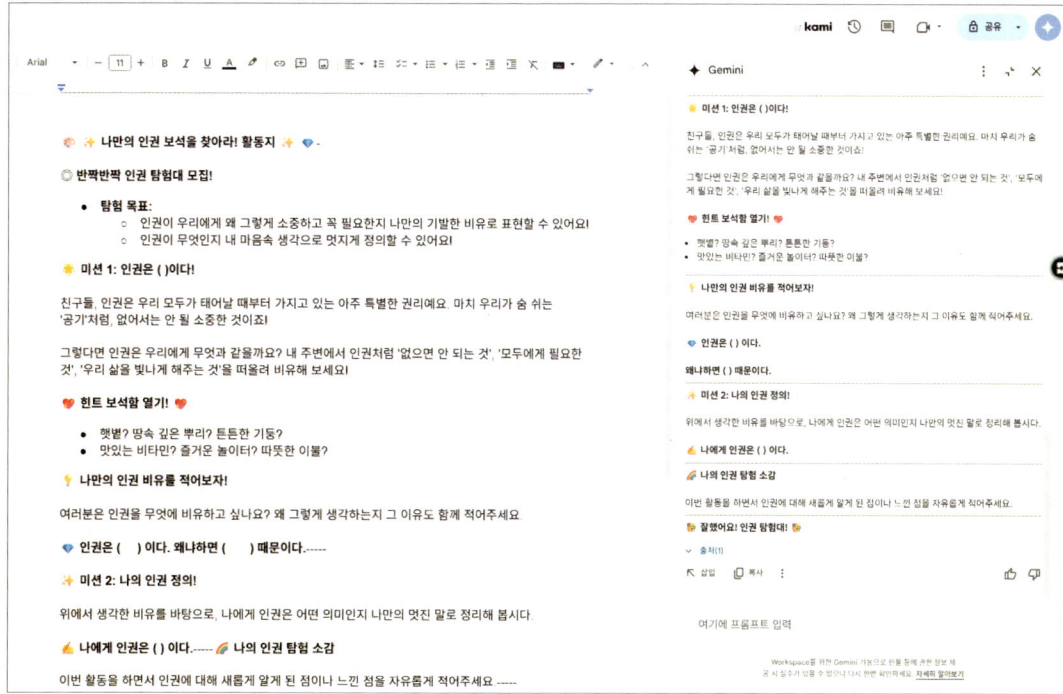

Gemini를 활용한 덕분에 빠르고 효율적으로, 교육 자료 제작과 교사의 현장 경험이 조화롭게 어우러진 결과물을 완성할 수 있었습니다. Gemini는 사용자별 학습 이력과 상호작용 패턴에 따라 결과물을 다르게 생성합니다. 개별 사용자의 이전 프롬프트 입력 내용을 학습하여 점진적으로 사용자의 선호와 요구사항에 부합하는 결과물을 생성하도록 최적화되어 있기 때문입니다.

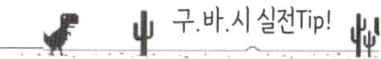

- ☑ 프롬프트란?
  생성형 AI에게 주는 명령어이자 대화의 시작입니다. 마치 훌륭한 요리사에게 요리를 주문할 때 재료, 조리법, 맛의 선호도를 구체적으로 전달하는 것처럼 Gemini에게도 명확하고 구체적인 '교육적 요구사항'을 전달해야 합니다.

- ☑ 효과적인 프롬프트의 5가지 요소
  1. 역할 부여: ○○선생님의 역할을 해줘.
  2. 단계 제시: 어떤 결과물을 원하는지 단계별로 자세히 설명하세요.
  3. 형식 제시: 응답이 어떻게 표시되기를 원하는지 세부 사항을 포함하세요.
     예 표 형식, 학생이 적을 칸은 ____로 표시
  4. 맥락: 구체적인 학습 목표, 활동 상황, 학생 수준 등을 제시해주세요.
  5. 예 작업에 관한 구체적인 예(그림, pdf 파일 등)를 제시하세요.

- ☑ 프롬프트는 한 번에 완성되지 않습니다. 추가로 원하는 프롬프트를 입력하며 대화하는 과정을 통해 결과물은 더욱 구체화됩니다.

Google Slides
시각적 표현과 발표력을 키우는 수업 도구

Google Slides는 클라우드 기반의 프레젠테이션 도구로, 사용자가 온라인에서 쉽게 슬라이드를 작성, 편집, 공유할 수 있습니다. 다양한 템플릿과 디자인을 통해 창의적이고 전문적인 발표 자료를 만들 수 있으며, 실시간 협업 기능을 통해 여러 사용자가 동시에 작업할 수 있습니다. 특히, 직관적인 인터페이스와 편리한 편집 도구 덕분에 학생들이 효율적으로 프레젠테이션을 제작하고 협력할 수 있도록 돕는 유용한 교육 도구입니다.

Google Slides는 'Google 앱 메뉴 - Slides'를 선택해 실행하거나 주소창에 'slides.google.com'을 입력하여 실행할 수 있습니다.

01

Google Slide로 생각을 시각화하는 아이들

— " —
<mark>저… 발표는 안 하면 안 될까요?</mark>

   3월의 첫날, 자기소개 시간이 다가오자 한 학생이 조심스럽게 다가와 말했습니다. 고개를 푹 숙인 채, 떨리는 손으로 자기소개가 적힌 종이를 구겼습니다. 작년 담임선생님께서 평소 말수가 적은 학생이라고 알려주신 것처럼, 이 아이는 친구들 앞에 선다는 사실만으로도 온몸이 굳어 있었습니다. 저는 조심스럽게 마이크를 내밀며 말했습니다. "할 수 있어, 해보자. 우리 반 모두가 해야 하는 일이야."라고요.

   그 말이 위로가 되기를 바랐지만, 학생은 조용히 고개를 저었습니다. 발표를 계속 거부하는 학생을 지켜볼 수만은 없어, "내일은 꼭 해야 해."라고 말하며 자리에 돌려보냈습니다. 그러나 그 말이 위로가 아닌 오히려 부담이었음을, 학생이 하교한 뒤에야 깨달았습니다. 혹시 내 고집이, 조급함이 그 아이에게 또 하나의 두려움으로 남았던 것은 아닐까. 발표를 무조건 시키는 것만이 정답은 아니었을지도 모른다는 생각에 깊은 반성을 했습니다.

   이 일을 계기로, 어떻게 하면 이 아이가 조금 더 편하게 자신의 생각을 표현할 수 있을지 고민하게 되었습니다. 그러던 중 교실에 Google Slides가 도입되었습니다. 저는 아이에게 말로 하는 발표 대신, 슬라이드를 활용해 자신의 생각을 표현해보자고 제안했습니다. 망설이던 아이는 결국 Slides에 몇 개의 키워드를 입력하고, 좋아하는 동물 사진을 붙였습니다. 그 발표는 마이크도, 음성도 없었지만, 조용히 슬라이드를 넘기며 처음으로 끝까지 자신의 이야기를 전하는 것이었습니다. 비록 짧은 시간이었지만, 그 안에는 자신만의 방식으로 세상에 첫 목소리를 낸 한 아이의 용기가 담겨 있었습니다.

   Google Slides를 수업에 도입한 이후, 교실에는 작지만 분명한 변화들이 나타나기 시작했습니다.

✦ Google Slides는 모든 학생이 주체가 되어 참여할 수 있는 발표의 장을 열어줍니다. 학생들에게 발표는 늘 쉽지 않은 과제입니다. 좋은 아이디어가 있더라도 그것을 말로 풀어내는 일은 또 다른 어려움이기 때문입니다. 친구들의 시선은 부담스럽고, 실수에 대한 두려움은 입을 굳게 다물게 만듭니다. 그러나 Google Slides는 이러한 발표의 장벽을 자연스럽게 낮춰줍니다. 발표는 더 이상 '말'로만 시작되지 않습니다.

✦ Google Slides는 발표의 중심을 '말하기'에서 '시각화'로 이동시킵니다. 학생들은 키워드, 이미지, 도형, 색깔을 활용해 자신의 생각을 정리하고 표현하게 됩니다. 이 과정에서 아이들은 단지 발표 준비를 넘어, 자신만의 표현 언어를 발견하는 창의적 경험을 얻게 됩니다.

✦ Google Slides는 교실 전체의 소통 방식을 변화시킵니다. 특히 협업이 자연스럽게 이루어집니다. 웹 기반 도구이기 때문에 학생들은 같은 슬라이드를 함께 편집하고, 실시간으로 의견을 주고받을 수 있습니다. 하나의 주제를 두고 각자 다른 페이지를 맡아 구성하면, 발표 자료는 어느새 '나의 결과물'이 아니라 '우리의 이야기'로 완성됩니다. 이 과정에서 발표는 누군가의 무대를 지켜보는 시간이 아니라, 모두가 함께 참여하는 경험으로 바뀝니다.

✦ Google Slides는 시간과 공간의 제약도 허물어줍니다. 학교에서 작성한 자료를 집에서 이어 쓸 수 있고, 태블릿이나 스마트폰으로 언제든 확인하고 수정할 수 있습니다. 자동 저장 기능 덕분에 자료가 사라질 걱정도 없습니다. 학생들은 발표 준비를 언제 어디서나 이어갈 수 있고, 이 과정에서 점점 더 적극적인 학습자로 성장하게 됩니다.

✦ 교사에게도 수업 준비의 새로운 가능성을 열어줍니다. 기존의 프레젠테이션 도구처럼 여러 단계를 거칠 필요 없이, 한 화면에서 링크 삽입, 도형 배치, 공동 편집이 모두 이루어집니다. 템플릿을 미리 설정해두면 학생들의 슬라이드도 통일성 있게 정리되고, 피드백도 훨씬 빠르게 제공할 수 있습니다.

시각적 표현력과 발표력을 키우는 수업 도구, Google Slides를 활용하여 발표가 즐거운 새로운 교실 문화를 만드려면 어떻게 해야 할까요?

02. Google Slides의 핵심 기능과 전략

수업에 유용한 Slides의 핵심 기능
• 이미지 삽입 • 동영상 삽입, 편집 • 템플릿 갤러리 • 자리표시자 • 발표자 보기 • 청중 Q&A • 공동 슬라이드 제작 및 편집 • 또래 피드백 • 버전 기록

이번 장에서는 교실에서 바로 활용할 수 있는 Google Slides의 핵심 기능들을 살펴보겠습니다. 각 기능이 어떻게 수업의 흐름을 바꾸고, 학생과 교사 모두에게 새로운 가능성을 열어주는지 구체적인 사용법을 중심으로 하나씩 살펴보겠습니다.

1. 템플릿 갤러리 기능으로 발표 자료의 틀 만들기

Google Slides를 처음 시작할 때 템플릿 갤러리를 활용하면 전체 발표 자료의 분위기와 구성을 손쉽게 설정할 수 있습니다. 교육용, 회의용, 보고서용 등 다양한 주제에 맞는 템플릿이 제공되며, 선택 후 자유롭게 수정할 수 있어 처음 만드는 사용자도 빠르게 자료를 완성할 수 있습니다.

1 Google Slides 시작 화면 오른쪽 상단 ❶ '템플릿 갤러리'를 클릭합니다. ❷ 다양한 테마 템플릿 중 수업 목적에 맞는 디자인을 선택합니다.

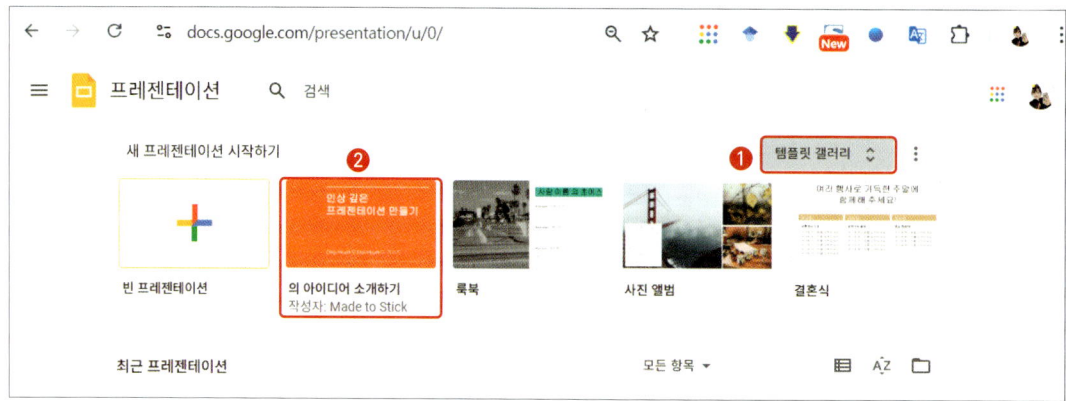

2 원하는 템플릿을 클릭하면 해당 테마로 새로운 슬라이드가 생성됩니다. 배경 색상, 글꼴, 제목, 본문 배치가 미리 설정되어 있어 일관된 레이아웃을 손쉽게 구성할 수 있습니다.

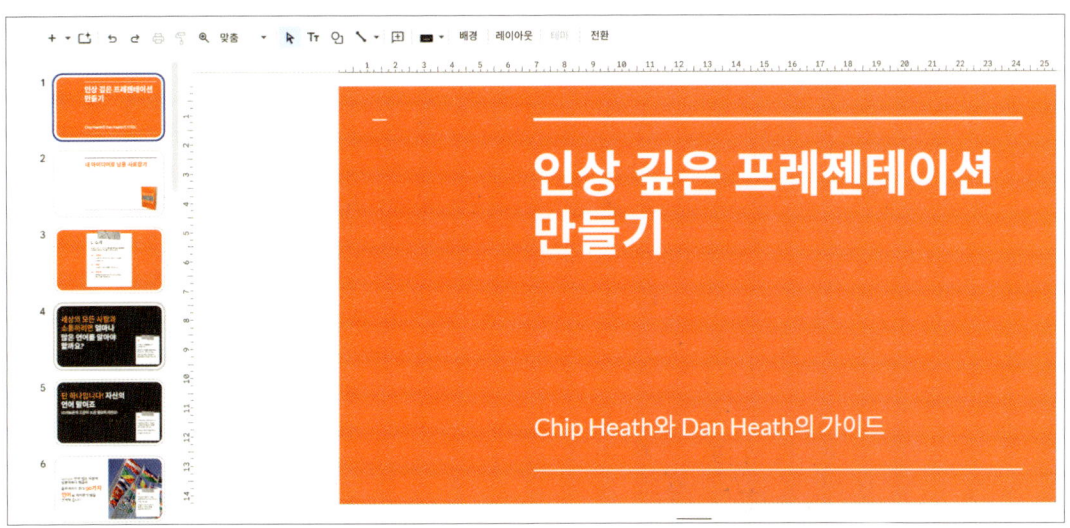

3 `슬라이드 가로/세로 비율 조정` 상단 메뉴의 ❶ '파일' - ❷ '페이지 설정'을 클릭합니다. 팝업 창에서 ❸ '맞춤'을 선택하고, 원하는 가로, 세로 값을 입력한 뒤, ❹ '적용'을 클릭합니다. 이렇게 하면 문서의 이용 목적에 맞게 슬라이드의 가로, 세로 비율을 자유롭게 조정할 수 있습니다. A4 용지 크기에 맞게 조정하면 인쇄 시 여백이나 잘림없이 깔끔하게 출력할 수 있습니다.

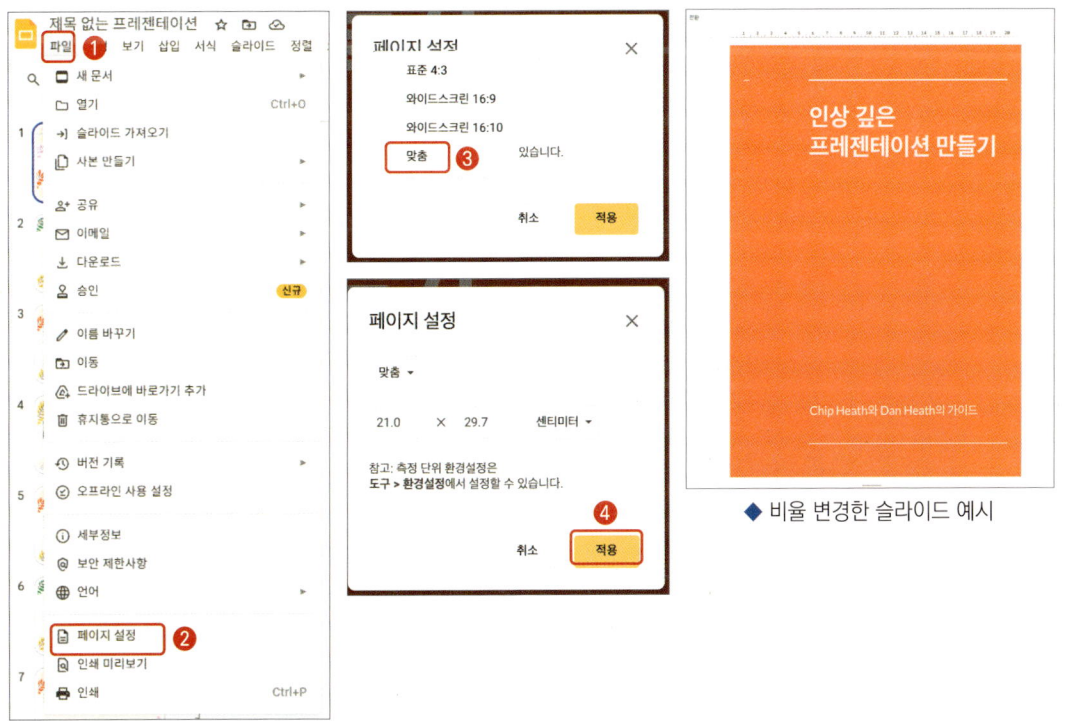

◆ 비율 변경한 슬라이드 예시

4 `배경 색상 변경` 도구 모음의 ❶ '배경'을 클릭한 뒤, ❷ 색상 옆의 팔레트를 클릭하여 ❸ 원하는 색상을 선택합니다. 배경 색상 변경을 통해 학생들은 슬라이드의 분위기를 자신만의 스타일에 맞게 조정할 수 있습니다.

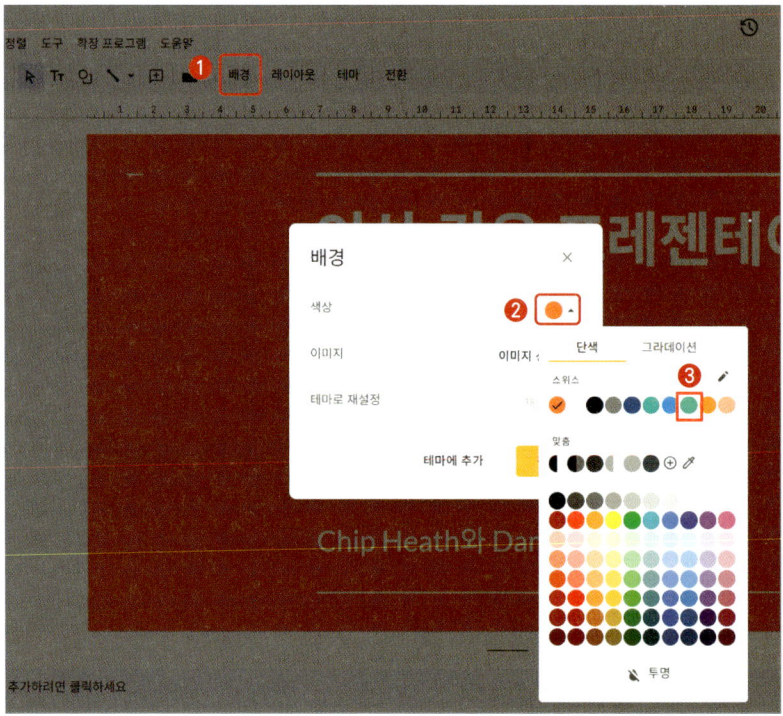

5 `슬라이드 구조 변경` 도구 모음의 ❶ '레이아웃'을 클릭한 뒤, ❷ 원하는 형식을 클릭합니다. 제목만 있는 형식, 이미지 중심 형식 등 여러 가지 구성을 선택할 수 있어 내용에 맞는 배치를 쉽게 설정할 수 있습니다.

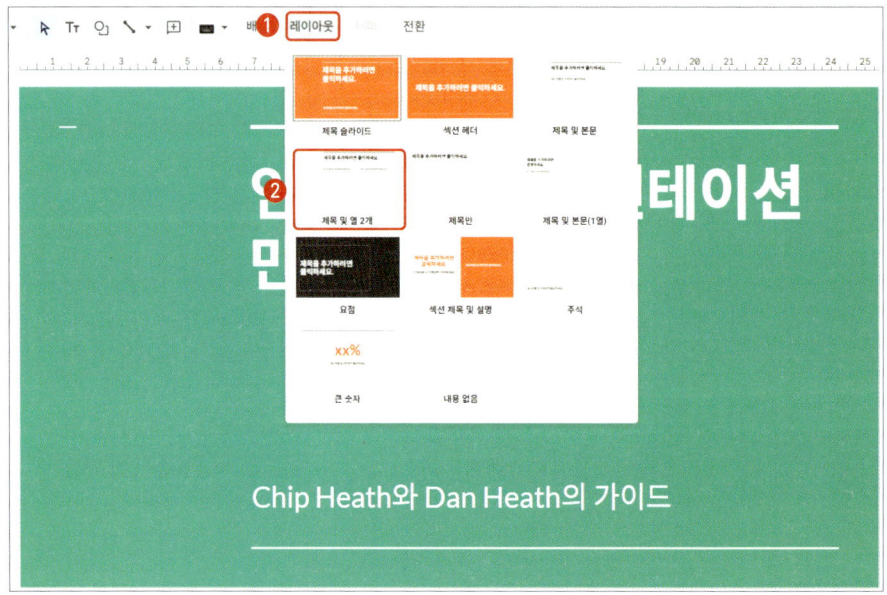

2. 자리 표시자 기능으로 슬라이드 내용 체계화하기

　Google Slides의 자리 표시자 기능은 발표 자료를 구성할 때, 슬라이드에 들어갈 요소들을 미리 구조화할 수 있도록 해주는 유용한 기능입니다. 제목, 텍스트, 이미지 등의 요소를 자리 표시자로 설정해 두면, 슬라이드를 추가할 때마다 같은 형식이 자동 적용되어 자료의 흐름과 레이아웃을 일관성 있게 유지할 수 있습니다. 또, 슬라이드 내용을 체계적으로 정리하고 발표의 집중도를 높일 수 있는 환경을 만들 수 있습니다.

1 상단 메뉴에서 ❶ '보기' - ❷ '테마 만들기 도구'를 클릭합니다.

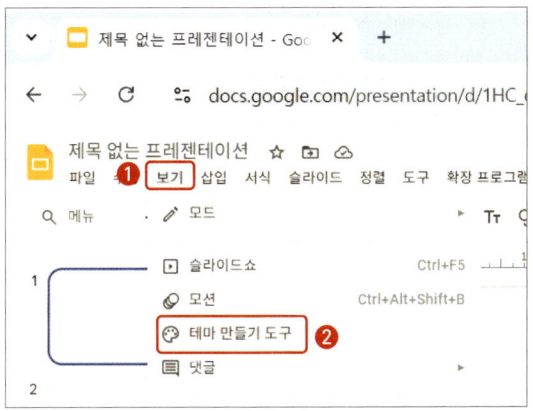

2 왼쪽 패널에서 원하는 형식의 레이아웃을 선택할 수 있습니다. 원하는 레이아웃이 없다면, 패널 제일 아래, ❶ 빈 슬라이드를 클릭하여 새 레이아웃 만들 수 있습니다.

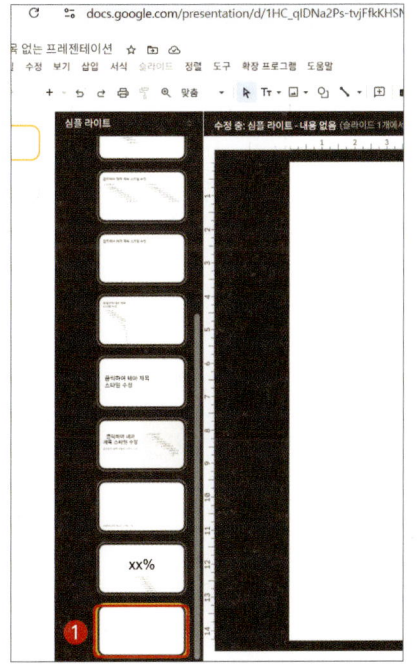

3 새 레이아웃 만들기 상단 메뉴에서 ❶ '삽입' - ❷ '자리 표시자'를 클릭한 뒤, ❸ 제목, 부제목, 본문, 이미지 등이 삽입될 자리를 직접 지정하여 구성합니다.

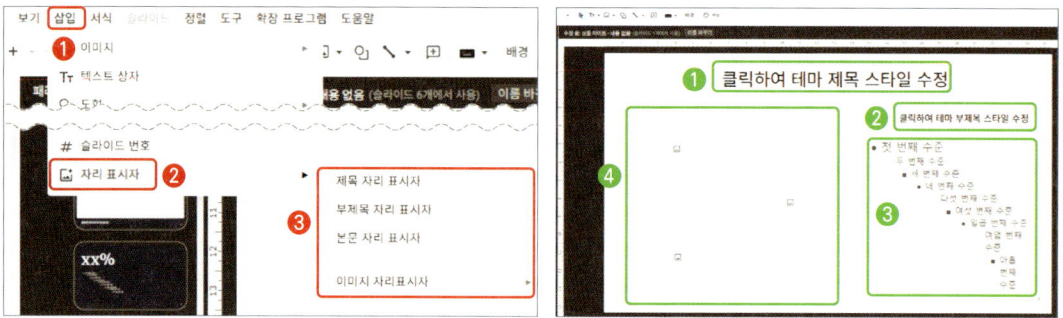

❶ 제목 자리 표시자: 슬라이드 상단에 들어갈 큰 제목을 입력하는 영역입니다.
❷ 부제목 자리 표시자: 제목 아래에 보조 설명이나 소제목을 입력하는 영역입니다.
❸ 본문 자리 표시자: 주요 내용을 서술하는 텍스트 입력 영역입니다.
❹ 이미지 자리 표시자: 이미지를 삽입할 위치를 지정해두는 영역입니다.

4 자리 표시자의 디자인 요소 설정하기 ❶ 텍스트 상자를 클릭한 뒤, ❷ 상단 도구 모음에서 원하는 글꼴과 크기, 글자 색상, 굵기, 정렬 방식 등을 선택하여 스타일을 지정합니다. 같은 방법으로 다른 자리 표시자도 설정을 완료하면, 슬라이드 전체의 디자인이 통일되고 보기 좋게 완성됩니다. 디자인 요소는 한 번 설정해두면 새 슬라이드에도 그대로 적용되니, 처음에 꼼꼼히 설정하는 것이 좋습니다.

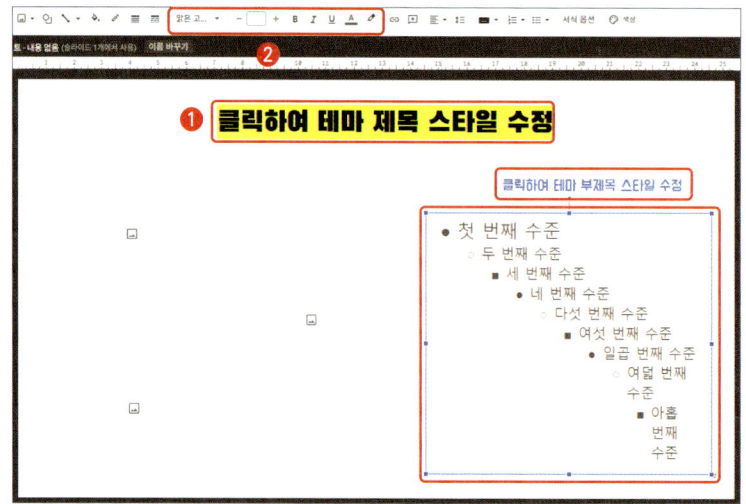

5 **테마 이름 변경** ❶ 왼쪽 상단의 '이름 바꾸기'를 클릭하여, 테마의 이름을 입력합니다. ❷ 이름을 바꾸었다면, 오른쪽 상단에 있는 'x' 버튼을 눌러 테마 만들기 창을 닫습니다. 이제 나만의 디자인이 적용된 맞춤 레이아웃으로 슬라이드를 자유롭게 만들 수 있습니다.

6 **레이아웃 적용하기** 일반 편집화면으로 돌아와, 직접 만든 레이아웃을 적용해 보겠습니다. 먼저 ❶ 새 슬라이드를 추가한 뒤, 도구 모음에서 ❷ '레이아웃'을 클릭합니다. ❸ 목록에서 방금 만든 맞춤 레이아웃을 클릭합니다. 이렇게 미리 슬라이드의 구조를 설계해두면, 학생들과 슬라이드를 공유할 때도 일관된 형식과 흐름을 유지할 수 있어 발표 자료의 완성도를 높일 수 있습니다.

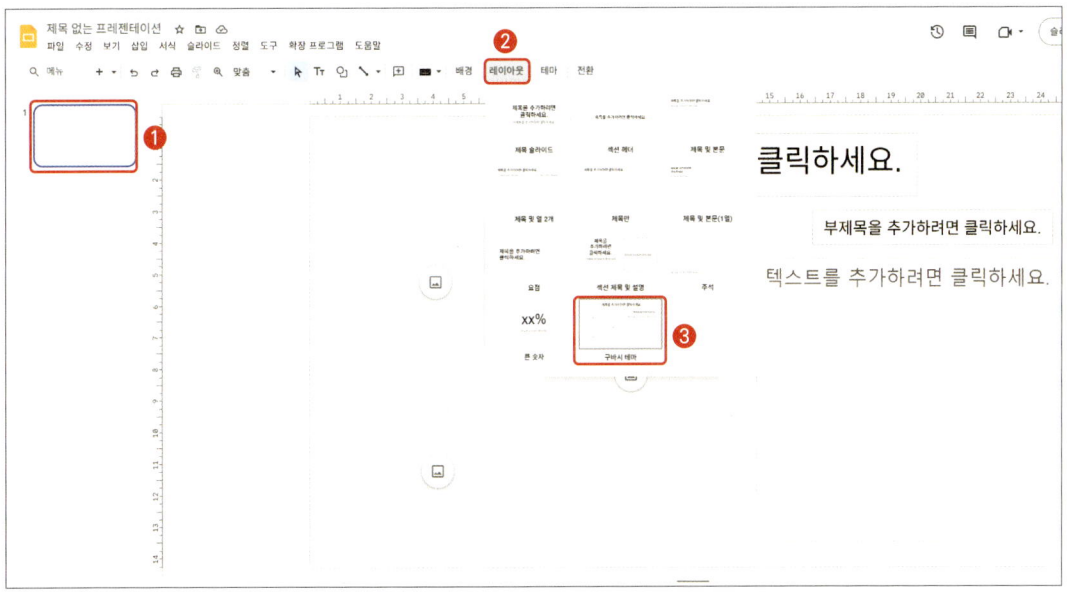

3. 이미지 삽입 기능으로 발표 자료의 기본 구성 다지기

Google Slides에서 발표 자료를 만들 때, 이미지 삽입은 가장 기본이면서도 중요한 기능입니다. 여러 가지 방법으로 이미지를 슬라이드에 삽입하는 방법을 단계별로 알아보고, 상황에 맞는 효율적인 활용법까지 함께 익혀보겠습니다.

1 상단 메뉴의 ❶ '삽입' - ❷ '이미지'를 클릭합니다. 여러 가지 방법 중 상황에 따라 가장 편리한 방법을 선택하면, 발표 자료의 시각적 완성도를 높이는 데 도움이 됩니다.

❶ **컴퓨터에서 업로드** : 내 컴퓨터에 저장되어 있는 이미지를 업로드합니다.

❷ **스톡 및 웹** : ❶ 웹에서 원하는 이미지를 바로 검색 - ❷ 클릭하여 삽입하거나 드래그 앤 드롭으로 이미지를 삽입합니다.

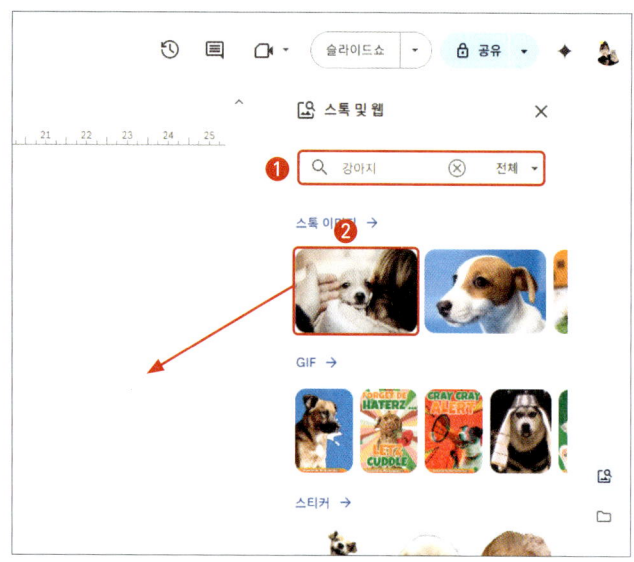

❸ **Drive 및 포토** : ❶ 내 Google Drive 또는 Google 포토 저장되어 있는 이미지를 ❷ 클릭하여 삽입합니다.

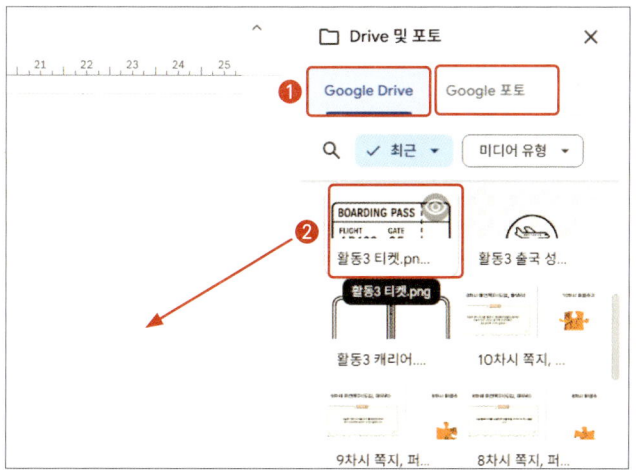

❹ **카메라** : ❶ 웹캠이나 스마트기기의 카메라로 사진을 찍고 ❷ 원하는 사진을 클릭한 뒤, ❸ 슬라이드에 바로 삽입합니다. 실시간 상황이나 손글씨를 바로 촬영해 삽입할 수 있습니다.

❺ **URL 사용** : 인터넷에 있는 이미지 주소를 입력하여 직접 이미지를 삽입합니다. ❶ 검색 포털에서 원하는 이미지를 검색합니다. ❷ 원하는 이미지가 나왔다면 해당 이미지를 클릭한 뒤, 화면 오른쪽에 나오는 이미지에 마우스를 올리고 ❸ 마우스 오른쪽 버튼을 클릭합니다. ❹ 이어서 '이미지 주소 복사'를 클릭합니다. ❺ Google Slides의 이미지 삽입 칸에 복사해 온 이미지 주소 URL을 붙여넣기 하면 자동으로 해당 이미지 미리보기가 표시됩니다. 해당 이미지가 맞다면 ❻ '이미지 삽입'을 클릭합니다.

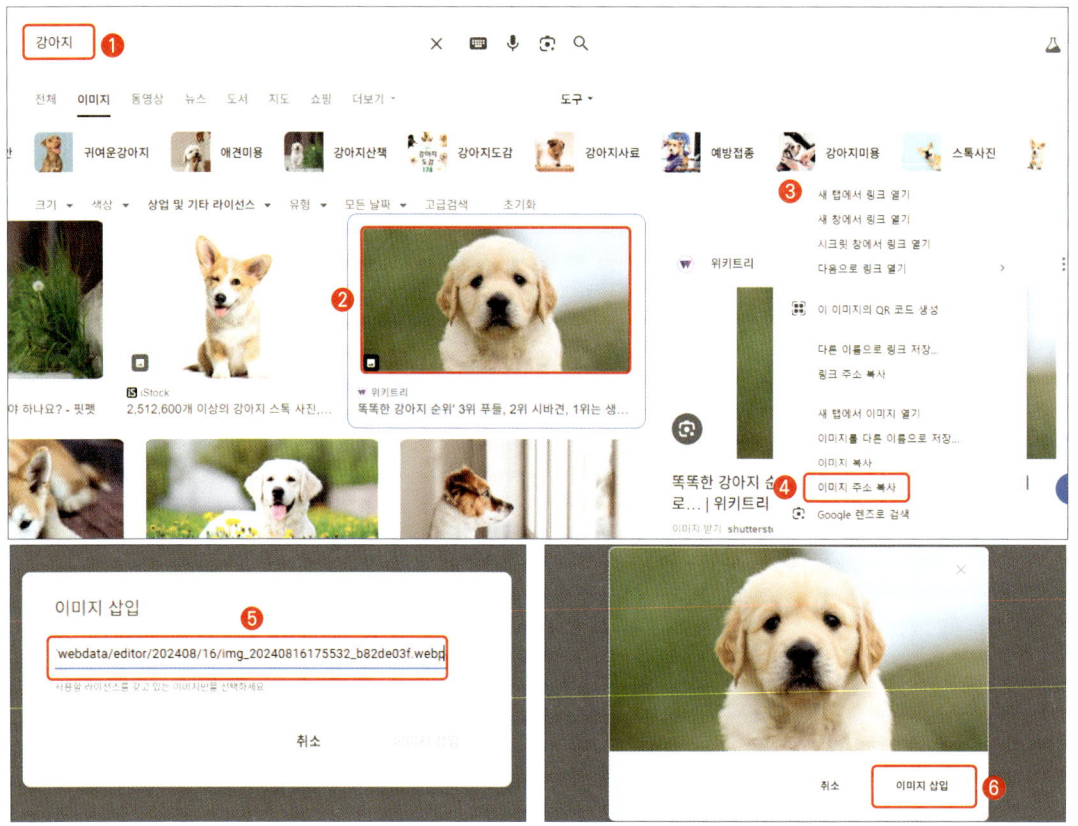

2 웹 브라우저에서 이미지를 바로 끌어오는 간편한 방법도 있습니다. ❶ 검색 포털에서 원하는 이미지를 검색한 뒤, ❷ 해당 이미지를 마우스로 클릭한 채로 드래그하여 Google Slides 화면 위에 놓기만 하면, 이미지가 자동으로 삽입됩니다. 이 방법을 활용하면 이미지를 컴퓨터에 따로 저장하지 않아도 되고, 즉시 수업 자료에 활용할 수 있어 매우 간편하며 시간을 절약할 수 있습니다.

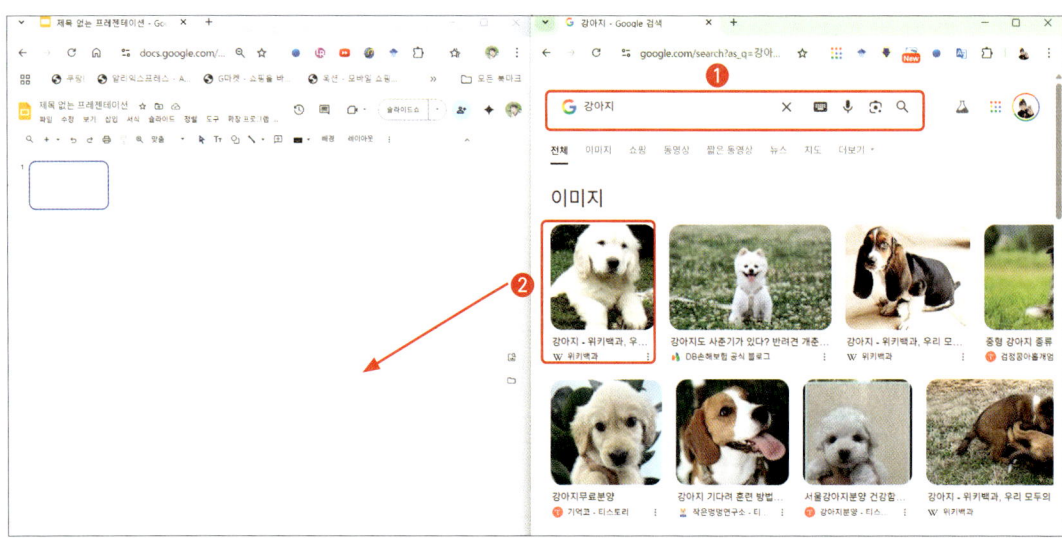

구.바.시 실전Tip!

인터넷에서 이미지, 텍스트, 음악 등을 활용할 때는 반드시 저작권을 확인하고, 저작권 프리 또는 상업적 용도로 활용 가능한 자료를 사용해야 합니다. 학생들에게 검색 필터 설정 방법을 안내해 보세요.

☑ ❶ Google 검색창에 검색어를 입력한 뒤, ❷ '도구' - ❸ '고급검색'을 클릭합니다. ❹ 하단의 '사용 권한' 항목에서 사용 권한에 따라 자료를 선별할 수 있습니다.

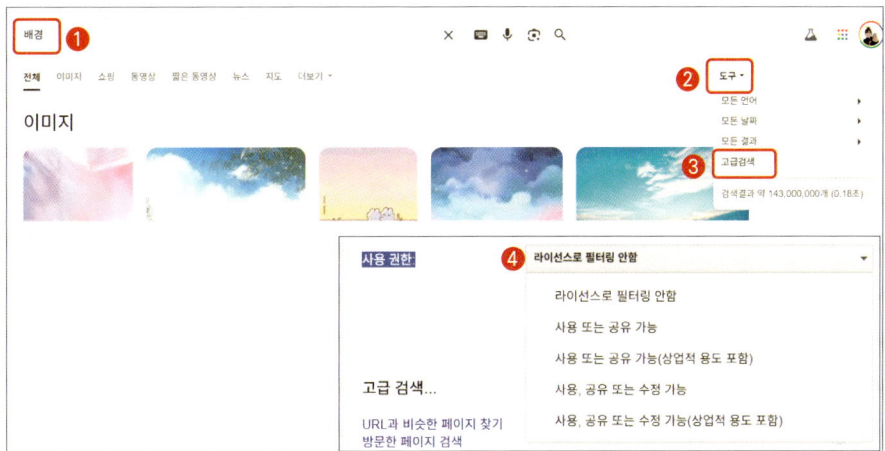

☑ 물론, 교실 내에서 발표하거나 개인 프로젝트에 사용할 경우 저작권 프리 이미지나 자료를 사용하지 않아도 큰 문제는 발생하지 않습니다. 하지만, 자료를 외부에 배포하거나 상업적으로 사용할 경우 저작권 침해의 문제가 발생할 수 있기 때문에 책임 있는 자료 사용법을 교육하는 것은 중요합니다.

☑ 학생들에게 자료 사용에 대한 감수성을 기르고, 창작물에 대한 존중을 가르쳐 주는 것이 필요합니다.

4. 동영상 삽입 및 편집 기능으로 발표 자료 구성하기

    Google Slides에서는 동영상을 슬라이드에 삽입하여 발표 자료를 더욱 생동감 있게 만들 수 있습니다. 유튜브 영상 삽입, Google Drive에 저장된 동영상 활용, URL 또는 검색을 통한 삽입 방법 등 다양한 동영상 삽입 방법을 알아보고, 편집 기능까지 함께 익혀보겠습니다.

1 동영상을 삽입할 슬라이드를 클릭한 뒤 상단 메뉴에서 ❶ '삽입' - ❷ '동영상'을 클릭합니다.

2 동영상은 유튜브 또는 Google Drive를 통해 삽입할 수 있습니다. 두 가지 방법을 모두 살펴보겠습니다.

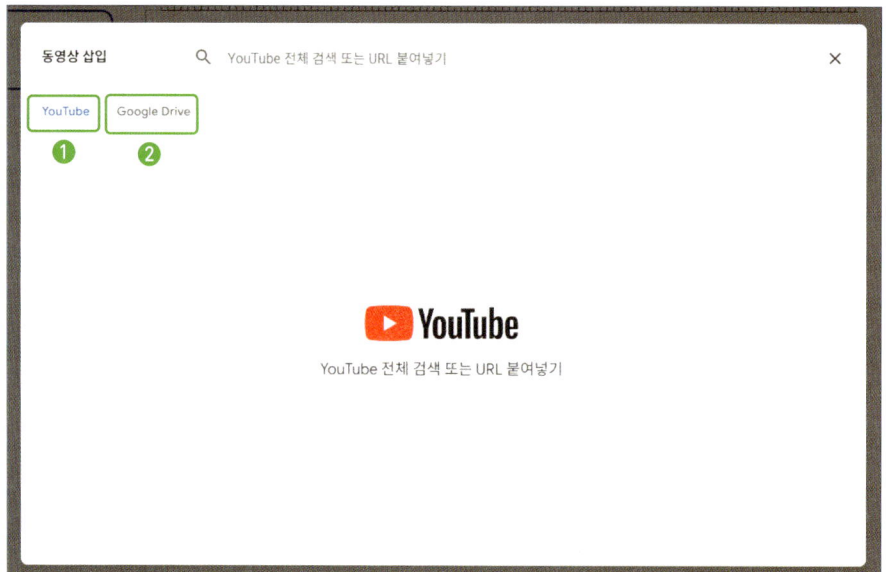

❶ Youtube : 유튜브에서 원하는 영상을 검색하여 삽입할 수 있습니다. ❶ '검색' 탭에 키워드를 입력하면 유튜브 검색 결과가 표시되며, 원하는 영상을 클릭하고 ❷ '삽입' 버튼을 클릭하면 슬라이드에 추가됩니다. '검색' 탭에 유튜브 영상 주소를 복사, 붙여넣기 하여 바로 삽입할 수도 있습니다.

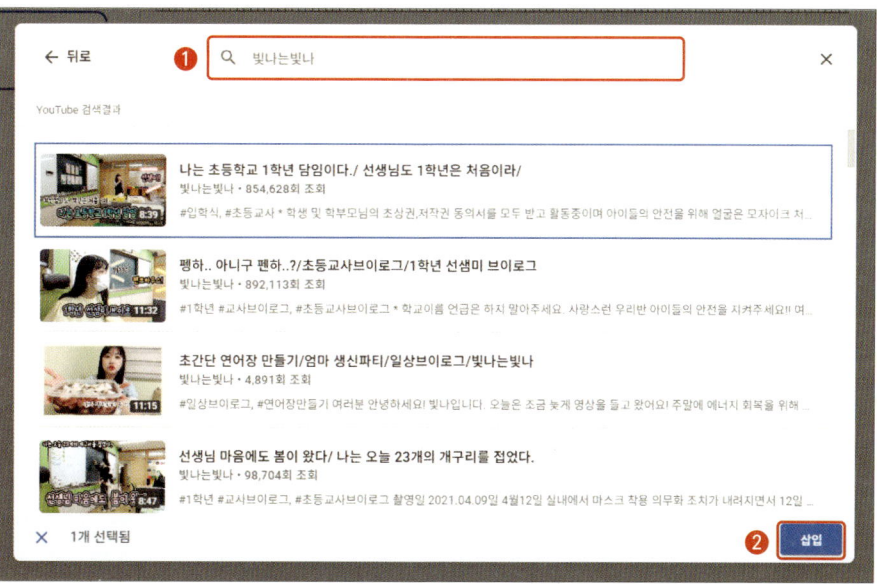

❷ Google Drive: 내 Google Drive에 저장된 동영상도 삽입할 수 있습니다. ❶ 'Google Drive' 탭을 클릭하면, ❷ 내 드라이브에 저장된 동영상 목록이 표시됩니다. ❸ 원하는 파일을 선택 - ❹ 삽입 버튼을 클릭하면 동영상이 삽입됩니다.

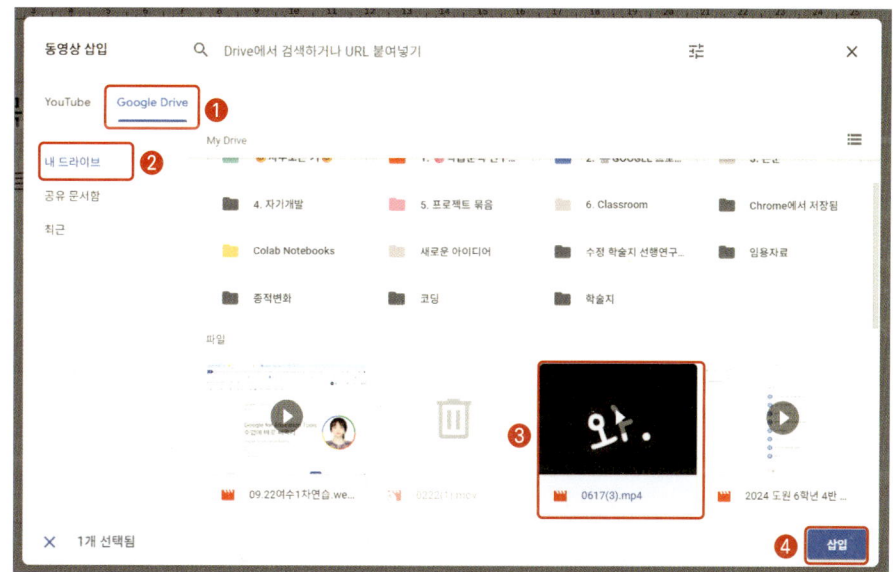

3 삽입된 영상은 슬라이드 안에서 위치와 크기를 조절할 수 있습니다. ❶ 영상 테두리를 클릭한 후 ❷ 마우스로 드래그하거나 모서리를 조절해 적절한 위치와 크기로 배치합니다.

4 이제 영상의 재생 옵션을 설정해 보겠습니다. 영상을 클릭하면 화면 오른쪽에 '서식 옵션' 사이드바가 생성됩니다. 여기에서 '재생 방식', '재생 시간', '음소거' 등 다양한 재생 방식을 설정할 수 있습니다. 이 기능들을 적절히 설정하면 발표 중 불필요한 조작 없이 자연스럽게 영상을 재생할 수 있습니다.

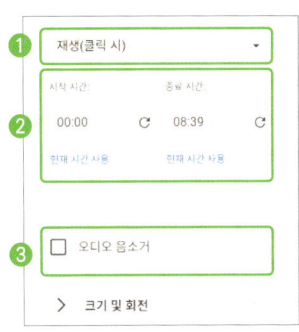

❶ 재생 방식 설정:
   재생(클릭 시) - 슬라이드를 마우스로 클릭하면 재생됩니다.
   재생(자동) - 슬라이드가 열리면 자동으로 영상이 재생됩니다.
   재생(수동) - 영상의 재생 버튼을 직접 눌러야 재생됩니다.
❷ 재생 시간 지정: 영상의 시작 시간과 종료 시간을 직접 설정하여, 보여주고 싶은 핵심 구간만 정확하게 재생합니다.
❸ 오디오 음소거: 영상의 소리를 끄고 무음으로 재생합니다. 발표 중 방해가 되지 않도록 할 때 사용합니다.

5. 공동 제작 및 편집 기능으로 협업 슬라이드 만들기

Google Slides의 가장 강력한 장점 중 하나는 여러 사용자가 동시에 같은 문서를 편집할 수 있다는 것입니다. 실시간 공동 편집, 편집 권한 설정, 링크 공유 등 협업에 최적화된 기능들을 활용하면, 학생들과 함께 하나의 슬라이드를 나누어 제작하거나 공동으로 완성도 높은 결과물을 만들 수 있습니다.

1 먼저 교사가 Google Slides 문서를 새로 만들고, ❶ 빈 슬라이드를 모둠 수만큼 생성합니다. 예를 들어 5개 모둠이라면 5장의 슬라이드를 추가합니다. ❷ 각 슬라이드의 상단에는 '1모둠', '2모둠'과 같이 모둠명을 미리 입력해 슬라이드를 배정합니다.

이때, ❸ 슬라이드 안에는 입력할 영역(예: 텍스트 상자, 도형 등)을 미리 구역별로 나누어 학생들이 무엇을 어디에 작성해야 하는지 한눈에 파악할 수 있도록 설계합니다.

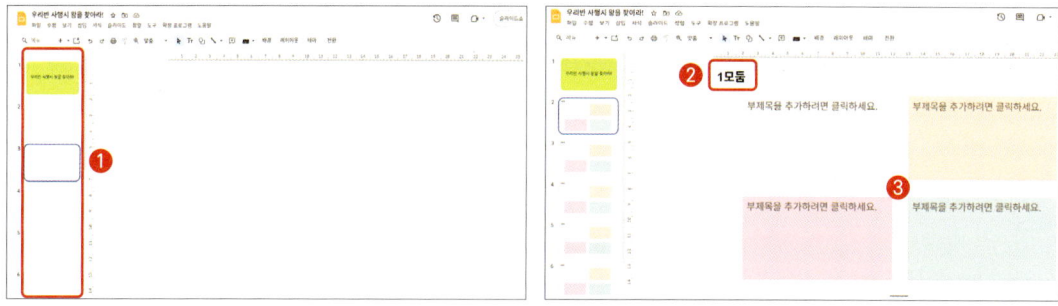

2 이제 만든 슬라이드를 학생들에게 공유해 보겠습니다. ❶ 오른쪽 상단에 있는 '공유' 버튼을 클릭합니다.

3 학생들이 직접 작성할 수 있도록 편집 권한도 설정합니다. 공유 설정 창에서 '일반 액세스' 항목의 기본값인 ❶ 제한됨을 클릭하여 ❷ '링크가 있는 모든 사용자'로 변경합니다. 이어서 역할을 ❸ '편집자'로 설정하면, 학생들이 슬라이드에 직접 내용을 작성하거나 편집할 수 있습니다.

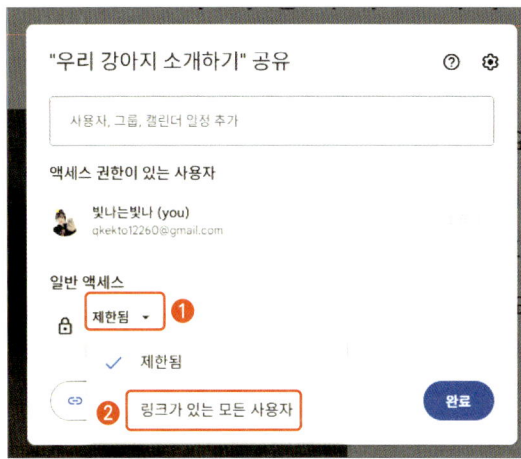
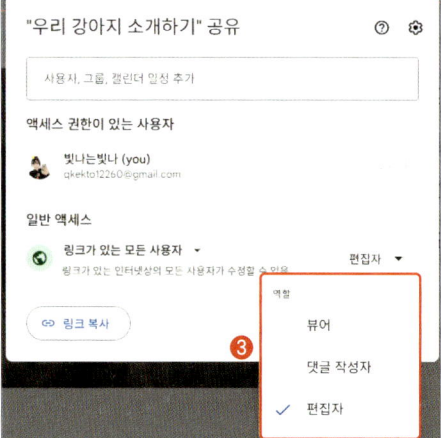

4 공유 설정 창에서 ❶ '링크 복사'를 클릭하여 공유 주소를 복사한 뒤, ❷ '완료'를 클릭하여 공유 설정을 마무리합니다. 복사한 링크는 클래스룸, QR 코드 등 원하는 방식으로 학생들에게 배포할 수 있습니다. 이제 학생들이 각자 배정된 슬라이드에 접속하여 실시간으로 협업을 시작할 수 있게 되었습니다.

5 학생들은 하나의 슬라이드를 열고 동시에 각자 필요한 내용을 입력하거나 편집합니다. 필요에 따라 교사가 모둠별 슬라이드를 나누어 제공할 수도 있고, 슬라이드 한 장만 제공한 뒤, 모든 학생이 함께 편집하도록 구성할 수도 있습니다. 과제의 성격과 수업의 목적에 따라 협업 방식은 유연하게 조정할 수 있습니다. Google Slides의 공동 편집 기능을 활용하면 학생 참여와 협력 중심의 수업 운영이 한층 더 효과적으로 이루어질 수 있습니다.

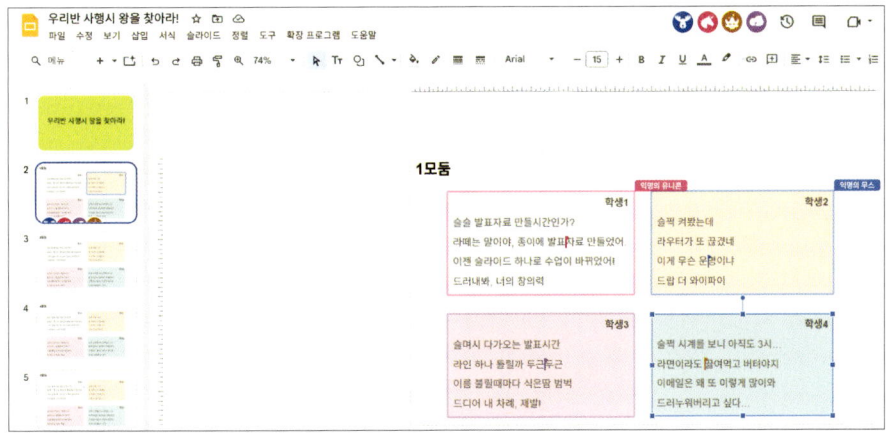

◆ 모둠 슬라이드 편집화면

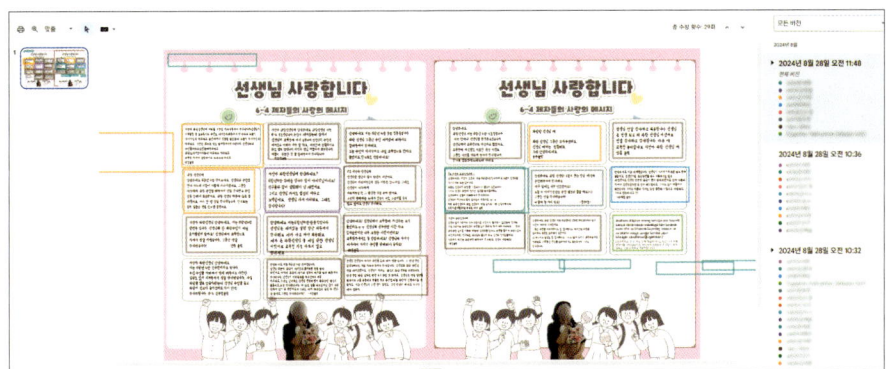

◆ 한 장의 슬라이드에 20명 동시 편집화면

6. 댓글 기능으로 또래 피드백 주고받기

Google Slides의 댓글 기능은 실시간으로 또래 피드백을 주고받을 수 있는 강력한 소통 도구입니다. 슬라이드 전체에 대한 의견부터 세부 요소에 대한 제안까지, 다양한 방식으로 댓글을 남기고 응답하며 상호작용할 수 있습니다.

1 댓글을 남기고 싶은 ❶ 요소 또는 배경을 클릭한 뒤, ❷ 도구 모음의 '댓글 추가' 아이콘을 클릭하면 댓글 입력 창이 열립니다. (마우스 오른쪽 버튼 - '댓글'을 클릭해도 댓글을 작성할 수 있습니다.) 정확한 위치를 지정해 댓글을 남기면, 피드백을 명확하게 전달할 수 있습니다.

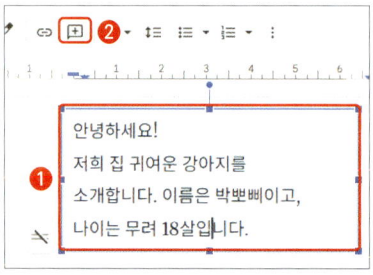

2 ❶ 입력 창에 의견을 작성한 뒤, ❷ '댓글'을 클릭하면 댓글이 등록됩니다.

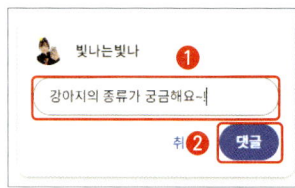

3 등록된 댓글을 클릭하면 댓글에 답글을 남기며 의견을 주고받을 수 있습니다.

❶ 댓글 확인을 완료하면, ✔ 아이콘을 클릭해 '해결됨' 상태로 정리할 수 있습니다.
❷ 답글을 남기거나, @기호로 친구를 태그해 대화를 이어갈 수 있습니다.

7. 링크 삽입 기능으로 쉽게 자료 탐색하기

슬라이드 수가 많아지면 발표 흐름이 끊기거나 원하는 정보를 찾기 어려운 상황이 생기기도 합니다. 이때, Google Slides의 '링크 삽입' 기능을 활용해 목차 슬라이드를 만들어 두면 학생은 목차를 클릭해 필요한 정보를 스스로 탐색할 수 있게 되고, 교사는 수업 중 원하는 슬라이드로 빠르게 이동하며 수업 흐름을 자연스럽게 이어갈 수 있게 됩니다. 또, 이 기능은 슬라이드 간의 흐름을 바탕으로 방탈출 게임 등을 만들 때에도 유용하게 활용할 수 있습니다.

1 먼저, 첫 번째 슬라이드나 원하는 위치에 목차 텍스트를 작성합니다. ❶ 하이퍼링크를 걸고 싶은 텍스트를 클릭한 뒤, ❷ 마우스 오른쪽 버튼 - '링크'를 클릭합니다. (도구 모음의 '🔗' 링크 삽입 아이콘을 클릭할 수도 있습니다.)

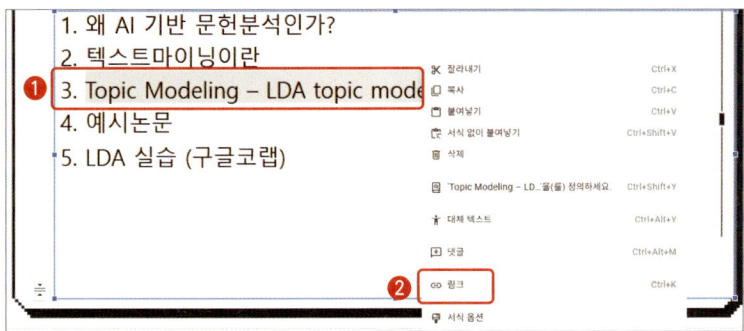

2 링크 삽입창이 열리면, ❶ '이 프레젠테이션의 슬라이드' - ❷ 목록에서 하이퍼링크로 연결하고 싶은 슬라이드 번호 또는 제목을 찾아 클릭합니다. 설정을 완료하면, 발표 모드에서 링크가 삽입된 텍스트를 클릭했을 때 지정한 슬라이드로 즉시 이동할 수 있습니다.

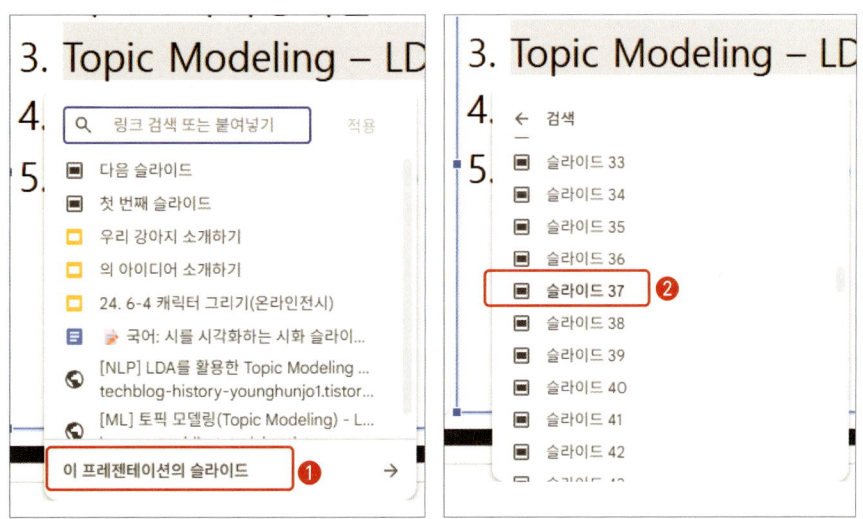

구.바.시 실전Tip!

링크 삽입 기능을 활용해 게임형 수업을 만드는 방법을 알아보겠습니다. 슬라이드 안에서 단서를 찾고 문제를 풀며 방을 탈출하는 방식의 수업은 학생들에게 높은 몰입감과 흥미를 제공할 수 있습니다.

❶ 메인 화면에 있는 START 버튼에 링크를 삽입하여 '슬라이드 1'로 이동하게 만듭니다. 학생이 START를 클릭하면 게임이 시작되는 구조입니다.

❷ '슬라이드 1'에서는 어두운 방 속에서 단서를 찾는 미션을 제시합니다. 학생은 화면에 표시되는 힌트를 보고, 에어컨 그림이나 아이콘을 클릭해야 다음 단계로 넘어갈 수 있음을 유추하게 됩니다.

❸ 에어컨을 클릭하면 '문제1 슬라이드'로 연결되며, 문제를 해결해야 다음 방으로 이동할 수 있습니다. 정답을 선택하면 다음 슬라이드로 넘어가고, 오답을 선택하면 다시 시도하거나 힌트를 얻는 슬라이드로 연결되도록 구성합니다.

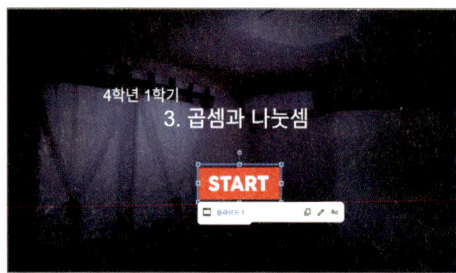 

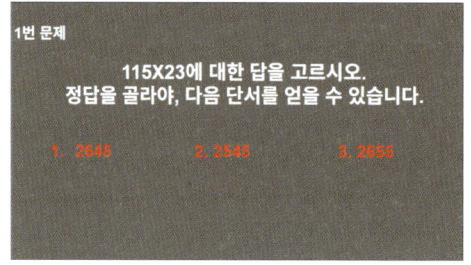

이처럼 링크 삽입 기능을 활용해 단서 – 선택 – 문제 해결 – 다음 단계 이동의 흐름으로 슬라이드를 설계하면, 슬라이드 전체를 흥미로운 활동 공간으로 만들 수 있습니다.

8. 발표자 보기 및 Q&A 기능으로 발표 흐름과 소통 강화하기

발표를 성공적으로 진행하기 위해 가장 중요한 것은 흐름을 안정적으로 유지하고, 청중과의 소통을 자연스럽게 이어가는 것입니다. Google Slides의 발표자 보기 기능을 활용하면 발표자는 발표 노트, 다음 슬라이드, 타이머를 함께 확인하면서 전체 발표를 더 체계적이고 여유 있게 진행할 수 있습니다.

여기에 Q&A 기능까지 더하면, 학생들이 실시간으로 질문을 올리고 발표자가 그에 응답하는 쌍방향 발표 환경이 만들어집니다.

발표자 보기 기능

1 먼저 슬라이드 하단의 ❶ '발표자 노트' 영역에 발표할 내용을 입력합니다. 대본처럼 문장을 정리해두면 발표 중 참고하기 좋고, 발표 흐름을 놓치지 않게 도와줍니다.

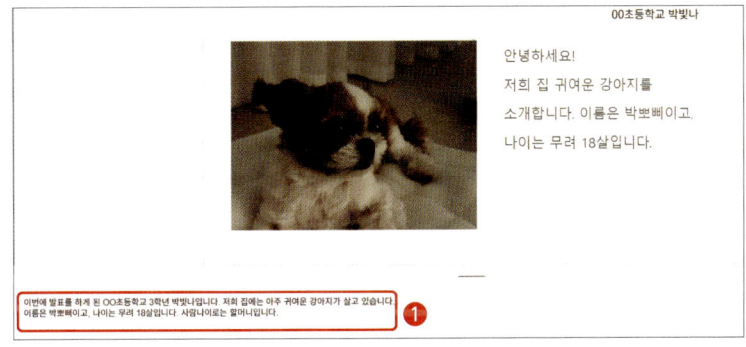

2 AI 음성기록 기능을 활용하여 발표자 노트를 입력할 수도 있습니다. 상단 메뉴에서 ❶ '도구' - ❷ '발표자 노트 음성기록'을 클릭합니다.

3 ❶ 한국어, 영어, 일본어 등의 발표 언어를 지정합니다. 이어서 ❷ 마이크 버튼을 클릭하면, 말하는 내용이 실시간으로 인식되어 하단 발표자 노트 영역에 자동으로 입력됩니다. 음성 인식이 진행되는 동안 마이크 아이콘은 붉게 표시됩니다. 다시 ❸ 마이크 버튼을 클릭하면 인식이 종료됩니다.

4 이제 발표를 시작해보겠습니다. 화면 오른쪽 상단, '슬라이드 쇼' 버튼 옆에 있는 ❶ '▼'를 클릭합니다. 드롭다운 메뉴에서 ❷ '발표자 보기'를 클릭하면 발표자 노트, 타이머, 다음 슬라이드 등을 확인할 수 있는 창이 열립니다.

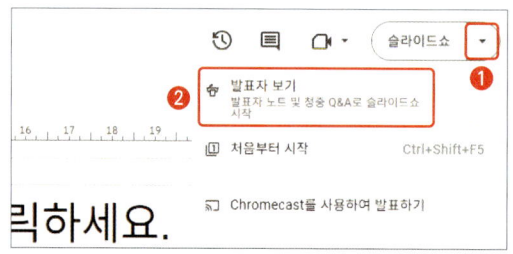

5 발표자 보기 모드는 두 개의 창으로 나뉘어 실행됩니다. 하나는 청중에게 보여지는 전체 슬라이드 화면, 다른 하나는 발표자만 볼 수 있는 '발표자 보기' 창입니다.

◆ 전체 슬라이드 화면

◆ 발표자 보기 창

6 '발표자 보기' 창은 다음과 같이 구성되어 있습니다.

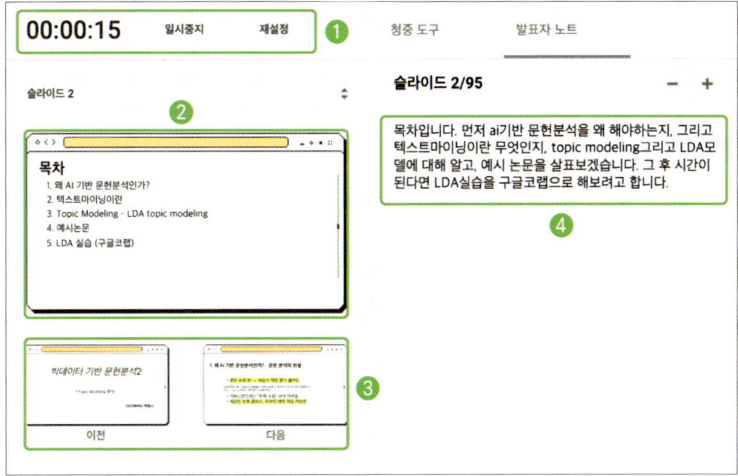

① **타이머**: 발표 시간을 실시간으로 확인하며 발표 속도를 조절할 수 있습니다.
② **현재 슬라이드**: 청중에게 보여지는 화면으로, 발표자가 현재 발표 중인 슬라이드입니다.
③ **이전, 다음 슬라이드**: 이전 내용과 다음에 보여질 내용을 확인할 수 있습니다.
④ **발표자 노트**: 앞서 입력해둔 '발표자 노트'가 표시됩니다.

Q&A 기능

1 발표자 보기 창에서 ① '청중도구' - ② '새 세션 시작'을 클릭하면 질문을 입력할 수 있는 링크가 생성됩니다. 청중은 해당 링크를 통해 실시간으로 질문을 작성할 수 있습니다.

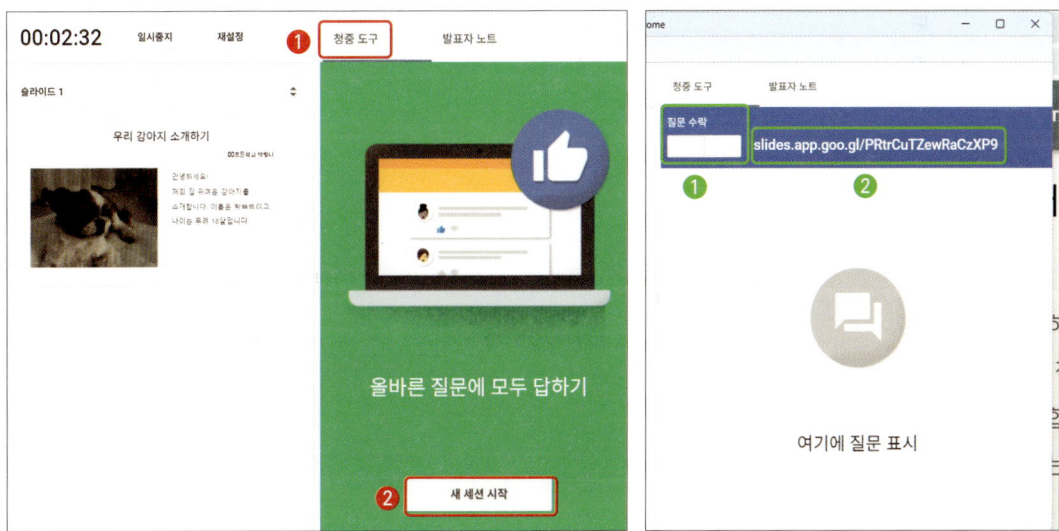

① **질문 수락**: 버튼을 켜 두면 질문 참여 링크가 화면에 자동으로 표시됩니다. 버튼을 끄면 참여 링크가 사라지고, 질문을 남길 수 없습니다.

❷ **질문 참여 링크**: 화면에 표시된 링크(◨ slides.app.goo.gl/…)에 접속하면 학생들이 실시간으로 질문을 작성할 수 있습니다.

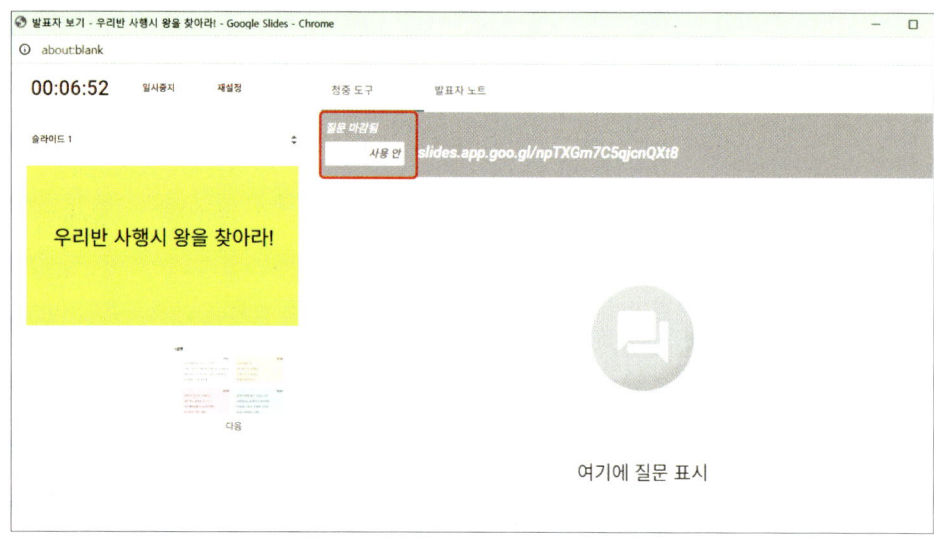

◆ 질문 마감을 클릭한 화면

2 청중이 질문을 남기는 방법을 살펴보겠습니다. 발표자가 질문 수락 버튼을 켜면, 청중 슬라이드 화면에 질문 참여 링크가 자동으로 표시됩니다. ❶ 링크를 클릭(또는 주소창에 입력)하면 'Q&A창'이 열립니다. ❷ 질문을 작성한 뒤, ❸ 익명으로 질문을 제출하고 싶다면 '익명으로 질문하기'를 체크합니다. ❹ '제출'을 클릭하면 질문이 실시간으로 업로드되어 발표자 보기 창에 나타납니다.

 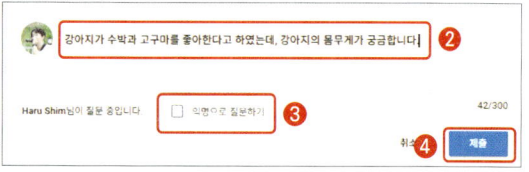

3 각 질문 아래에 있는 '좋아요' 버튼을 활용해 먼저 답변할 질문을 선정할 수도 있습니다. 이 기능은 질문이 많은 상황에서도 효율적이고 공정한 질의응답을 진행할 수 있도록 해줍니다.

4 발표자는 '청중 도구'에서 학생들이 작성한 질문을 실시간으로 확인할 수 있습니다.
❶ '표시' 버튼을 클릭하면 선택한 질문이 청중의 전체 슬라이드 화면에 자동으로 표시됩니다.

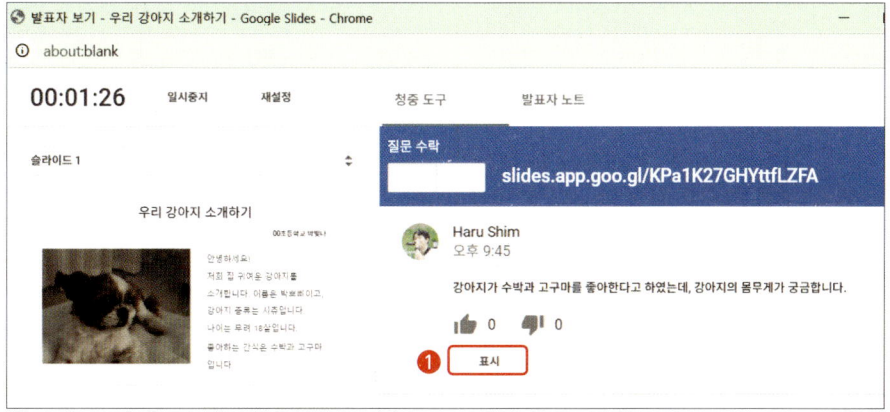

5 발표자가 별도로 화면을 공유하지 않아도, 모든 학생은 질문을 실시간으로 함께 보며 발표 내용을 따라갈 수 있습니다. 발표자는 질문을 중심으로 답변을 이어가고, 학생들은 공통된 질문을 기반으로 자연스럽게 토론과 참여를 이어갈 수 있습니다.

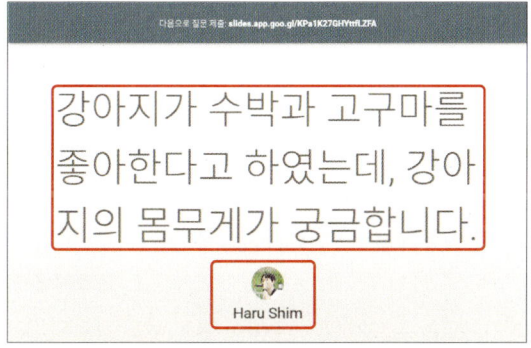

◆ '표시'를 누른 후, 청중 화면

9. 버전 기록 기능으로 슬라이드 수정 과정 살펴보기

　Google Slides는 자동 저장 기능뿐 아니라, 문서가 편집된 모든 과정을 시간 순서대로 살펴볼 수 있는 '버전 기록' 기능을 제공합니다. 이 기능을 활용하면 누가, 언제, 무엇을 수정했는지를 쉽게 확인할 수 있어, 공동 작업 시 각자의 기여도를 파악하거나 실수로 내용을 지운 경우에도 이전 상태로 되돌릴 수 있습니다. 여러 학생이 함께 만든 슬라이드에서 각자의 편집 흔적을 시각적으로 추적하고, 필요할 경우 특정 시점으로 복원하는 방법까지 알아보겠습니다.

1 상단 메뉴에서 ❶ '파일' - ❷ '버전 기록' - ❸ '버전 기록 보기'를 클릭합니다 (화면 오른쪽 상단의 시계 모양 아이콘을 클릭해도 됩니다.)

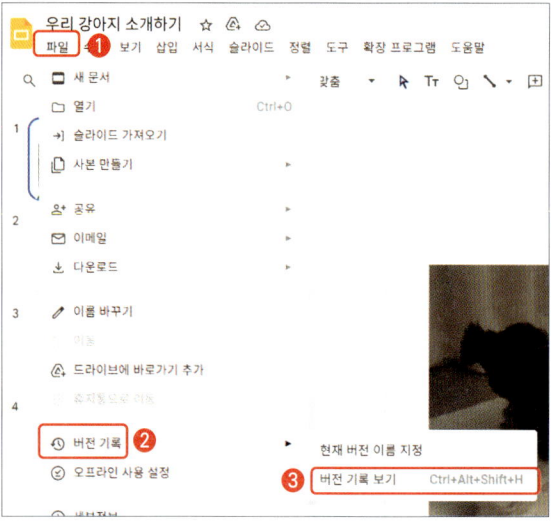

2 버전 기록 화면에서는 문서의 수정 내역을 시간순으로 확인할 수 있습니다.

❶ **사용자 이름 확인**: 슬라이드 내 테두리로 표시되는 영역은 해당 시점에 누가 무엇을 수정했는지를 나타냅니다. 수정한 사용자의 이름이 함께 표시되므로 학생별 기여도를 쉽게 추적할 수 있습니다.

❷ **버전 기록 목록**: 날짜와 시간 기준으로 자동 저장된 버전 목록이 표시됩니다. 각 항목을 클릭하면 그 시점의 문서 상태를 열람할 수 있습니다.

❸ **색상별 구분**: 각 사용자에게는 고유 색상이 지정되어 있어, 수정자가 많아도 편집 범위와 기여 내용을 한눈에 파악할 수 있습니다.

3 이전 상태로 되돌리고 싶을 때는 원하는 버전을 클릭해 복원할 수 있습니다. ❶ 버전 목록에서 되돌리고 싶은 시점을 클릭하면, 해당 시점의 슬라이드 내용이 미리보기 형태로 화면에 표시됩니다. 상단의 ❷ '이 버전 복원하기' 버튼을 클릭하면, 현재 문서가 해당 시점의 내용으로 완전히 되돌아갑니다. 이 기능은 실수로 내용을 지웠을 때 혹은 협업 중 편집 실수를 했을 때 매우 유용하게 활용할 수 있습니다.

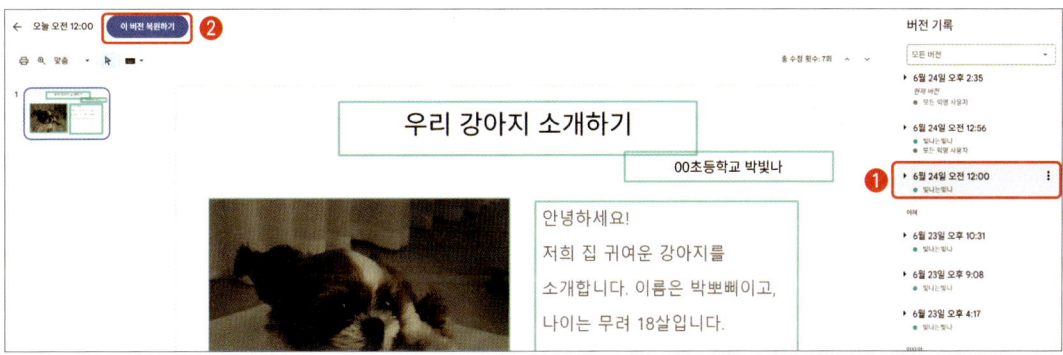

03. Google Slides로 만드는 살아있는 교실

실제 교실에서는 Google Slides가 어떻게 활용될 수 있을까요? 이 장에서는 다양한 교과 수업 속에서 Slides를 활용한 사례들을 소개합니다. 각 사례는 교과의 목표에 맞게 Slides 기능을 창의적으로 적용한 수업 사례로, 교사와 학생 모두의 참여와 성장을 이끈 이야기입니다.

1. 국어: 시를 시각화하는 시화 슬라이드 만들기

활용한 기능
배경 색상 설정, 이미지 삽입, 텍스트 상자, 공유 및 댓글

학생들에게 시를 낭송하라고 하면 쑥스러워하지만, 시의 분위기를 그림이나 색으로 표현하자고 하면 오히려 더 적극적으로 자신의 감정을 드러냅니다. 이러한 관찰에서 출발해, '시의 감정을 어떻게 시각적으로 표현할 수 있을까?'라는 질문을 중심에 두고 수업을 설계하였습니다. 학생들이 직접 선택하거나 창작한 시를 Google Slides를 활용해 시화로 만들면서, 시의 언어를 색감과 이미지, 글꼴과 배치 등 다양한 시각 요소로 재해석해보는 활동입니다. 이를 통해 학생들은 시의 감정을 더 깊이 있게 느끼고, 디지털 도구로 표현의 즐거움을 맛보게 되었습니다.

1단계: 시의 감정을 시각적으로 표현하는 나만의 '시화' 만들기

학생 각자가 선택한 시 또는 직접 쓴 시를 Google Slides 한 장에 표현하는 활동으로 수업을 시작하였습니다.

시의 주제나 분위기를 자유롭게 해석한 뒤, 배경 색상, 글꼴, 이미지 등 다양한 시각적 요소를 활용하여 시의 감정과 분위기를 구성하도록 안내하였습니다. 이 과정에서 학생들은 자연스럽게 색상 선택, 글꼴 변경, 이미지 삽입, 텍스트 상자 조절 등의 기능을 익히며, 언어 외적인 표현 수단을 통해 시를 해석하는 경험을 했습니다. 이어서 "시에서 가장 마음에 들었던 구절을 강조해 볼까?"라는 질문을 바탕으로, 시의 리듬과 감정을 시각 언어로 재구성해보는 활동으로 확장하였습니다. 학생들은 구절마다 서로 다른 글꼴을 적용하거나, 한 단어만 확대해 강조하는 방식으로 의미의 차이를 시각적으로 표현해보았습니다. 예를 들어, 한 학생은 '털이 부드럽고 눈이 커'라는 구절에서 '부드럽고'는 연한 색상과 부드러운 글씨체로, '커'는 크고 굵은 글씨로 강조하여 강아지의 특징을 생생하게 나타냈습니다.

또 다른 학생은 '바깥이 보이는 창문'을 배경 이미지로 설정한 뒤, 시의 구절을 창밖 풍경과 어우러지게 배치하며 시의 정서를 입체적으로 표현했습니다. 이러한 시화 만들기 활동을 통해 학생들은 시의 언어적 아름다움뿐 아니라, 디지털 도구를 활용한 창의적 시각 표현의 즐거움을 경험하였습니다.

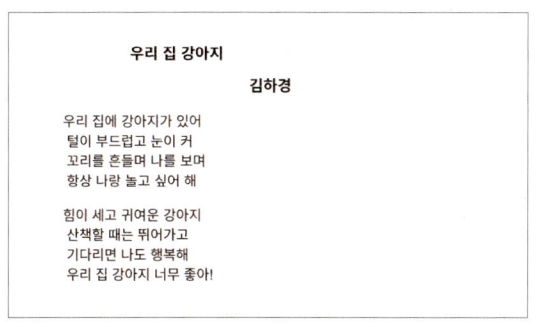
◆ 직접 쓴 시

◆ 시각적 요소 활용 시화

◆ 시각언어로 만든 시화들

2단계: 슬라이드 발표로 감각을 공유하기

완성된 슬라이드는 구글 클래스룸 과제로 제출하도록 안내하였고, 교사는 제출된 파일을 하나의 프레젠테이션에 모아 정리하였습니다.

발표 시간에는 학생들이 차례로 슬라이드를 넘기며 직접 시를 낭송하고, 친구들은 각자의 작품을 감상하며 댓글로 느낀 점이나 궁금한 점을 자유롭게 나누는 시간을 가졌습니다.

교사는 발표를 들으며 시 해석의 다양성과 표현의 자율성을 강조하였고, 학생들이 각자의 독창적인 감성과 해석을 서로 존중하며 나누는 분위기를 만들어 주었습니다.

◆ 댓글로 감상평과 질문하기

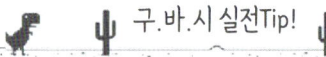

배경 삽입이나 글자 배치를 어려워해서 작업이 늦어지는 경우, 어떻게 지도해야 할까요?

☑ 자리 표시자 기능을 활용하여 배경 이미지와 제목 입력 위치를 지정해 둔 슬라이드 템플릿을 제공하면, 도구 조작에 대한 부담을 줄이고 창의적 표현에 더 집중하게 할 수 있습니다. Google Slides를 처음 사용하는 학생들에게 효과적입니다. 템플릿에는 기본적인 레이아웃과 예시 이미지를 함께 넣으면 학생들이 더욱 쉽게 작업을 시작할 수 있습니다.

시화를 완성한 뒤 발표할 때, 학생들이 더 구체적으로 설명하게 하려면 어떻게 해야 할까요?

☑ '왜 이 배경을 선택했나요?', '이 글꼴은 어떤 느낌을 주나요?'와 같은 질문이 적힌 '발표 가이드 슬라이드'를 포함하여 템플릿을 배포해 보세요. 학생들이 작업하면서 자신의 생각을 미리 정리할 수 있습니다.

2. 사회: 모둠별 역사 인물 소개하기

활용한 기능
슬라이드 동시 편집, 공유 설정, 자리 표시자, 이미지 삽입, 발표자 보기, 댓글

역사 속 인물에 대해 배울 때, 학생들은 단지 이름과 업적을 외우는 데 그치는 경우가 많습니다. 하지만 인물을 직접 탐구하고, 모둠에서 협업해 발표 자료를 구성한 뒤, 친구들 앞에서 소개까지 해 본다면 이해는 훨씬 깊어집니다. 이러한 생각에서 출발해, '내가 소개하는 역사 인물 수업'을 설계하였습니다. 학생들은 모둠별로 한 명의 인물을 선정하고, Google Slides의 협업 기능을 활용해 하나의 파일 안에서 실시간으로 역할을 분담하며 조사·정리·발표 활동을 진행하였습니다. 이 과정을 통해 학생들은 사회적 맥락 속에서 인물의 의미를 파악하고, 정보를 체계적으로 정리하는 힘은 물론 시각적 표현력과 협업 능력까지 함께 성장했습니다.

1단계: 배경 지식 탐구와 정보 수집하기

가장 먼저, 역사 속 인물에 대한 기초 지식을 탐구하고 자료를 수집했습니다.

각 모둠은 세종대왕, 신사임당, 유관순 등 다양한 역사 인물 중 한 명을 선택했습니다. 교사는 인물이 중복되지 않도록 조율한 뒤, 조사할 항목을 안내하였습니다. 조사 항목은 인물의 생애, 대표 업적, 활동했던 시대적 배경 등으로 구성했습니다. 학생들은 모둠 내에서 각자 맡은 부분을 정해 자료를 찾고 요약했습니다. 이 과정에서 학생들은 책, 인터넷, 백과사전 등 다양한 경로를 활용해 정보를 탐색하였고, 수집한 내용을 공유 문서나 메모장에 정리하며 협력의 기반을 마련했습니다. 인터넷 백과사전 등 다양한 경로를 활용해 정보를 탐색하였고, 수집한 내용을 공유 문서나 메모장에 정리하며 협력의 기반을 마련했습니다. 교사는 조사 과정에서 신뢰할 수 있는 출처의 정보를 활용하도록 지도하고, 모둠별로 조사 방향이 흔들리지 않도록 지속적인 피드백을 제공하였습니다.

2단계: 시각 자료를 활용해 정리력 향상하기

모둠별로 조사한 내용을 바탕으로 슬라이드를 구성하였습니다. 텍스트로 정리하는 것은 물론, 효과적으로 발표 자료를 구성하는 방법도 배웠습니다.

슬라이드 자리 표시자가 포함된 샘플 슬라이드를 미리 삽입하여 학생들이 자료를 올바른 위치에 정리하고 레이아웃을 맞추며 자연스럽게 협업할 수 있도록 하였습니다.

예를 들어 한 학생은 인물의 생애 타임라인을 작성하고, 다른 학생은 업적을 표로 정리했으며, 또 다른 학생은 당시 사회 배경을 설명하는 사진과 인용문을 삽입했습니다. 이렇게 Google Slides의 동시 편집 기능을 활용해 모둠원들이 한 화면에서 함께 작업하니, 수정과 피드백이 실시간으로 오가며 효율적인 협업을 할 수 있었습니다.

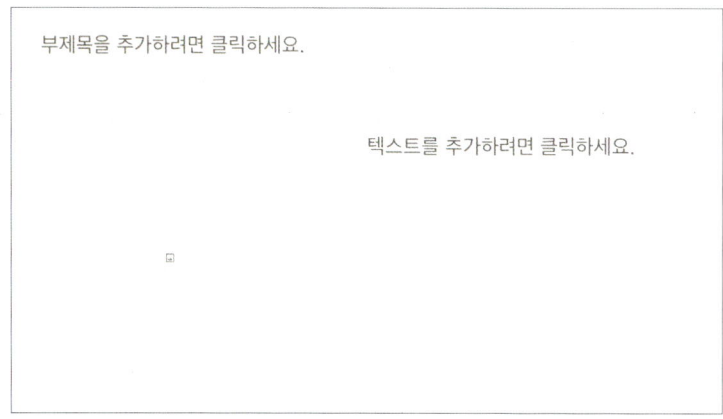

◆ 자리 표시자를 제공한 슬라이드

일부 모둠은 자리 표시자 대신 자유롭게 디자인한 슬라이드를 선택하여 창의성을 발휘했습니다. 자유롭게 이미지와 텍스트를 배열하고, 자신들만의 시각 요소를 추가하는 방식으로 발표 자료를 구성한 것입니다.

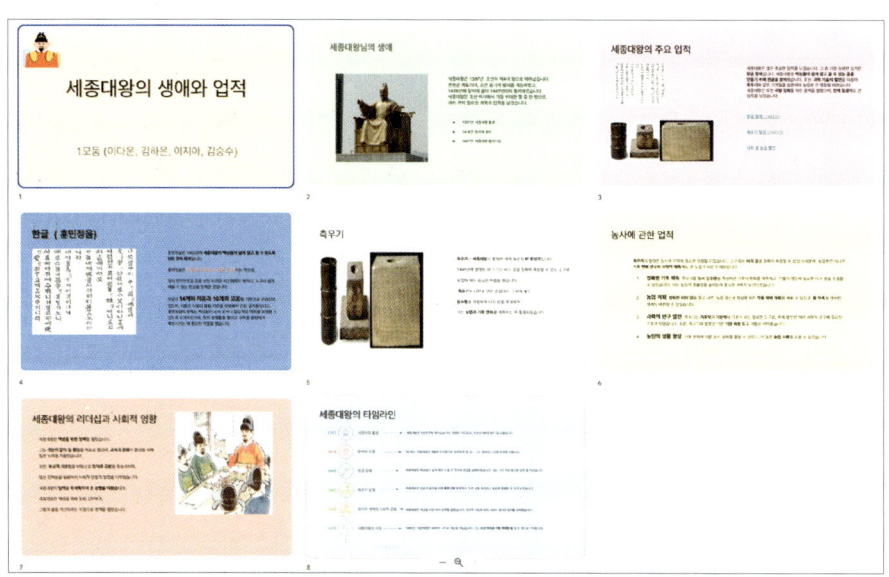

발표 자료 제작을 통해 학생들은 핵심 내용을 추려내는 요약력, 논리적인 흐름을 구성하는 능력, 그리고 내용을 시각적으로 표현하는 기술을 종합적으로 기를 수 있었습니다. 또한 슬라이드를 활용한 효과적인 정보 전달 방법을 익히고, 모둠원들과의 상호 피드백 과정을 거쳐 발표 역량을 한층 발전시켰습니다.

3단계: 발표를 통해 사고력 기르기

모둠별로 완성한 슬라이드 자료를 바탕으로 교실 앞에서 발표를 실시하였습니다.

발표에 앞서 Google Slides의 발표자 보기 기능을 통해 발표자 노트를 확인하며, 모둠원들이 발표 순서를 정하고 내용 전달 방법을 협의한 후 충분히 연습하는 시간을 가졌습니다.

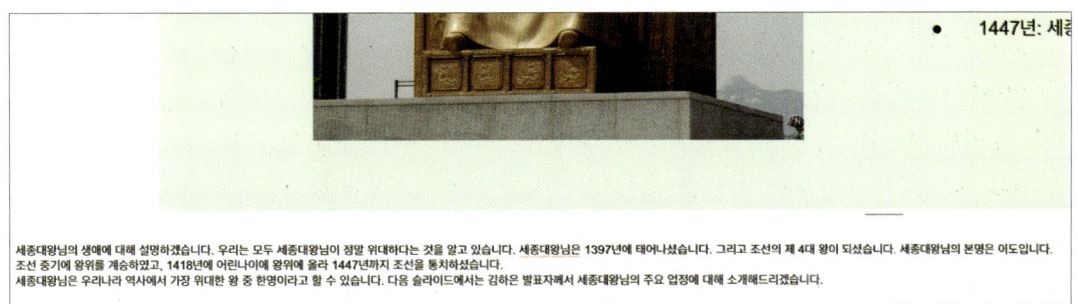

발표 시간에는 모둠 슬라이드를 전체 화면으로 제시하여 학급 전체가 자료를 함께 보며 발표를 감상하였습니다. 다른 모둠 학생들은 댓글 기능을 활용하거나 직접 질문을 하며 발표자들과 적극적으로 소통하였습니다. 이러한 상호작용을 통해 발표자는 자신의 생각을 명확히 전달하는 능력을 기르고, 청중은 비판적 사고력과 경청 능력을 향상시킬 수 있었습니다.

특정 학생이 다른 학생의 글을 덮어쓰거나 내용을 삭제하는 상황이 발생할 경우 어떻게 해야 할까요?
☑ 모둠원별 작업 영역을 명확히 구분해 지정하거나 슬라이드별 담당자를 지정해두는 것이 좋습니다. 실수로 삭제되더라도 Google Slides의 버전 기록 보기 기능을 활용하면 언제든지 이전 상태로 되돌릴 수 있으니 안심해도 됩니다.

모둠원 모두가 적극적으로 발표에 참여하도록 하려면 어떻게 해야 할까요?
☑ 슬라이드별로 발표자를 지정해 보세요. 자신이 담당한 슬라이드 내용은 반드시 발표하도록 요구하면 발표 참여도를 높일 수 있습니다. 발표 연습 단계에서 교사가 발표 순서를 지정해 전원이 연습하도록 유도하는 것도 좋습니다.

발표 자료를 적절히 요약하여 구성하게 하려면 어떻게 해야 할까요?
☑ 발표 슬라이드 수를 최대 5장 이내로 제한하고, 한 장에 핵심 내용은 3~4줄 이상은 적지 않도록 규칙을 제시하면 학생들에게 내용을 요약하는 습관을 길러줄 수 있습니다. 발표 전, 모둠별 초안 자료를 '댓글 기능'을 활용해 검토하고 불필요한 부분은 줄일 수 있도록 지도해 주세요. 핵심 메시지를 중심으로 다듬도록 피드백하는 과정이 필요합니다.

3. 영어: 나만의 영어 단어장 만들기

활용한 기능
자리 표시자, 이미지 삽입, 링크 삽입, 슬라이드 공유

많은 학생들이 단어 암기를 지루해하고 반복 학습에 부담을 느끼며 영어 학습에 흥미를 잃곤 합니다. 이러한 어려움을 해결하기 위해 학생들이 직접 단어장을 만들고, 디자인한 뒤 퀴즈처럼 활용할 수 있는 수업을 설계했습니다. 이 수업은 Google Slides의 다양한 기능을 활용하여 학생 각자가 단어, 뜻, 예문, 이미지를 자유롭게 구성하고, 하이퍼 링크로 연결된 퀴즈형 단어장까지 만들어보는 자기주도학습으로 구성되어 있습니다. 단순히 단어를 외우는 것이 아니라, 디지털 도구를 활용해 단어의 의미를 시각화하고 상호작용하며 익히는 경험을 통해 즐겁고 효과적으로 단어 암기를 할 수 있습니다.

1단계: 나만의 템플릿 만들기

학생들과 함께 단어장을 만들기 위한 첫걸음으로, 교사는 Google Slides에 미리 제작해둔 단어장 템플릿 슬라이드를 구글클래스룸을 활용하여 배포하였습니다. 템플릿에는 영어 단어, 뜻, 예문, 이미지를 입력할 수 있도록 자리 표시자를 삽입해 놓았습니다.

> 학생들은 자리 표시자가 삽입되어 있는 템플릿을 복제하여 자신의 Google Slides에 단어장을 만들었습니다.

자신이 외우고 싶은 단어를 선정한 뒤, 단어의 의미와 예문을 직접 입력하고, 관련 이미지를 삽입하며 템플릿을 채워 나갔습니다.

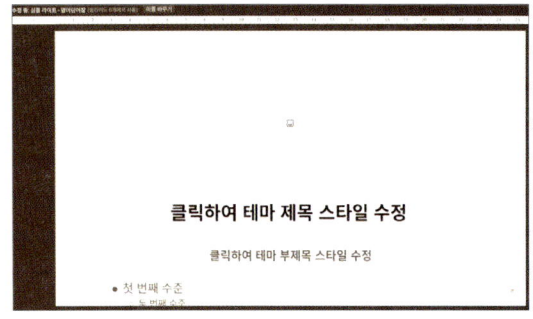 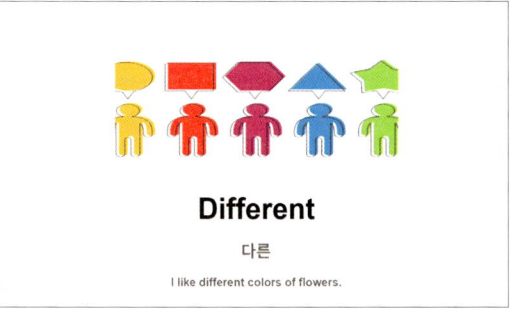

◆ 자리 표시자가 삽입되어있는 템플릿

처음에는 주어진 템플릿을 그대로 사용했지만, 점차 익숙해지면서 각자 배경 색을 바꾸거나 글꼴을 조절하고, 애니메이션 효과를 추가하는 등 자신만의 스타일로 단어장을 꾸미기 시작했습니다. 이를 통해 학생들은 단순히 주어진 양식을 채우는 수준을 넘어, 학습 자료를 개성 있게 구성하는 경험을 할 수 있었습니다.

2단계: 하이퍼링크를 활용한 단어장 퀴즈 만들기

==학생들은 Google Slides의 링크 삽입 기능을 활용해 자신의 단어장을 퀴즈 형태로 업그레이드했습니다.==

각 단어와 그 뜻을 서로 다른 슬라이드에 배치하고, 단어를 클릭하면 해당 뜻으로 이동하도록 하이퍼링크를 연결함으로써, 단어와 뜻을 상호작용 형태로 학습할 수 있도록 구성했습니다.

예를 들어, 3번째 슬라이드에 'Homework'라는 단어를 배치합니다.

그다음 20번째 슬라이드에 '숙제'라는 뜻을 입력합니다.

마지막으로 3번째 슬라이드의 'Homework' 단어를 클릭했을 때 20번째 슬라이드로 이동하도록 하이퍼링크를 설정합니다

◆ 영어단어 슬라이드   ◆ 단어의 뜻 슬라이드

학생들은 스스로 단어장 구조를 설계하며 자기 주도적으로 학습에 몰입할 수 있었고, 단순한 나열식 암기를 넘어 창의적으로 단어를 정리하고 기억하는 유익한 경험을 할 수 있었습니다.

3단계: 친구들과 단어장 공유하기

==Slides의 공유 기능을 활용해 단어장을 친구들과 공유하고, 서로의 단어장을 살펴보며 학습의 폭을 넓혔습니다.==

친구의 단어장에서 몰랐던 단어를 새롭게 익히거나, 예문 작성 방식을 참고하여 자신의 단어장에 반영하는 등 학습의 확장이 이루어졌습니다.

또한 교사는 학생들이 만든 단어장 중 흥미롭거나 창의적인 예문과 이미지를 선별해 하나의 발표 자료로 모은 뒤 수업 시간, "이 단어는 어떤 이미지로 표현했을까요?"와 같은 짧은 퀴즈식 발표 활동으로 활용했습니다. 이러한 활동을 통해 단어 암기 수업을 게임처럼 만들고, 학생들의 흥미와 상호작용을 적극적으로 이끌어 낼 수 있었습니다.

구.바.시 실전Tip!

일부 학생들이 단어장 템플릿을 과도하게 꾸미느라 시간 대부분을 디자인에 쓰고 있어요. 단어 학습에 집중하게 하려면 어떻게 지도할까요?

☑ 수업 초반에는 단어 입력 → 예문 작성 → 이미지 추가 순서로 단계별 완성을 안내하고, 모든 필수 입력이 끝난 학생부터 디자인 수정에 들어가도록 규칙을 제시하세요. 교사가 중간마다 단어 입력 상황을 확인해 개별 피드백을 주는 것도 좋습니다.

학생들이 개인 단어장을 서로 공유받아 보긴 하는데, 그냥 넘겨보기만 하고 적극적으로 학습하지 않아요. 친구의 단어장을 활용해 학습 효과를 높이려면 어떻게 할까요?

☑ 공유된 친구의 단어장에서 처음 보는 단어 2~3개를 자신의 단어장에 추가하게 하거나, 친구가 만든 예문 중 마음에 드는 문장을 따라 적고 스스로 새로운 단어로 바꿔보는 활동을 해보세요. 이를 통해 단어 학습의 범위를 넓히고 상호작용을 유도할 수 있습니다.

4. 관계 형성: 디지털 롤링페이퍼로 마음 전하기

활용한 기능
슬라이드 동시 편집, 자리 표시자, 이미지 삽입, 댓글, 슬라이드 공유

"감사의 마음을 전하고 싶은데, 어떻게 표현하면 좋을까요?" 학생들은 마음속에 고마움을 품고 있어도 말로 표현하기 어려워하는 경우가 많습니다. 특히 교실 안에서의 관계는 자연스럽게 형성되지만, 그 안에 담긴 따뜻한 감정들은 표현되지 못한 채 지나가곤 합니다. 이러한 문제의식에서 출발하여, 학생들이 디지털 공간을 통해 감정을 나누고 관계를 맺을 수 있는 방법을 모색하게 되었습니다.

Google Slides의 공동 편집 기능과 댓글 기능을 활용한 '디지털 롤링페이퍼' 활동은 온라인에서도 감정을 전달할 수 있는 새로운 소통 방식입니다. 이 활동은 간단한 빈칸 채우기에서 시작해 점차 자유로운 축하 메시지, 감성 표현, 실시간 댓글 소통으로 확장되었습니다. 그 결과 학생들이 서로를 격려하고 존중하는 따뜻한 교실 문화를 만들어가는 데 효과적인 역할을 하였습니다.

1단계: 5분 만에 간단한 롤링페이퍼 쓰기

> "그동안 함께해준 과학 선생님께 감사하는 마음을 전해볼까요?"
> 이 활동은 Google Slides를 활용해 롤링페이퍼를 작성하는 것으로 시작되었습니다.

교사는 Google Slides의 새 문서를 만들고, 한 슬라이드에 여러 학생이 동시에 참여할 수 있도록 번호 순서대로 작성할 수 있는 칸을 마련했습니다. 학생들은 교사가 배정한 번호(1~20번)에 맞춰 지정된 칸에 과학 선생님께 감사의 마음을 짧게 표현했습니다.

디지털 환경 속에서도 정서적으로 연결되며 선생님께 감사의 메시지를 전하는 뜻깊은 시간이었습니다. 다만 한 슬라이드에 많은 학생이 함께 글을 쓰다 보니 칸에 맞춰 짧게 적어야 했고, 손글씨로 전하던 따뜻함이나 자유로운 감정 표현이 부족하다는 아쉬움이 있었습니다. 이러한 한계를 보완하고자 다음 단계에서는 학생들이 각자의 개성과 감성을 더욱 자유롭게 담을 수 있도록 활동을 확장했습니다.

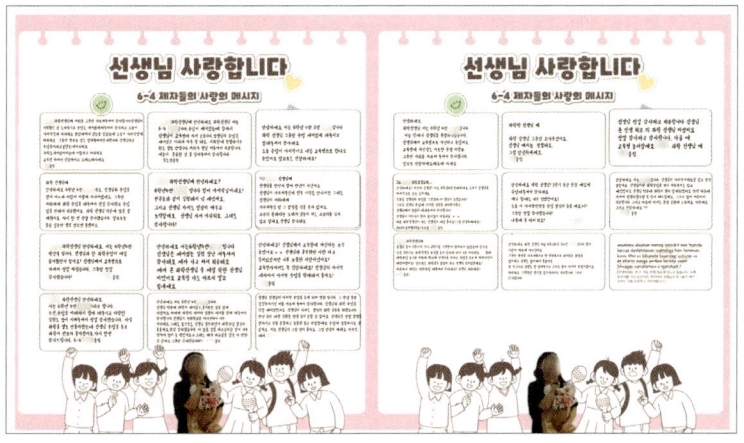

2단계: 5분 만에 감성 한 스푼 더한 롤링페이퍼 쓰기

2단계에서는 한 달에 한 번, 생일을 맞은 학생을 축하하기 위한 생일 롤링페이퍼 쓰기 활동을 진행했습니다.

생일을 맞이한 학생별로 슬라이드를 준비했고, 나머지 학생들은 해당 친구의 슬라이드에 들어가 자유롭게 축하 메시지를 작성했습니다. 학생들이 배경 색상, 글꼴, 이모지, 사진 등을 마음껏 활용할 수 있도록 제한을 두지 않고 표현의 자유를 열어주어, 학생들은 자신만의 개성과 진심을 담아 축하의 마음을 전달했습니다.

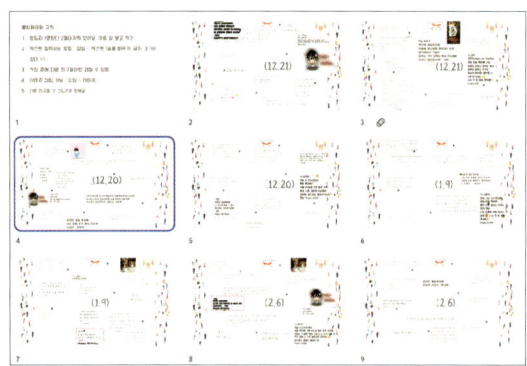 

"생일 축하해! 네가 있어 학교가 즐거워!", "너랑 친구라서 행복해~ 좋은 하루 보내!" 같은 따뜻한 메시지부터, 친구와 함께한 에피소드를 적거나 귀여운 이모지로 꾸미는 등 다채로운 표현이 이어졌습니다. Google Slides는 온라인 기반으로 여러 명이 동시에 작성할 수 있어, 짧은 시간 안에 학생들 각자의 진심이 담긴 감동적인 생일 롤링페이퍼를 완성할 수 있었습니다. 이 활동은 디지털 환경 속에서도 서로를 소중히 여기고 축하와 응원을 나누는 따뜻한 교실 분위기를 만드는 데 큰 역할을 하였습니다.

3단계: 댓글 기능으로 실시간 소통 더하기

Google Slides의 댓글 기능을 활용하여 서로의 메시지에 짧은 답글을 달며 실시간으로 소통하였습니다.

학생들은 친구가 남긴 롤링페이퍼 메시지에 댓글을 달아 고마움이나 응원의 말을 전했고, 그동안 쑥스러워서 표현하지 못했던 마음을 온라인으로 자연스럽게 전달했습니다. "고마워! 너도 정말 멋졌어!", "우리 또 같은 조 되자!"라고 댓글을 달면, 다른 학생이 이를 보고 감사의 답글을 이어가며 대화가 부드럽게 이어졌습니다.

이렇게 댓글을 통해 학생들은 디지털 환경 속에서도 자신의 감정을 표현하고 친구들과 따뜻한 소통을 이어가며 교실 속 관계를 긍정적으로 재구성하는 경험을 할 수 있었습니다.

구.바.시 실전Tip!

롤링페이퍼의 어느 위치에 메시지를 써야 할지 몰라 헤매는 학생은 어떻게 지도할까요?
☑ 슬라이드에 학생별로 입력 영역을 미리 배정해두면 어디에 쓸지 고민하지 않고 바로 메시지를 작성할 수 있습니다.

학생들이 작성한 메시지의 내용이 비슷해질 때 개성을 살릴 방법이 있을까요?
☑ "생일 축하해!"처럼 짧고 비슷한 내용이 반복될 경우, 구체적인 기억이나 경험을 떠올릴 수 있는 질문을 던져주는 것이 효과적입니다. "그 친구와 함께했던 즐거운 순간은?", "고마웠던 일이 있다면?", "앞으로 어떤 응원을 해주고 싶나요?"와 같은 질문을 제시해주면, 자신의 이야기를 담은 진심 어린 문장을 쓰게 되고, 내용의 개성과 깊이도 자연스럽게 살아납니다.

완성된 롤링페이퍼는 어떻게 보관하면 좋을까요?
☑ 작성이 끝난 롤링페이퍼는 자신의 디지털 포트폴리오에 저장하게 하거나, 교사가 PDF로 출력해 선물해 주세요. 학생에게 특별한 추억이 될 수 있습니다.

04. Google Slides 확장 꿀팁

Google Slides를 더욱 스마트하게 활용하는 방법을 알아보도록 하겠습니다.

시간 관리를 도와주는 타이머부터 편리한 단축키, 포트폴리오 제작, 영상 녹화까지. 수업 준비와 진행이 한결 수월해지는 필수 도구들을 소개합니다.

1. 타이머 삽입으로 집중력 올리기

"선생님, 시간 얼마나 남았어요?"라는 질문은 이제 그만! Google Slides에 타이머를 삽입할 수 있는 확장 프로그램 'Slides Timer'를 활용해 보세요. 슬라이드 안에서 실시간으로 남은 시간이나 현재 시각을 표시할 수 있어 학생들이 시간을 인지하고 활동에 몰입할 수 있습니다.

1 Slides Timer를 사용하려면 먼저 Chrome 웹스토어에서 확장 프로그램을 설치해야 합니다. ❶ Chrome 웹스토어(https://chromewebstore.google.com/)에서 'Slides Timer'를 검색합니다. ❷ 'Chrome에 추가' 버튼을 눌러 확장 프로그램을 설치합니다.

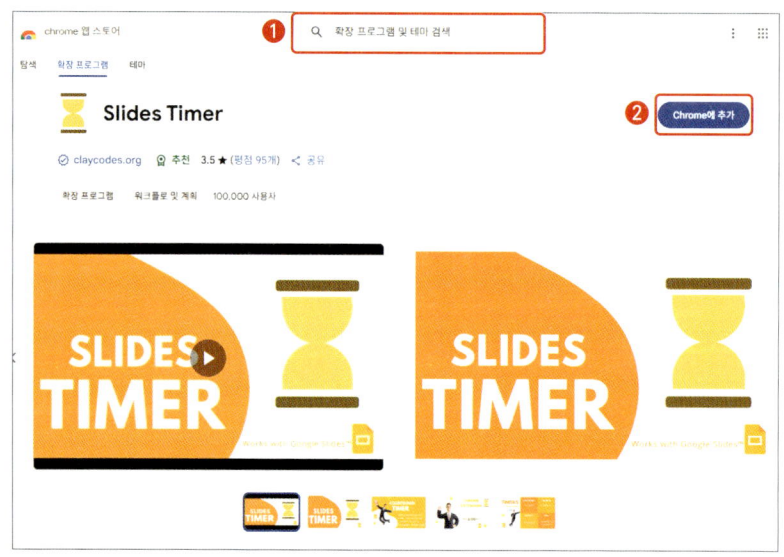

2 설치가 완료되면, Google Slides에서 새 문서를 열고 텍스트 상자를 삽입합니다. 원하는 시간 형식에 따라 다음 명령어 중 하나를 입력합니다.

⟪0:00+⟫ : 0부터 올라가는 타이머
⟪5:00-⟫ : 5분 부터 내려가는 타이머 (숫자는 자유롭게 변경 가능)
⟪Time⟫ : 현재 시간
⟪Date⟫ : 현재 날짜

3 명령어를 입력한 상태에서 '슬라이드쇼'를 실행하면, 타이머가 작동하는 것을 확인할 수 있습니다.

◆ 슬라이드쇼 실행　　　　　　　　　　　◆작동하는 타이머

이 기능은 모둠별 활동, 퀴즈 풀이, 발표 시간 등 제한 시간이 필요한 수업에서 특히 유용합니다. 학생들이 남은 시간을 스스로 파악할 수 있어 "얼마나 남았어요?"라는 질문이 줄어들고, 교사와 학생 모두 수업에 집중할 수 있습니다. 발표 시간에는 《3:00-》와 같은 타이머를 활용하고, 모둠 토론이나 브레인스토밍 활동에는《0:00+》 타이머를 설정하는 등, 상황에 맞게 타이머 종류를 바꿔 사용할 수 있습니다.

실제 수업에서는 미술 활동 시간에 《25:00-》 타이머를 삽입하여, 슬라이드 상단에서 남은 시간을 실시간으로 확인할 수 있도록 하였습니다. 이를 통해 학생들은 과제에 더 몰입할 수 있었고, 교사는 별도로 시간을 안내하지 않아도 수업을 원활하게 진행할 수 있었습니다.

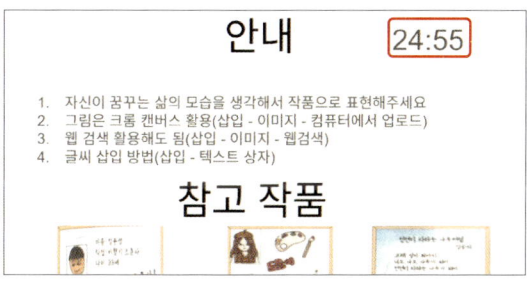

◆ 타이머가 삽입된 슬라이드

2. 단축키로 작업 속도 올리기

수업 준비 시간은 언제나 빠듯합니다. Google Slides에서는 자주 사용하는 몇 가지 단축키만 익혀도 작업 속도를 크게 높일 수 있습니다. 특히 슬라이드 작성과 편집에 필요한 단축키를 숙지하면 클릭이나 메뉴 이동 시간을 줄일 수 있어 체감 속도가 두 배 이상 빨라집니다. 슬라이드 작업에서 가장 추천하는 단축키는 다음과 같습니다.

슬라이드 추가: Ctrl + M
실행 취소: Ctrl + Z
요소 복제: Ctrl + D
전체 선택: Ctrl + A
프레젠테이션 시작: Ctrl + F5

이 다섯 가지 단축키만 익혀도 수업 자료를 준비하거나 슬라이드를 편집할 때 효율성을 크게 높일 수 있으며, 반복 작업에 소요되는 시간을 줄여 더 여유 있게 수업을 준비할 수 있습니다.

3. 학생 포트폴리오로 활용하기

Google Slides는 학생 포트폴리오 플랫폼으로도 활용할 수 있습니다. 예를 들어 교사가 하나의 슬라이드 문서를 만든 뒤, 학생 개인별 슬라이드를 배정하면 학생들은 수업 시간에 완성한 그림, 글, 활동 사진 등을 자신만의 슬라이드에 자유롭게 추가합니다. 이와 같이 하나의 문서 안에 학급 전체의 작품을 모으면, 온라인 갤러리처럼 서로의 결과물을 감상하고 소통할 수 있는 공간이 만들어집니다. Slides 공유 링크를 통해 학부모에게 공개하거나, 친구들끼리 감상평을 댓글로 주고받으며 자연스러운 상호 피드백의 장을 만들 수 있습니다.

또, 각 활동이 끝날 때마다 글쓰기 자료, 발표 원고, 미술 작품, 단어장 등을 Google Slides에 기록해두면 별도의 출력이나 정리 과정 없이도 디지털 성장 포트폴리오가 자연스럽게 완성됩니다. Slides의 발표자 노트 영역을 활용해 자기평가를 하거나 느낀 점을 작성하게 하면 학생 스스로 활동을 되돌아보며 성찰하는 습관도 기를 수 있습니다.

학기 말, 완성된 포트폴리오를 바탕으로 '가장 뿌듯했던 활동 한 장 소개하기'와 같은 미니 발표를 진행하면, 학생들은 자신의 성장을 되돌아보고 친구들과 공유하는 경험을 하게 됩니다.

Slides 포트폴리오는 Google Drive에 저장되므로, 학부모 간담회나 상담 자리에서도 학생의 학기 기록을 한눈에 보여주는 자료로 활용할 수 있습니다. 학생 스스로 성장의 과정을 정리하고 성찰하는 중요한 도구가 될 수 있습니다.

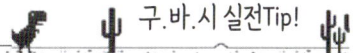

구.바.시 실전Tip!

학생들이 포트폴리오에 작품 사진만 삽입하는 경우가 있습니다. 작품 설명까지 작성하게 하려면 어떻게 해야 할까요?

☑ 작품 사진을 올린 뒤 '제목, 제작 동기, 느낀 점' 등을 입력할 수 있는 자리 표시자를 텍스트 상자로 제공하고, 작성 예시를 함께 보여주세요. '이 작품은 ○○을 표현했어요. ○○을 느꼈어요.' 같은 예를 제시해주면 학생들이 부담 없이 글쓰기를 시작할 수 있습니다.

Slides 공유 중 학생이 실수로 친구 작품을 지웠습니다. 이런 상황을 막을 방법은 없을까요?

☑ 학생들이 자신의 작품을 모두 올리고 편집을 완료하면 즉시 Slides 공유 권한을 '댓글 작성자'로 변경하세요. 이렇게 하면 작품 업로드 단계에서는 학생들이 자유롭게 편집할 수 있고, 이후에는 작품이 실수로 수정되거나 삭제되는 상황을 방지할 수 있습니다.

4. EduPlus에서 슬라이드를 영상으로 녹화하기

※ 이 기능은 EduPlus 버전에서만 지원됩니다.

Google Workspace for Education Plus를 사용하면 Google Slides 발표를 녹화하여 동영상 파일로 저장하는 기능을 활용할 수 있습니다. 이 기능은 온라인 수업, 과제 아카이빙, 학생 피드백 등 다양한 교육적 상황에서 매우 유용합니다. 발표 중 슬라이드 화면과 발표자의 얼굴 영상(웹캠) 및 음성을 동시에 녹화되므로, 학생들에게 교사의 목소리와 표정이 담긴 생생한 자료를 제공할 수 있습니다. 이를 통해 학생들의 이해도와 몰입도를 높일 수 있습니다.

1 먼저, 오른쪽 사이드바에서 ❶ '녹화' 버튼을 클릭합니다. ❷ '새 동영상 녹화' 버튼을 클릭하면 카메라와 마이크의 액세스 권한을 요청하는 화면이 나타납니다. 여기서 ❸ 웹캠과 마이크의 액세스 권한을 승인한 후, 미리보기 화면을 통해 얼굴과 화면이 잘 나오는지 확인합니다.

2 준비가 완료되면 ❶ 빨간색 원으로 표시된 '녹화' 버튼을 눌러 발표를 시작합니다. 발표가 끝난 후에는 ❷ '정지' 버튼을 눌러 녹화를 중단합니다. 화면 오른쪽 상단의 '드라이브에 저장'을 클릭하면, Google Drive에 저장됩니다. 완성된 영상을 Google Classroom이나 슬라이드에 공유하면 학생들이 쉽게 접근할 수 있어 복습 자료로 활용하기 좋습니다.

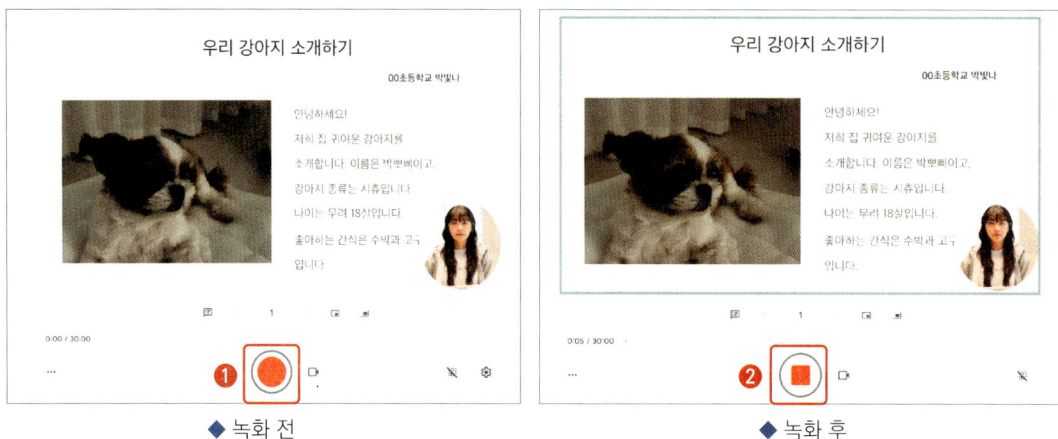

◆ 녹화 전 　　　　　　　　　　　　　　◆ 녹화 후

녹화 기능을 활용하면 수업을 더욱 효율적으로 운영할 수 있습니다. 예를 들어, 수업 중 반복적으로 설명해야 하는 내용을 미리 녹화해 학생들에게 링크로 제공하면 교실 수업 시간을 절약할 수 있습니다. 또한, 학생 과제에 대한 개별 피드백을 영상으로 제공하면 학생들이 보다 친근하게 피드백을 받아들일 수 있고, 영상을 반복 시청하면서 이해도를 높일 수 있습니다.

온라인 수업 중 교사의 부재나 대체 수업이 필요한 상황에서도 사전에 녹화한 강의를 제공하면 학생들이 자율적으로 학습할 수 있습니다. 발표 슬라이드에 애니메이션 효과나 하이라이트를 추가하면 발표 내용이 더욱 생생하게 전달되어 학생들의 집중력을 높이는 데 효과적입니다. 이렇게 제작한 영상은 YouTube 등 다양한 플랫폼에 업로드하여 다른 수업 자료로도 활용할 수 있습니다.

또한, 발표 중 녹음한 음성 파일을 MP3 형식으로 저장해 Google Drive에 업로드한 뒤, Slides의 '삽입' - '오디오' 기능을 활용하면 프레젠테이션 안에 음성을 삽입해 더욱 풍부한 수업 자료를 만들 수 있습니다.

Google Slides는 단순한 도구를 넘어 하나의 무대가 됩니다. 기능을 이해하고 활용하는 순간 수업의 질이 달라지고, 아이들의 이야기가 담기는 순간 도구는 작품이 됩니다.

Google Forms & Sheets
생각을 수집하고 데이터를 시각화하는 도구

- Google Forms는 다양한 형식의 질문을 생성하고 응답을 수집할 수 있는 온라인 설문 도구입니다. 설문, 피드백, 퀴즈 등의 용도로 널리 사용되며, 입력된 응답은 자동으로 시트에 연동되어 실시간으로 확인할 수 있습니다.
- Google Sheets는 표 형식의 데이터를 작성, 계산, 분석할 수 있는 온라인 스프레드시트 도구입니다. 텍스트, 숫자, 날짜 등의 데이터를 입력할 수 있으며, 다양한 함수와 차트 기능을 활용해 정보를 정리하고 시각화할 수 있습니다.

- Google Forms는 'Google 앱 메뉴 – Forms'를 선택해 실행하거나 주소창에 'forms.google.com'을 입력하여 실행할 수 있습니다.
- Google Sheets는 'Google 앱 메뉴 – Sheets'를 선택해 실행하거나 주소창에 'sheets.google.com'을 입력하여 실행할 수 있습니다.

Google Forms & Sheets가 만든 데이터 기반 수업 문화

> **궁금한 게 있었는데, 심장이 쿵쾅거려서 물어보지 못했어요**

수업이 끝난 뒤 학생의 일기장에서 발견한 이 문장은 제게 작은 충격이었습니다. 그날 처음으로 깨달았습니다. 교실에 질문이 없었던 게 아니라, 아이들이 질문을 꺼낼 수 없었던 것이라는 사실을.

그동안 질문은 늘 손을 든 소수의 학생에게만 허락된 것이었습니다. 교사의 질문에 적극적으로 반응하거나, 자신의 궁금증을 용기 있게 표현하는 아이들은 정해져 있었으니까요. 반면, 조용하고 수줍음을 타는 아이들은 늘 망설였고, 그들의 생각은 수면 위로 떠오르지 못한 채 가라앉아 있었습니다. 교실은 몇몇 목소리로만 채워졌고, 저는 '다들 이해했겠지?'라는 막연한 확신으로 다음 수업을 이어갔습니다.

하지만 Google Forms와 Sheets를 만나면서 우리 교실의 풍경은 근본적으로 달라졌습니다. 단순히 질문을 끄집어내는 것을 넘어, 모든 학생들의 내면에 잠재된 생각과 목소리를 교실 공간으로 초대하는 새로운 통로를 얻게 된 것입니다.

이제는 수업 말미나 특정 시간을 할애하여 "궁금한 점은 이 링크에 남겨주세요."라고 안내하는 것으로 충분합니다. 학생들은 스마트폰이나 태블릿, 혹은 학교에서 제공하는 크롬북을 열고 조용히 질문을 타이핑합니다. 그곳은 누구의 눈치도 보지 않고, 말로 표현할 필요도 없으며, 틀릴까 걱정하지 않아도 되는 완전히 안전한 소통의 공간이니까요. 소수의 목소리가 아닌, 교실 안 모든 학생들의 생각이 살아 움직이는 풍요로운 교실이 비로소 열린 것입니다.

전에는 손을 든 몇몇 학생의 질문이 수업 흐름을 좌우했다면, 이제는 모든 학생의 깊이 있는 질문들이 'Google Forms'라는 조용한 통로를 통해 교실로 흘러들어옵니다. 그 질문들은 실시간으로 교사의 화면에 도착하고, 수업 마무리 시간에 학생들과 함께 공유하며 답변합니다. "이 부분에서 질문이 가장 많았네요. 다음 시간에는 여기를 더 보충할게요." 저는 더 이상 막연한 감이 아닌, 아이들의 실제 궁금증이라는 명확한 데이터에 기반하여 수업을 설계할 수 있게 된 것입니다.

✦ Google Forms와 Sheets는 아이들 한 명 한 명의 내면을 섬세하게 들여다보고, 학습의 빈틈을 메우며, 나아가 학급 문화를 풍요롭게 만드는 근본적인 전환점이 되었습니다. 학기 초, 저는 Forms를 통해 학생들의 학습 선호도, 정서 상태, 그리고 가정 환경에 대한 정보를 수집합니다. 이는 단순한 기록을 넘어, 아이들의 개별 특성을 이해하고 공감하는 첫걸음이 됩니다. 막연히 "우리 반 아이들은 이렇겠지."라고 짐작했던 영역들이 구체적인 데이터로 눈앞에 펼쳐지면서, 아이들을 대하는 저의 시선 또한 더욱 깊고 따뜻해졌습니다.

✦ 아이들의 학습 상태를 진단하고 피드백하는 과정에서도 Google Forms와 Sheets는 혁혁한 공을 세웠습니다. 단원이 끝날 때쯤, 아이들은 Forms를 통해 제시되는 간단한 퀴즈나 자신의 이해도를 묻는 질문에 응답합니다. 그 결과는 자동으로 Sheets에 정리되어, "80%의 학생이 분수의 곱셈을 어려워하는구나."와 같은 명확한 지표로 정리됩니다. 이러한 데이터는 아이들의 학습 여정을 이해하고, 보충 수업의 방향을 정하며, 개별 지도의 전략을 짜는 강력한 나침반이 되어줍니다. 이제 평가는 단순히 점수를 매기는 행위를 넘어, 다음 학습의 방향을 제시하는 진단이자 아이들의 성장을 이끄는 기회로 탈바꿈했습니다.

✦ Google Forms와 Sheets는 교실에 '데이터 기반의 소통'이라는 새로운 흐름을 가져왔습니다. 아이들의 숨겨진 목소리를 끌어내고, 교사가 아이들 개개인의 삶과 학습에 더 깊이 공감하며, 나아가 교사와 학생이 함께 수업을 '공동 제작'하는 디자이너로 거듭나게 합니다. 아이들의 필요와 궁금증이 곧 수업의 재료가 되고, 교사의 다음 단계를 설계하는 동력이 되는 상호작용의 공간이 펼쳐진 것입니다.

Google Forms와 Sheets가 수업의 본질을 더욱 깊이 탐색하고, 아이들의 잠재된 사고력과 학습 역량을 효과적으로 이끌어낼 수 있도록 하려면 어떻게 해야 할까요?

02. Google Forms & Sheets의 핵심 기능과 전략

> **수업에 유용한 Forms & Sheets의 핵심 기능**
>
> • 질문 유형 • 퀴즈 • 성적 가져오기 • 섹션 이동 • 이미지 삽입
> • 요약 탭&시트 연동 • 기초 함수 • 필터 • 조건부서식

이번 장에서는 교실에서 바로 활용할 수 있는 Google Forms와 Sheets의 핵심 기능들을 살펴보겠습니다. 각 기능들이 어떤 방식으로 학생들의 학습 경험을 풍부하게 하고, 교사의 수업을 더욱 효과적으로 만들어 주는지 자세히 알아보겠습니다.

Google Forms

1. 다양한 질문 유형으로 수업 활동 설계하기

Google Forms는 수업 목적에 맞는 다양한 질문 유형을 제공하여 평가, 설문, 피드백 등의 학습 활동을 설계할 수 있도록 해줍니다. 각 질문 유형은 학생의 사고 수준과 참여 방식을 달리 유도할 수 있어 수업의 다양성과 몰입도를 높이는 데 효과적입니다.

1 Google Forms 시작 화면 왼쪽의 ❶ '빈 양식'를 클릭하여 설문을 생성합니다.

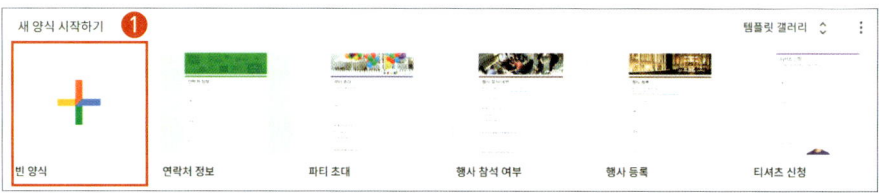

2 질문 카드 오른쪽의 ❶ 드롭다운 메뉴를 클릭하여 ❷ 수업 활동에 가장 적합한 질문 유형을 선택합니다.

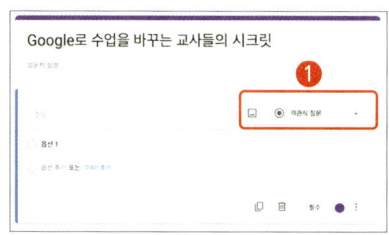

❶ **단답형**: 간단한 단어나 숫자로 된 답변을 받을 때 사용합니다.
예 이름을 적어주세요.

❷ **장문형**: 긴 서술형 의견을 받을 때 사용합니다.
예 오늘 수업에서 어려웠던 내용을 적어주세요.

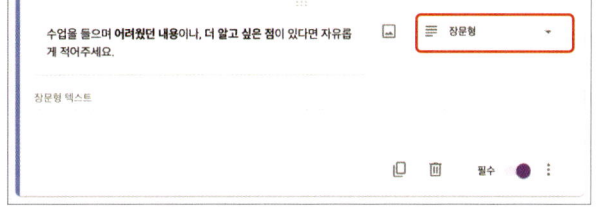

❸ **객관식 질문**: 여러 선택지 중 하나만 선택할 때 사용합니다.
예 가장 좋아하는 과목은?

❹ **체크박스**: 여러 선택지 중 복수의 답변을 받을 때 사용합니다.
예 관찰한 변화를 모두 골라보세요.

❺ **드롭다운**: 선택지가 많을 때 항목을 목록 형태로 표시해 화면을 간결하게 구성할 때 사용합니다.
예 학년을 선택하세요.

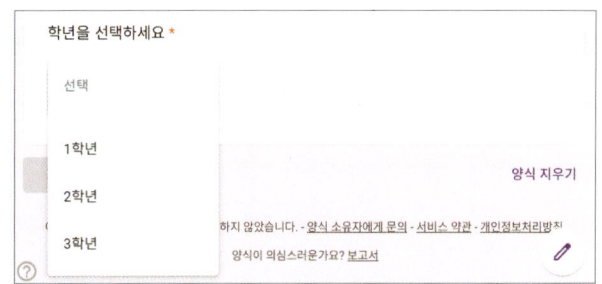

❻ **파일 업로드**: 과제나 자료를 직접 제출받을 때 사용합니다. Google 드라이브에 자동으로 폴더가 생성되어 제출물을 정리할 수 있습니다.
예 작품 사진을 올려주세요.

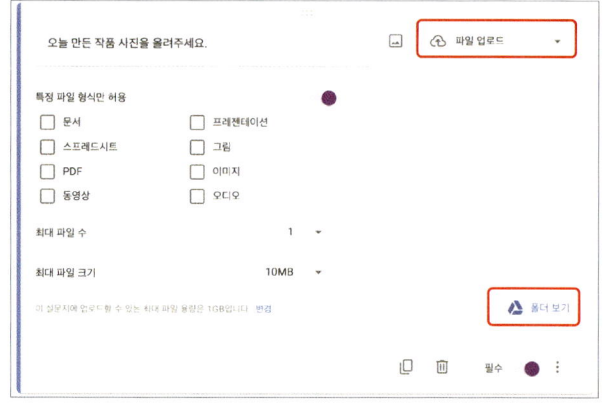

❼ **선형 배율**: 만족도나 이해도를 숫자 척도로 평가할 때 사용합니다.
예 수업에 열심히 참여했나요?

❽ **등급**: 별점 등으로 간단한 평가를 받을 때 사용합니다.
예 내가 한 발표에 스스로 점수를 준다면?

❾ **객관식 그리드**: 여러 항목(행)을 제시하고, 각 항목(행)마다 하나의 답을 선택해야 할 때 사용합니다.
예 각 과목에 대한 나의 느낌을 골라보세요.

❿ 체크박스 그리드: 여러 항목(행)을 제시하고, 각 항목(행)마다 복수의 답을 선택해야 할 때 사용합니다.

예) 오늘 수업 중 내가 한 행동을 모두 체크해보세요.

⓫ 날짜: 특정 날짜를 기록할 때 사용합니다.

예) 생일을 선택하세요.

⓬ 시간: 특정 시간을 기록할 때 사용합니다.

예) 오늘의 기상 시간은?

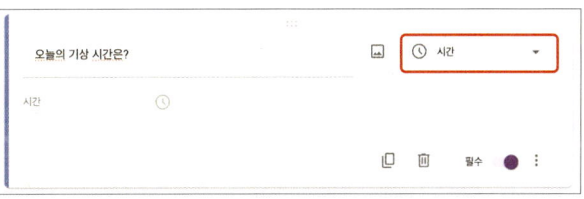

2. 자동 채점 기능으로 효율적인 퀴즈 평가하기

Google Forms의 자동 채점 기능을 활용하면, 교사가 미리 정답과 배점을 설정한 퀴즈를 시스템이 자동으로 채점해 줍니다. 학생들은 응답을 제출하자마자 자신의 점수와 정답 여부를 바로 확인할 수 있으며, 교사는 수동 채점에 드는 시간을 줄이고 학습 현황 진단과 피드백 제공에 더욱 집중할 수 있습니다.

1 Google Forms 화면 상단의 ❶ '설정' - ❷ '퀴즈로 만들기' 옵션을 클릭하여 활성화합니다. ❸ 결과 공개 시점, 틀린 문제, 정답, 점수 등을 설정합니다.

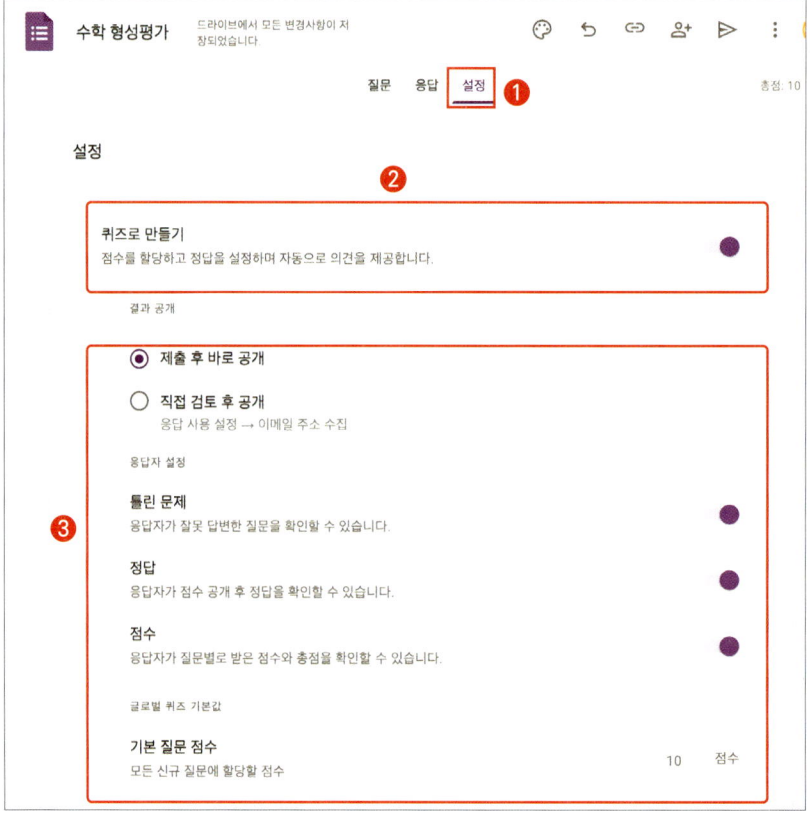

2 ❶ '질문' 탭으로 돌아와 질문과 선택지를 작성한 뒤, ❷ '답안'을 클릭합니다.

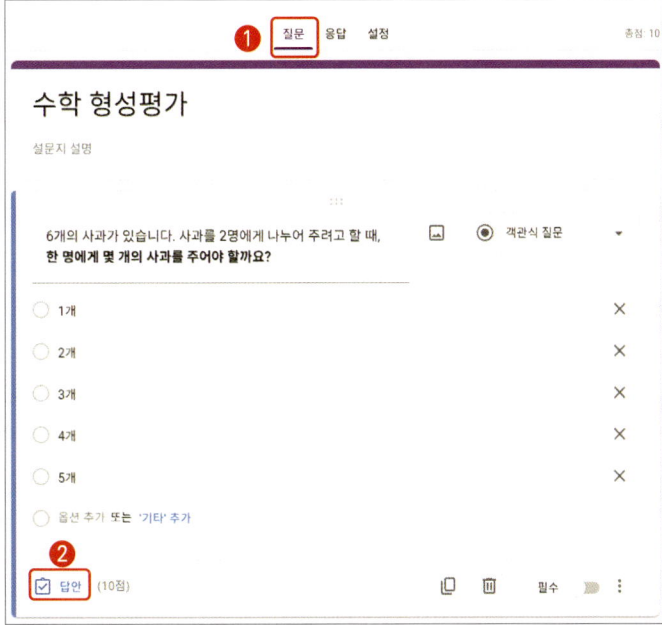

3 ❶ 정답으로 인정할 답변을 선택하고, ❷ 해당 질문을 맞추었을 경우 학생이 얻게 될 점수를 입력합니다. 이어서 정답 또는 오답에 대한 피드백을 입력하기 위해 ❸ '답변 관련 의견 추가'를 클릭합니다.

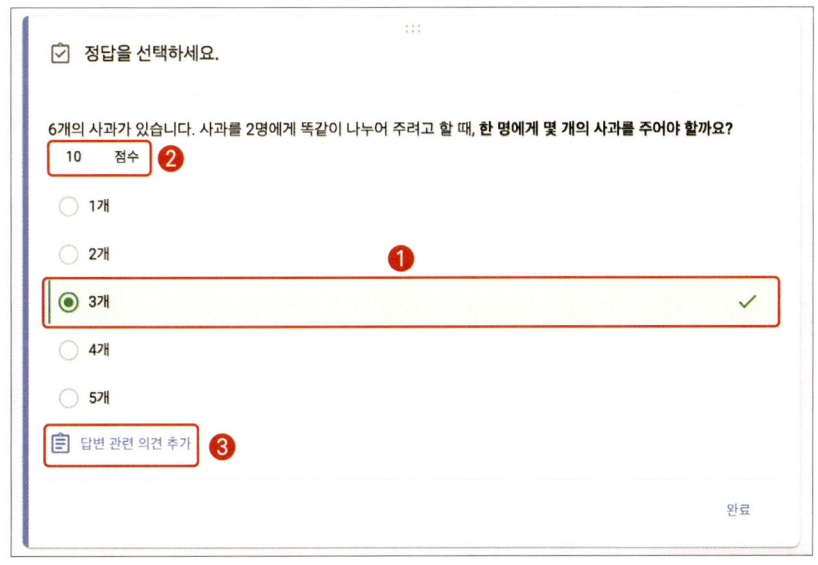

4 ❶ 잘못된 답변을 입력한 학생에게 피드백해 줄 의견을 입력합니다. 보충 자료로 활용할 수 있는 ❷ 링크 또는 ❸ 유튜브 영상을 삽입할 수 있습니다. 학생이 정답을 맞추었을 때에도 같은 방법으로 의견과 자료를 제공할 수 있습니다.

5 질문 제작이 마무리되면 ❶ '완료'를 클릭합니다. 같은 방법으로 다른 질문도 제작합니다.

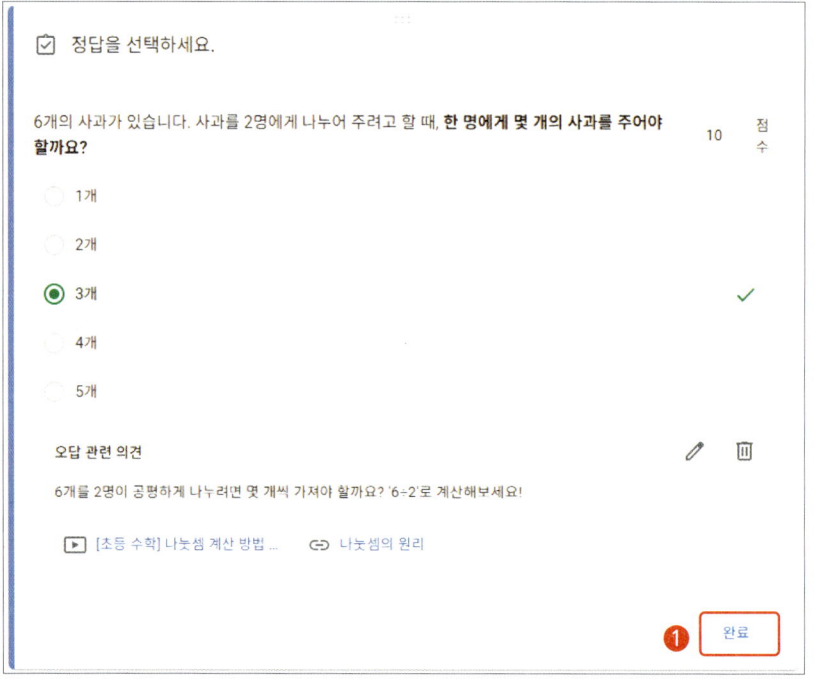

6 모든 질문 제작이 완료되면 ❶ 화면 오른쪽 상단의 '게시'를 클릭한 뒤, ❷ 게시 양식에서 다시 한 번 '게시'를 클릭합니다. 게시를 완료하면 '게시됨'으로 변경되어 표시됩니다.

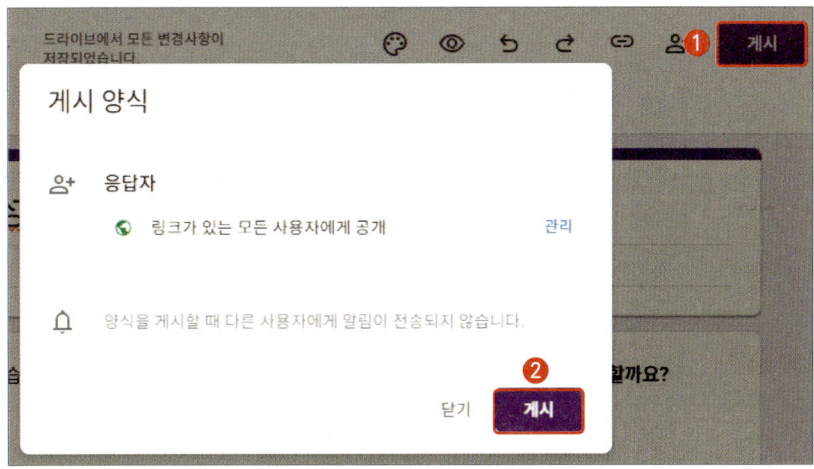

7 ❶ '게시됨' - ❷ '응답자 링크 복사' - ❸ 'URL 단축' - ❹ '복사'를 클릭합니다. 링크를 학생들에게 공유하여 퀴즈를 진행합니다.

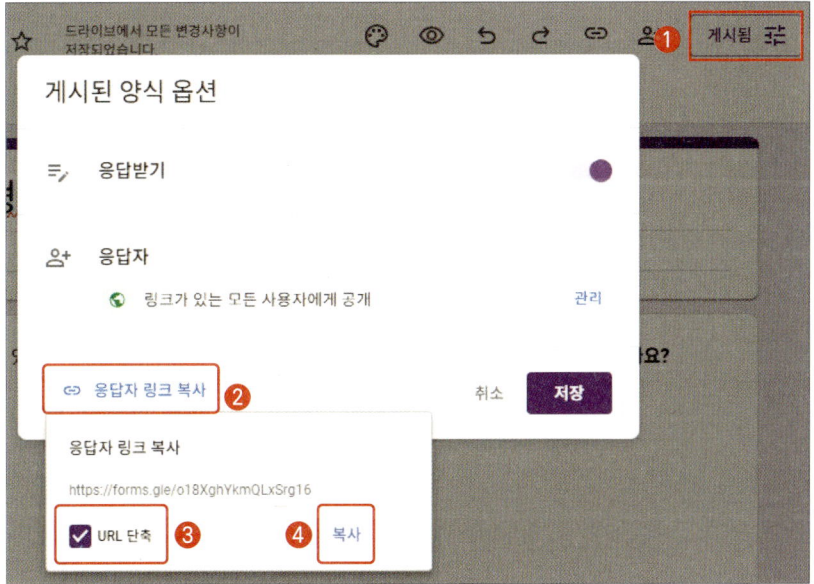

8 학생들이 퀴즈를 풀고 제출하면 '점수 보기' 버튼이 나타납니다. ❶ '점수 보기'를 클릭하면, 정답 여부와 점수, 선택한 답안을 확인할 수 있습니다.

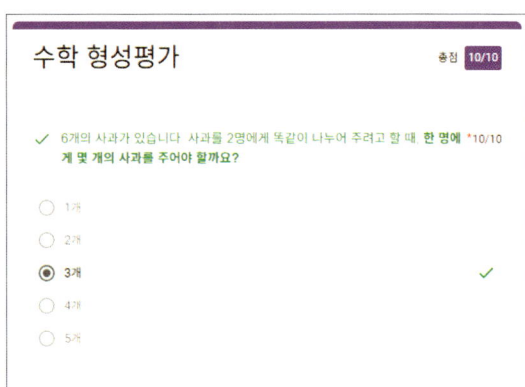

◆ [학생 화면] 점수 보기

구.바.시 실전Tip!

Brisk Teaching으로 퀴즈 자동 생성하기

Google Forms에 Brisk Teaching 확장프로그램을 설치하면, AI가 교사의 명령에 따라 자동으로 퀴즈를 만들어 줍니다. Chrome 브라우저에서 ❶ 확장프로그램 - ❷ Chrome 웹스토어 방문하기로 이동해 ❸ 'Brisk Teaching'을 검색한 뒤, ❹ [Chrome에 추가] 버튼을 클릭하면 설치가 완료됩니다.

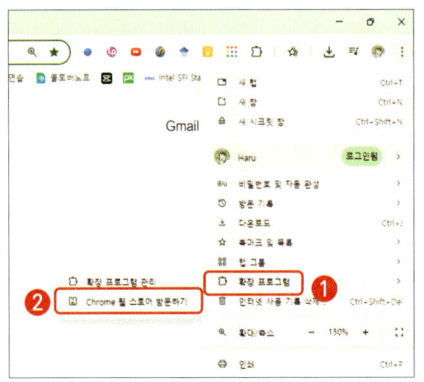

Google Forms를 연 상태에서 ❶ 브라우저 오른쪽 하단의 Brisk 아이콘(🅱)을 클릭하고, Google 계정으로 로그인합니다. 이제 ❷ 'Quiz'와 언어(Korean)를 선택한 뒤, ❸ "태양계와 행성에 관한 퀴즈를 만들어줘. 난이도는 상, 중, 하를 골고루 넣어줘. 문제 옆에 난이도를 표시해줘."라고 프롬프트를 입력합니다. ❹ 학년(6th grade), 질문 유형(Multiple Choice), 문제 수(10 questions)를 설정합니다. 마지막으로 ❺ Brisk It 버튼을 클릭하면, AI가 자동으로 문항과 정답을 포함한 Google Forms 퀴즈를 생성해 줍니다. 교사는 주제만 제시하면 AI가 문제를 대신 만들어 주므로, 퀴즈 제작 시간을 크게

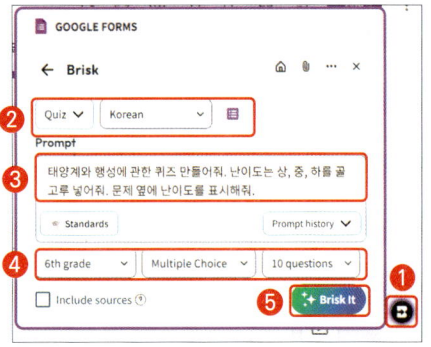

Chromebook '퀴즈용 잠금 모드'로 공정한 시험 환경 만들기

Google Forms의 '퀴즈용 잠금 모드'는 시험 중 학생이 다른 웹사이트나 앱으로 이동하지 못하도록 차단하는 기능입니다. 이 기능은 Google Workspace for Education 계정을 사용하는 학교 관리용 Chromebook에서만 사용할 수 있습니다.

Forms 상단 메뉴에서 ❶ 설정 탭으로 이동해 ❷ '퀴즈로 만들기'를 활성화한 뒤, ❸ 하단의 '잠금 모드' 스위치를 켜면 설정이 완료됩니다.

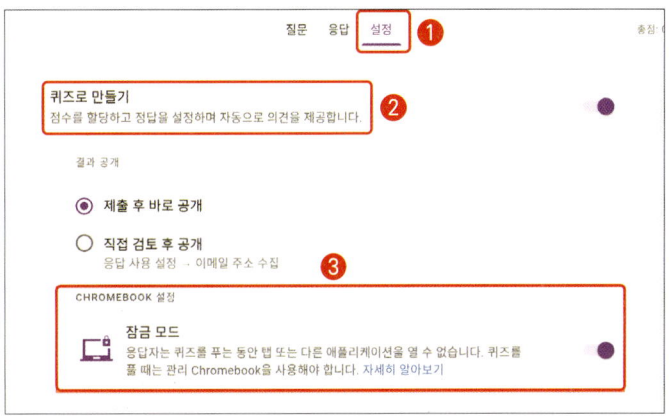

학생이 퀴즈를 시작하면 자동으로 전체 화면으로 전환되며, 다른 탭이나 애플리케이션을 열 수 없고, 단축키 사용도 차단됩니다. 퀴즈를 제출하면 잠금이 해제되고 원래의 화면으로 돌아갑니다. 공정한 온라인 시험 환경을 만들고 싶다면, '퀴즈용 잠금 모드'를 꼭 활용하세요.

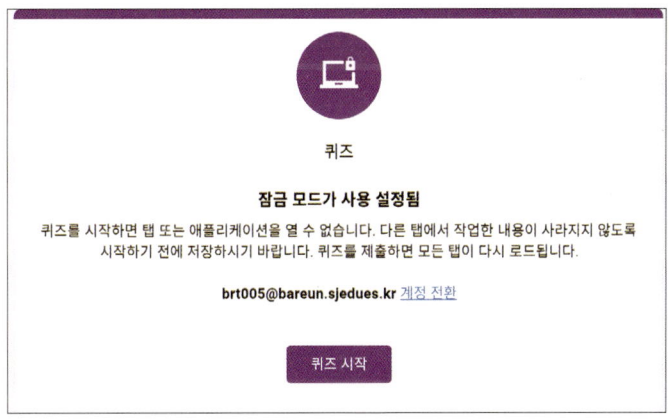

3. Google Classroom에서 Google Forms 퀴즈 성적 자동 가져오기

Google Forms로 만든 퀴즈를 Google Classroom(클래스룸) 에 연동하면, 학생이 퀴즈를 제출하는 즉시 점수가 자동으로 불러와집니다. 이 기능은 교사와 학생이 동일한 학교 도메인(Google Workspace for Education) 계정을 사용할 때만 적용되며, 교사는 수동 입력이나 별도의 채점 과정 없이 효율적으로 수행평가를 관리할 수 있습니다.

1 Google Classroom의 상단 메뉴에서 ❶ '수업 과제'를 클릭합니다. ❷ '+ 만들기' - '퀴즈 과제'를 선택합니다. 자동으로 ❸ 'Blank Quiz' Google Forms 파일이 첨부되며, 이를 클릭하여 퀴즈 작성 화면으로 이동합니다.

2 퀴즈를 ❶ 객관식 질문 유형으로 작성합니다. 이 유형에서만 자동 성적 가져오기 기능이 작동합니다. 상단 메뉴의 ❷ 설정 탭으로 이동해, 이메일 주소 수집이 '인증됨'으로 설정되어 있는지 확인합니다.

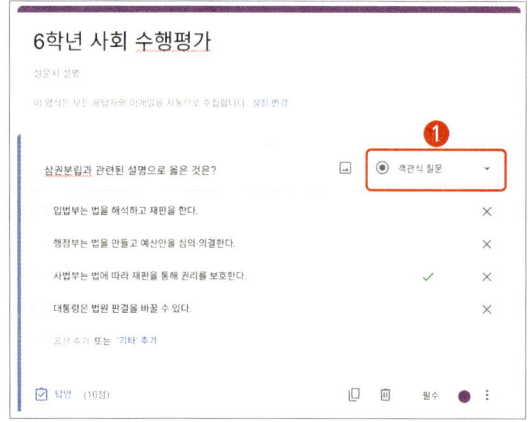

3 퀴즈 작성을 마친 뒤 Google Classroom으로 돌아옵니다. 과제 화면에서 ❶ '성적 가져오기' 옵션을 활성화하고, ❷ '과제 만들기' 버튼을 클릭해 게시합니다. 이때 반드시 퀴즈만 단독으로 첨부된 상태여야 자동 성적 연동이 가능합니다. 다른 파일이나 링크를 함께 첨부하면 성적 가져오기가 작동하지 않습니다.

4 학생이 퀴즈를 제출하면, Classroom의 '학생 과제물' 탭에 결과가 표시됩니다. 오른쪽 상단의 ❶ '성적 가져오기' 버튼을 클릭하면 점수가 자동으로 반영되어 ❷ 각 학생의 성적이 즉시 등록됩니다. 교사는 전체 점수를 한눈에 확인하고, 즉시 피드백을 제공할 수 있습니다.

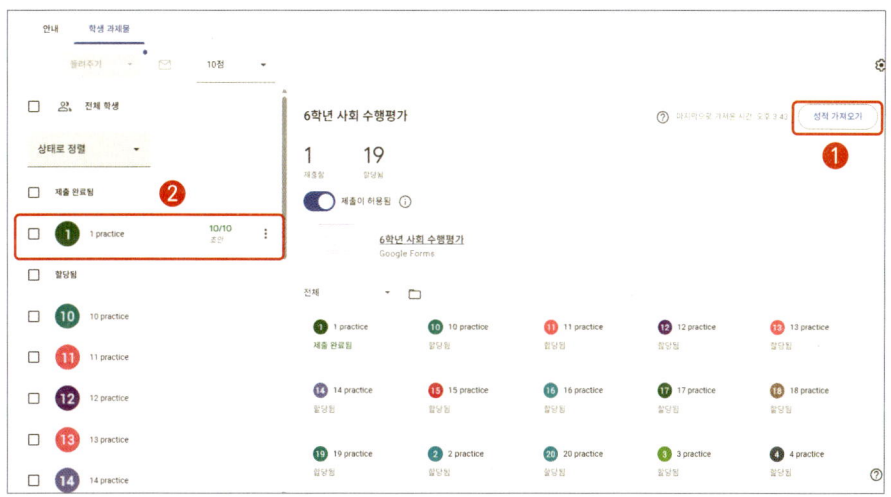

4. 답변을 기준으로 섹션 이동 기능으로 수준별 문제지 만들기

Google Forms의 '답변을 기준으로 섹션 이동' 기능은 응답자의 선택에 따라 다음에 제시될 질문을 다르게 설정할 수 있는 기능입니다. 예를 들어, 학생들이 '수업 내용을 완전히 이해했다', '조금 이해했다', '전혀 이해하지 못했다' 중 하나를 선택하면, 그에 맞춰 심화 문제, 표준 문제, 또는 기초 문제로 이동하게 설정할 수 있습니다. 이를 통해 학생들은 자신의 이해도에 맞는 문제에 집중할 수 있고, 교사는 학생들의 각 수준에 맞는 학습 지원을 제공할 수 있습니다.

1 ❶ 학습한 내용을 설문 제목에 입력합니다. ❷ 이어서, '섹션 추가'를 클릭합니다. 수준별 맞춤 문제를 담을 독립된 페이지를 구성해야 하므로 3개의 섹션을 추가로 생성합니다.

2 첫 번째 섹션(4중 1 섹션)을 선택한 뒤, ❶ '질문 추가'를 클릭하여 기준이 되는 질문 문항을 만듭니다. 예를 들어, ❷ '오늘 배운 여름과 겨울의 날씨에 대해 이해했나요?'와 같은 객관식 질문을 만들고, ❸ '완전히 이해함', '조금 이해함', '전혀 이해하지 못함' 등으로 선택지를 구성합니다.

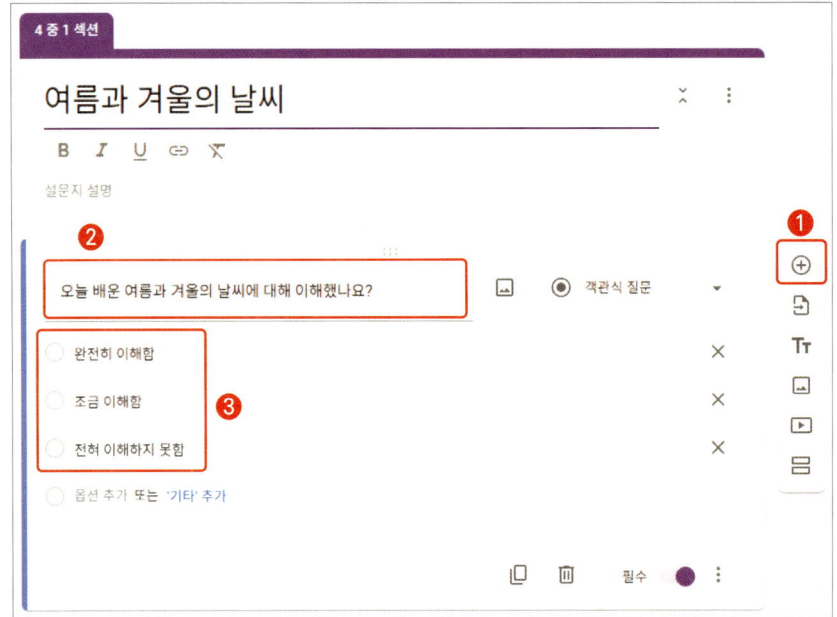

3 이어지는 섹션(4중 2~4 섹션)에 ❶ 제목을 입력합니다. ('심화 문제', '표준 문제', '기초 문제') ❷ '질문 추가'를 클릭한 뒤, ❸ 각 섹션별로 수준에 맞는 질문을 추가합니다. ❹ 학생들이 문제를 쉽게 파악할 수 있도록, 필요하다면 설명란에 짧은 힌트나 예시를 덧붙입니다.

4 이제 학생이 선택한 응답에 따라 다른 수준의 섹션으로 이동하도록 설정해보겠습니다. 4중 1 섹션으로 돌아가 기준 문항 카드 오른쪽 하단의 ❶ '더보기(:)' - ❷ '답변을 기준으로 섹션 이동'을 클릭합니다.

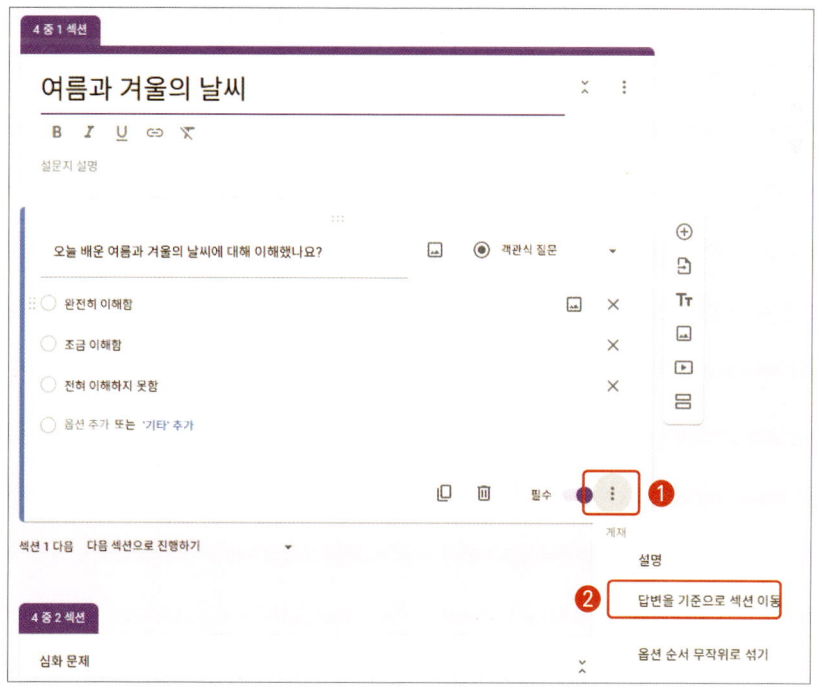

5 이동할 섹션을 지정할 수 있는 드롭다운 메뉴가 나타나면, ❶ '완전히 이해함'은 '2 섹션(심화 문제)으로 이동'을 선택, ❷ '조금 이해함'은 '3섹션(표준 문제)으로 이동'을 선택, ❸ '전혀 이해하지 못함'은 '4섹션(기초 문제)으로 이동'을 선택하여 각각의 답변과 해당 섹션을 연결해줍니다.

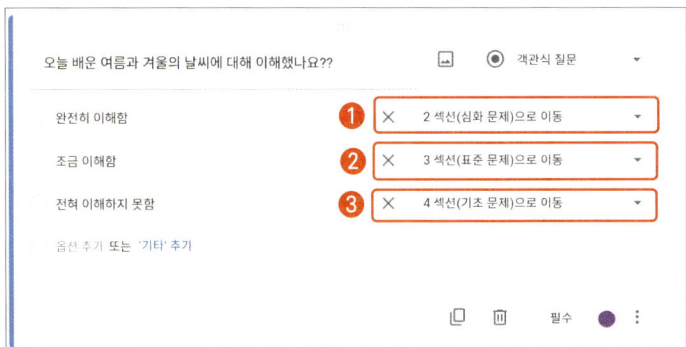

6 마지막으로 응답을 마친 학생들이 다른 수준의 문제로 넘어가지 않도록 경로의 끝을 설정해야 합니다. 각 섹션의 마지막 질문 카드 하단에 있는 드롭다운 메뉴에서 '다음 섹션으로 진행하기'를 클릭하여 '설문지 제출'로 변경합니다.

5. 이미지 삽입 기능으로 시각적 힌트 제공하기

Google Forms의 이미지 삽입 기능을 활용하면 학습자에게 시각적 힌트를 제공하거나, 질문과 관련된 개념이나 상황을 직관적으로 보여줄 수 있습니다. 특히 과학 실험 장면, 도형, 지도 등 시각 자료가 중요한 교과에서 효과적으로 활용할 수 있습니다.

1 질문 카드 오른쪽의 ❶ '이미지 추가'를 클릭합니다.

2 '이미지 삽입' 창에서 ❶ 'Google 이미지'를 클릭합니다. ❷ 상단 검색창에 검색어를 입력한 뒤, ❸ 원하는 이미지를 선택, ❹ 하단의 '삽입'을 클릭합니다.

3 내 컴퓨터에 저장되어 있는 이미지를 업로드할 수도 있습니다. '이미지 삽입' 창에서 ❶ '업로드' - ❷ '찾아보기'를 클릭한 뒤, 내 컴퓨터에 저장된 이미지를 업로드 합니다.

4 삽입된 이미지는 질문과 독립적으로 위치합니다. ❶ 제목을 추가하거나, ❷ 위치 정렬, 크기 조절, 변경 및 삭제 등 다양한 편집이 가능합니다.

5 이미지에 마우스를 올렸을 때 이미지에 관한 설명이 나타나도록 설정하려면, ❶ 이미지 오른쪽 상단의 '더보기(:)'를 클릭한 뒤, ❷ '마우스를 올려 놓았을 때 표시되는 텍스트'를 선택, ❸ 텍스트 입력창에 간단한 설명 문구를 작성합니다.

6. 응답 탭과 시트 연동으로 전체 응답 흐름 한눈에 보기

Google Forms는 퀴즈 또는 설문 응답 결과를 실시간으로 분석하여 제공합니다. 응답 요약 그래프로 전체 결과를 한눈에 파악하고, 문항별 상세 결과도 빠르게 확인할 수 있습니다. 또, Google Sheets와 연동하면 각 학생의 개별 응답 데이터를 더 상세히 분석하고 관리할 수 있어 효율적인 학습 피드백이 가능합니다.

1 Google Forms 상단의 ❶ '응답'을 클릭합니다.

2 요약 탭 살펴보기 전체 응답 결과가 원형 또는 막대그래프로 자동 생성되어 항목별 응답 빈도나 비율, 점수 분포 등을 한눈에 파악할 수 있습니다.

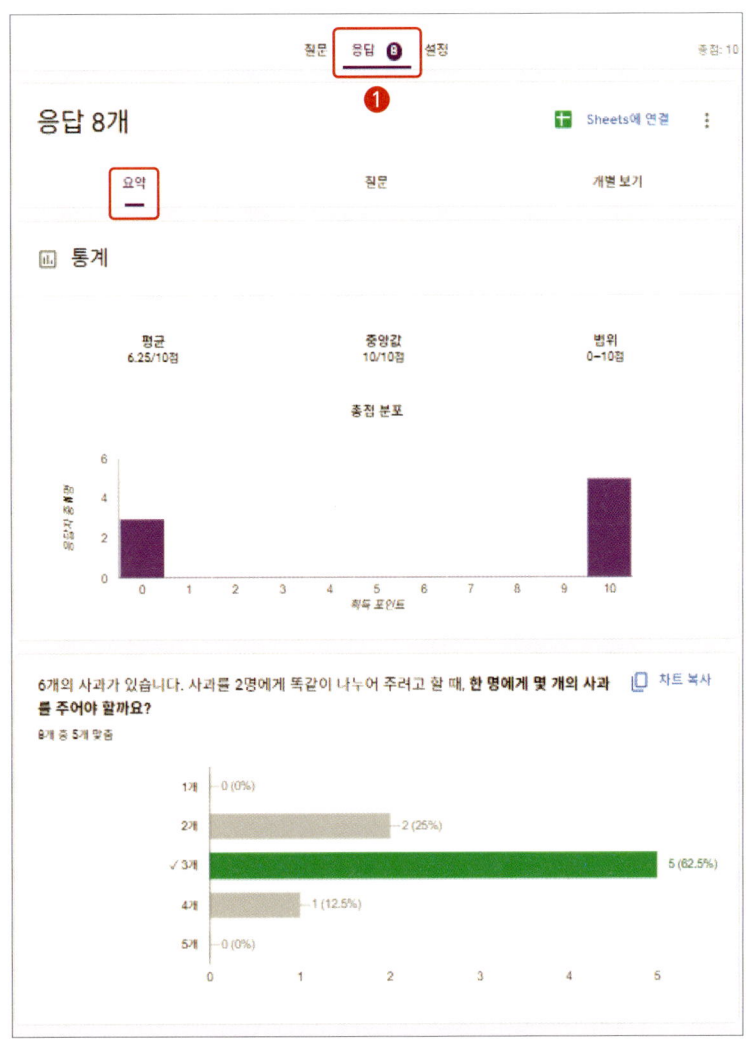

◆ '요약' 탭에 자동 생성된 응답 통계 그래프

3 `질문 탭 살펴보기` 각 문항에 대한 모든 응답을 모아볼 수 있어, 특정 문항의 정답률이나 오답 경향을 파악하는 데 유용합니다.

◆ '질문' 탭의 문항별 응답

4 `개별 보기 탭 살펴보기` 학생 한 명의 전체 답변을 처음부터 끝까지 확인할 수 있어, 개별 상담이나 맞춤형 피드백을 제공할 때 효과적입니다.

◆ '개별 보기' 탭의 학생별 응답지

5 응답 데이터를 보관하고 심층적으로 분석하고 싶다면 Google Sheets와 연동하는 것이 좋습니다. 오른쪽 상단의 ❶ 'Sheets에서 보기' - ❷ 응답 저장 위치를 선택한 뒤 ❸ '만들기'를 클릭합니다.

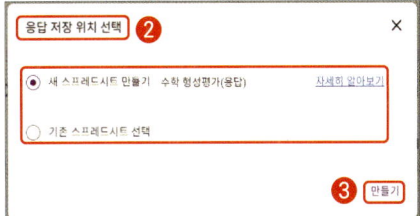

6 Google Sheets에 연동된 데이터는 제출 시간이 기록된 '타임스탬프'를 기준으로 자동 정리됩니다. Sheets에서 데이터를 정렬하거나 추가로 가공하여 실시간 분석 또는 후속 피드백 자료로 활용할 수 있습니다.

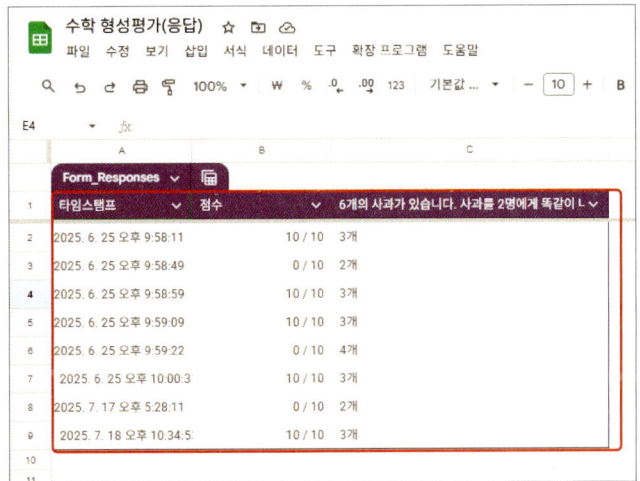

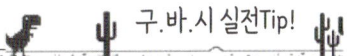

구.바.시 실전Tip!

응답을 저장할 때는 '새 스프레드시트 만들기' 또는 '기존 스프레드시트 선택' 중 하나를 고를 수 있습니다.
새 스프레드시트를 선택하면 폼 제목과 같은 이름의 새로운 문서가 만들어지고, 모든 응답이 그 문서에 자동 저장됩니다.
반대로 기존 스프레드시트를 선택하면, 선택한 문서 안에 새로운 시트(sheet)가 자동으로 생성되어 그 시트에 응답이 추가됩니다.
여러 설문을 하나의 시트 안에서 관리할 때 유용하게 사용합니다

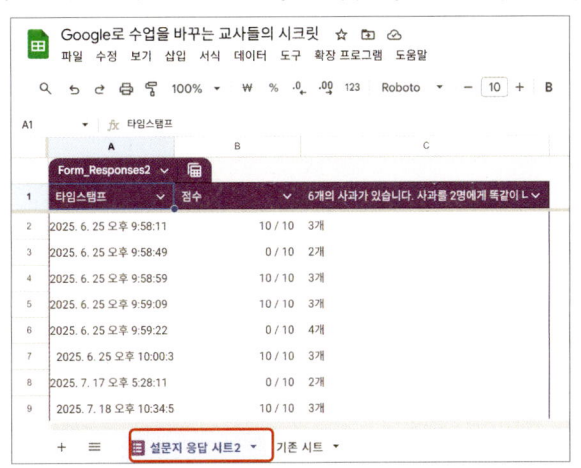

Google Sheets

1. 기초 함수로 줄넘기 기록 시각적으로 정리하기

Google Sheets의 기초 함수를 활용하여 줄넘기 활동 기록 데이터를 자동으로 정리하고 시각화할 수 있습니다. 학생은 자신의 줄넘기 활동 기록을 수치와 그래프로 확인하며 성취감을 얻고, 교사는 학급 전체의 활동 경향을 쉽게 파악할 수 있습니다.

줄넘기 개인 기록 시트 만들기

1 Google Sheets 시작 화면 왼쪽의 ❶ '빈 스프레드시트'를 클릭하여 시트를 생성합니다.

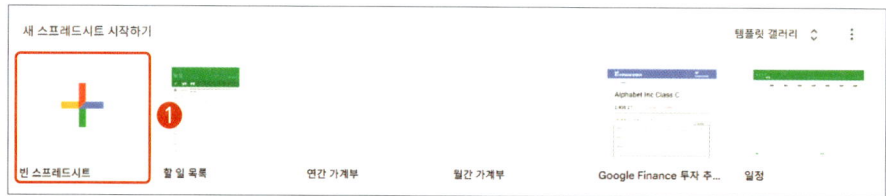

2 ❶ 스프레드시트의 이름을 '줄넘기 개인 기록(김OO)'으로 변경합니다. ❷ A열에는 '날짜', B열에는 '줄넘기 횟수', C열에는 '목표 달성 여부'를 입력합니다. ❸ 입력한 범위를 드래그하여 선택한 뒤 마우스 오른쪽 버튼을 눌러 '표로 변환'을 클릭합니다.

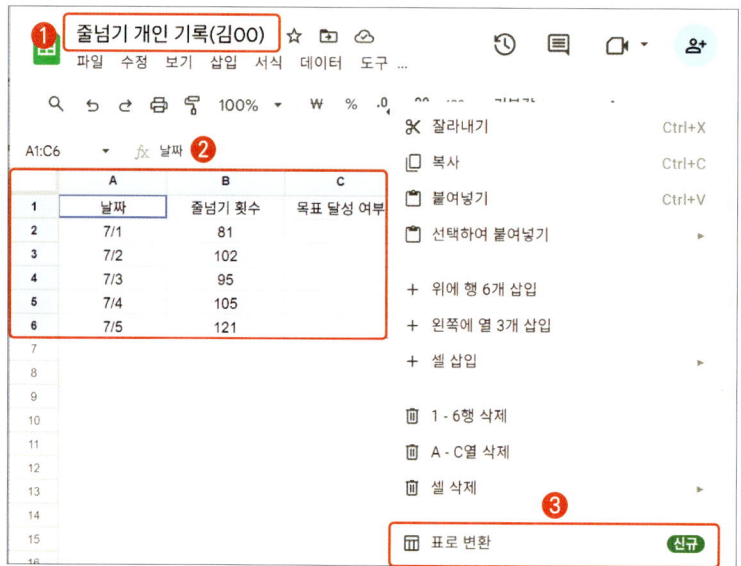

3 E~I열에는 총합, 평균, 변화 그래프, 달성 횟수 등 계산 결과를 정리할 수 있는 표를 만듭니다.
❶ 아래와 같이 입력한 후 해당 범위를 드래그하여 선택 - ❷ 마우스 오른쪽 버튼 – '표로 변환'을 클릭합니다.

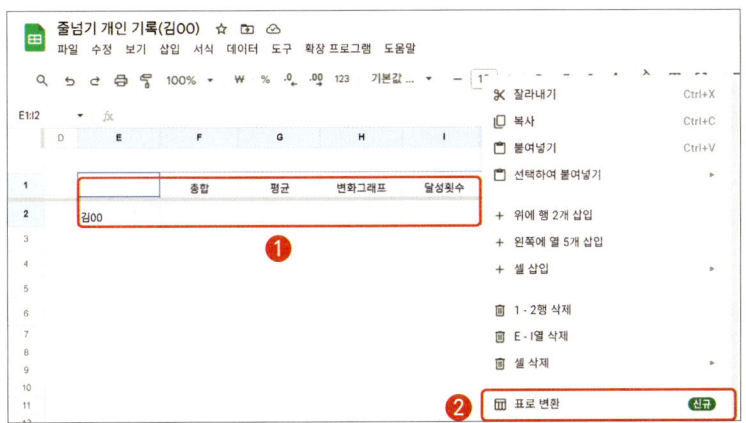

4 화면 하단의 시트 이름도 변경합니다. ❶ '시트1'을 더블 클릭하여 텍스트가 편집 모드로 바뀌면, '줄넘기'라고 입력하고 Enter 키를 누릅니다.

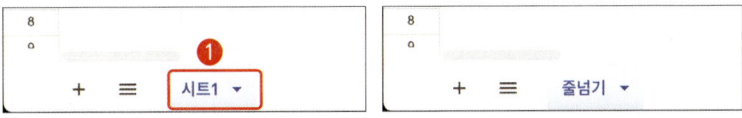

5 SUM 함수 SUM 함수는 지정한 범위의 숫자를 모두 더해 합계를 계산합니다. 괄호 안의 인수[1]에는 합계를 구할 범위를 지정합니다. ❶ F2 셀에 =SUM(을 입력하고, ❷ 합계를 구할 '줄넘기 횟수' 열을 마우스로 드래그한 뒤 ❸ Enter 키를 누릅니다. 일주일간 줄넘기 횟수의 총합이 계산되어 표시됩니다.

---

[1] 인수: 함수의 괄호 안에 들어가는 내용으로, 계산할 값이나 범위를 지정합니다. 예를 들어 =SUM(B2:B6)에서는 B2: B6가 인수입니다.

6 `AVERAGE 함수` AVERAGE 함수는 지정된 범위의 평균값을 계산합니다. 괄호 안의 인수에는 평균을 구할 범위를 지정합니다. ❶ G2 셀에 =AVERAGE(을 입력하고, ❷ '줄넘기 횟수' 열을 드래그해 선택한 뒤 ❸ Enter 키를 누릅니다. 일주일간의 평균 줄넘기 횟수가 자동으로 계산됩니다

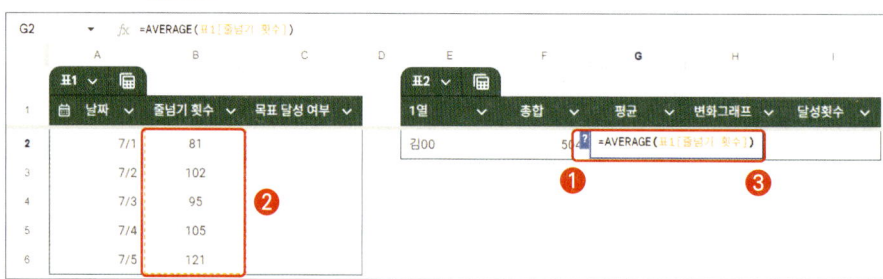

7 `SPARKLINE 함수` SPARKLINE 함수는 숫자 데이터의 변화를 미니 그래프로 표시합니다. 괄호 안의 인수에는 그래프로 표시할 데이터 범위를 지정합니다. ❶ H2 셀에 =SPARKLINE(을 입력하고, ❷ '줄넘기 횟수' 열을 드래그한 뒤 ❸ Enter 키를 누릅니다. 줄넘기 횟수의 변화가 한눈에 보이는 선형 그래프가 만들어집니다.

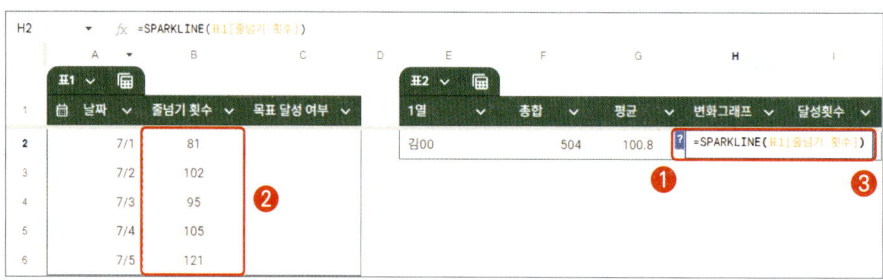

8 `IF 함수` IF 함수는 조건에 따라 서로 다른 결과를 표시합니다. 괄호 안에는 세 개의 인수가 들어갑니다. 첫 번째 인수는 비교할 조건, 두 번째 인수는 조건이 참일 때 표시할 값, 세 번째 인수는 조건이 거짓일 때 표시할 값 입니다. ❶ C2 셀에 =IF(을 입력하고, ❷ '줄넘기 횟수' 열을 마우스로 드래그하여 선택합니다. 이후 ❸ >=100, "달성", "미달성")을 입력하고 Enter 키를 누릅니다. 줄넘기 횟수가 100회 이상이면 '달성', 100회 미만이면 '미달성'으로 표시됩니다.

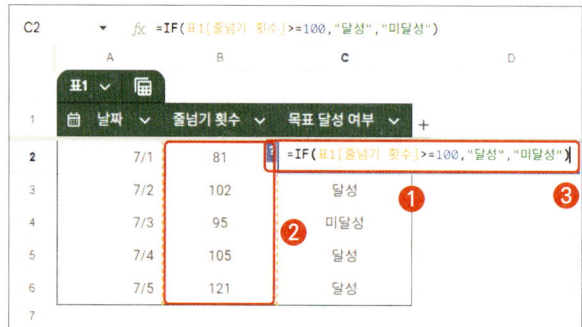

9 COUNTIF 함수 COUNTIF 함수는 지정한 범위에서 특정 조건을 만족하는 셀의 개수를 계산합니다. 괄호 안에는 두 개의 인수가 들어갑니다. 첫 번째 인수는 조건을 검사할 범위, 두 번째 인수는 세어야 할 조건입니다. ❶ 원하는 셀에 =COUNTIF(을 입력하고, ❷ '목표 달성 여부' 열을 마우스로 드래그하여 선택합니다. 이후 ❸ "달성")을 입력하고 Enter 키를 누릅니다. '달성'으로 표시된 셀의 개수가 자동으로 계산되어 표시됩니다.

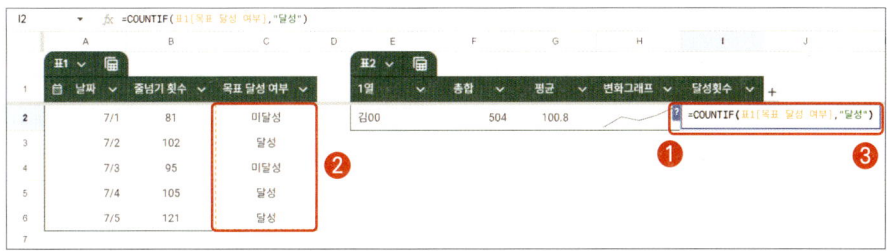

줄넘기 개인 기록 시트를 완성했습니다. 이제 학급 전체 줄넘기 기록을 관리할 수 있는 통합 시트를 만들어보겠습니다.

학급 줄넘기 기록 통합 관리 시트 만들기

1 새로운 시트를 만들고 ❶ 시트 이름을 '우리반 줄넘기 통합시트'로 변경합니다. ❷ A1~E1 셀에는 '이름', '총합', '평균', '변화그래프', '달성 횟수'를 입력합니다. 우리 반 학생 수만큼 세로 행의 범위를 지정한 후 ❸ '표로 변환'을 클릭합니다.

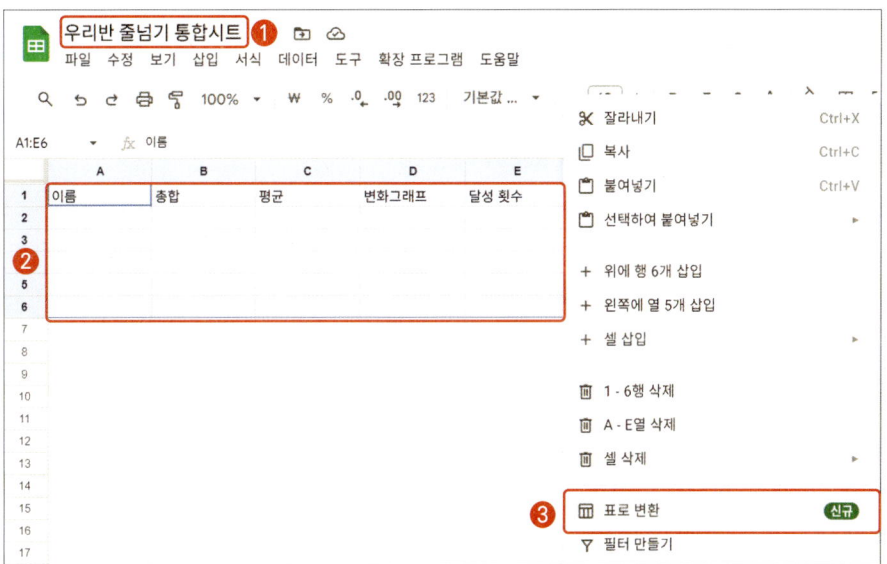

2 `IMPORTRANGE 함수` IMPORTRANGE 함수를 사용하면, 개별 학생의 줄넘기 기록이 기록된 시트에서 데이터를 가져와 통합 관리 시트를 만들 수 있습니다. 가장 먼저 원본 데이터가 있는 '개인별 시트'의 정보를 확인합니다. ❶ 앞서 만들어둔 개인별 시트를 열고, URL을 복사합니다. 데이터를 가져올 ❷ 시트 이름(줄넘기)과 ❸ 셀 범위(예: 'E2:I2')를 확인합니다.

3 다시 '우리반 줄넘기 통합시트'로 이동하여 A2셀에 함수를 입력합니다.

❶ =IMPORTRANGE("복사한URL", "줄넘기!E2:I2")라고 수식을 입력하면, #REF! 오류 메시지가 나타납니다. ❷ '#REF!'를 클릭한 뒤, ❸ '액세스 허용'을 클릭하여 두 시트 간 데이터 연결을 허용합니다.

4 개인별 시트의 원본 데이터를 통합 시트에 연결하였습니다. 이 기능의 가장 큰 장점은 개인별 데이터가 변경되면 통합 시트의 내용도 실시간으로 자동 업데이트된다는 점입니다.

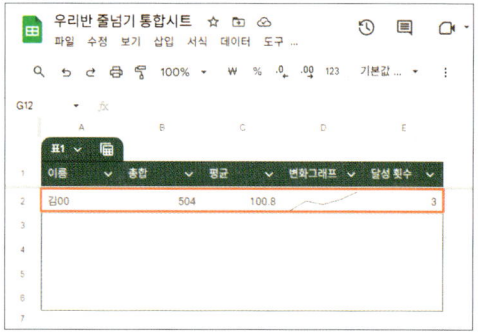

2. 필터 기능으로 원하는 내용만 빠르게 확인하기

앞서 만들어 본 줄넘기 기록 관리 시트에서는 COUNTIF 함수를 활용해 학생의 목표 달성 횟수를 자동으로 계산할 수 있었지만, 정확히 어떤 날짜에 목표를 달성했는지는 확인하기 어렵다는 한계가 있었습니다. 이럴 때에는 Google Sheets의 필터 기능을 활용할 수 있습니다. 필터는 전체 데이터 중 특정 조건을 만족하는 항목만 선별해 보여주는 기능으로, '달성'이라고 기록된 데이터 값만 표시되도록 할 수 있습니다. 이를 통해 학생 개개인의 성취 시점을 정확히 파악하고 더 구체적인 피드백을 할 수 있습니다.

1 ❶ 필터를 적용하려는 표 안의 아무 셀이나 선택한 뒤, ❷ 마우스 오른쪽 버튼 - '필터 만들기'를 클릭합니다.

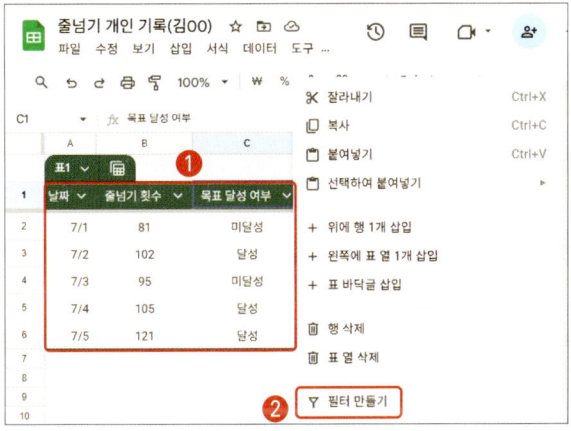

2 ❶ 목표 달성 여부 옆에 생성된 필터 아이콘( )을 클릭합니다. ❷ 드롭다운 메뉴에서 '미달성'값의 체크를 해제합니다. ❸ '확인'을 클릭하면 목표를 '달성'한 날의 기록만 표시되어, 언제 목표를 달성했는지 한눈에 파악할 수 있습니다.

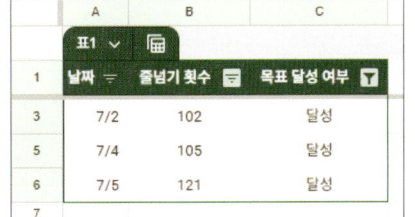

구.바.시 실전Tip!

Google Sheets를 활용하여 공동 작업을 할 경우, 다른 사람의 화면에는 영향을 주지 않으면서 나만 볼 수 있는 개인 맞춤형 필터를 만들 수 있습니다.

1 ❶ 필터를 적용하려는 표 안의 아무 셀이나 선택합니다.

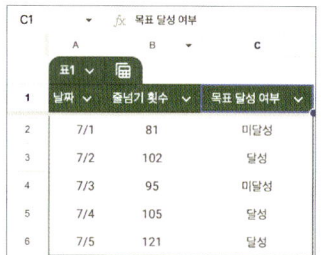

2 상단 메뉴에서 ❶ '데이터' – ❷ '+필터 보기 만들기'를 클릭합니다.

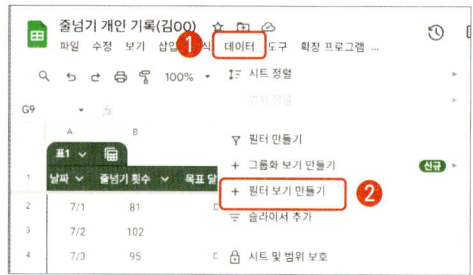

3 필터를 적용하고 싶은 열의 필터 아이콘(▼)을 클릭하여, 필터를 적용한 뒤, '확인'을 클릭합니다.

4 화면 오른쪽 상단의 ❶ '보기 저장'을 클릭합니다. ❷ 필터 이름을 지정한 뒤, ❸ '저장'을 클릭합니다.

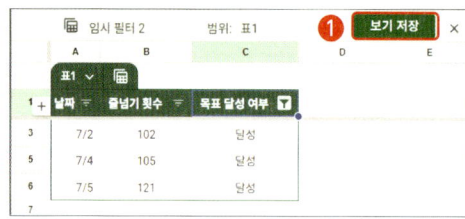 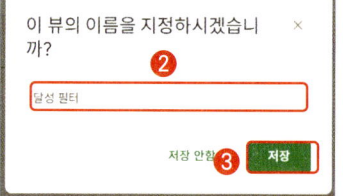

5 ❶ '데이터' – ❷ '뷰 변경' 메뉴에서 ❸ 저장한 필터 뷰를 클릭하면, 바로 불러올 수 있습니다.

3. 조건부 서식으로 수행평가 결과 시각적으로 분석하기

Google Sheets의 조건부 서식 기능은 데이터 값에 따라 셀의 색이나 글자 스타일을 자동으로 바꿔 줍니다. 예를 들어, 수행평가 점수를 기준으로 90점 이상은 초록색, 80~89점은 노란색, 79점 이하는 빨간색으로 표시할 수 있습니다. 이렇게 설정하면 학급 전체의 성취 수준 분포를 한눈에 파악할 수 있어, 평가 결과를 직관적으로 이해할 수 있습니다.

1 ❶ 학생들의 수행평가 점수가 입력된 범위(B2~B11)를 선택합니다.

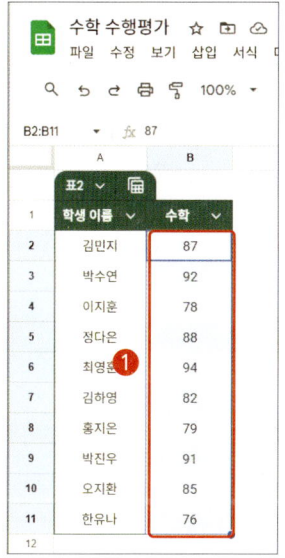

2 상단 메뉴의 ❶ '서식' - '조건부 서식'을 클릭하면, ❷ 화면 오른쪽에 조건부 서식 규칙을 설정할 수 있는 사이드 메뉴가 생성됩니다.

3 '우수' 수준(90점 이상)의 셀을 강조하려면, ❶ '보다 크거나 같음'을 선택하고, ❷ 값에 '90'을 입력합니다. 이어서 ❸ '서식 지정 스타일'에서 원하는 색상(예: 초록색)을 선택한 뒤, ❹ '완료'를 클릭합니다. 선택한 범위 내에서 90점 이상인 셀들이 초록색으로 표시되어 성취도를 시각적으로 구분할 수 있습니다.

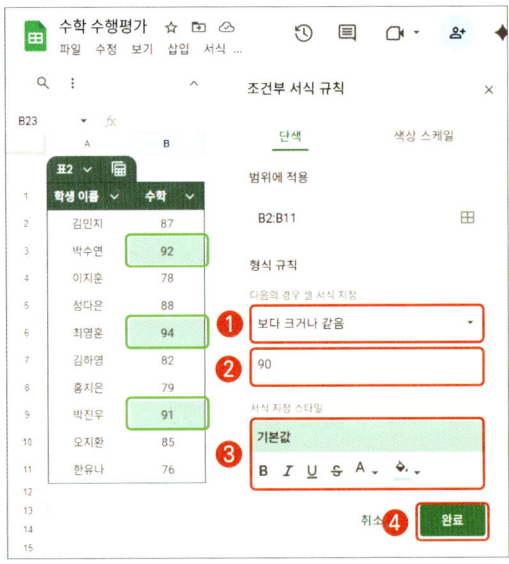

4 ❶ '다른 규칙 추가'를 클릭하여 새로운 규칙을 이어서 만듭니다. '90점 이상(우수)은 초록색', '80~89점(보통)은 노란색', '79점 이하(노력 요함)'은 빨간색처럼 여러 규칙을 추가하면, 학급 전체의 수행평가 결과를 색상만으로도 한눈에 파악할 수 있습니다.

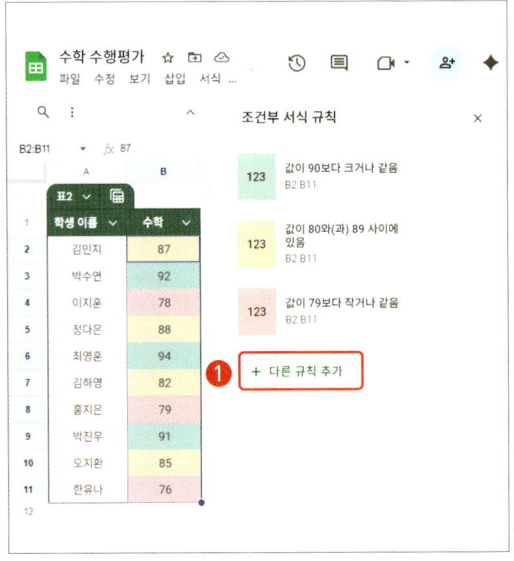

03. Google Forms & Sheets로 만드는 살아있는 교실

　Google Forms와 Sheets의 다양한 기능을 교육 현장에 적용한 실제 사례를 살펴보도록 하겠습니다. 학생들의 학습 데이터를 체계적으로 수집하고, 실시간 피드백을 통한 맞춤형 교육을 제공하며, 데이터 기반의 스마트한 학급 운영을 Google Forms와 Sheets로 함께 시작해보세요.

1. 모든 교과: 조용한 궁금증을 이어주는 질문 폼의 힘

활용한 기능
Google Forms(장문형 질문), Google Sheets(자동 연동), Chrome 브라우저 즐겨찾기,

　"이건 왜 그래요?", "이건 왜 이렇게 읽어요?"

　아이들 머릿속에는 언제나 다양한 궁금증이 있습니다. 하지만 실제로 손을 들어 질문하는 학생은 많지 않습니다. 수업 흐름을 방해하지 않으려는 조심스러운 마음, 말하는 것에 대한 부끄러움 등, 마음속 질문을 꺼내지 못하는 경우가 많습니다. "궁금한 사람 있어요?"라고 물어도 교실은 조용하기만 합니다. 이런 '조용한 궁금증'들을 수면 위로 끌어올리고, 모든 학생이 안심하고 질문할 수 있도록 '질문 폼'을 상시 운영하는 수업을 설계하였습니다.

1단계: 상시적 질문 환경 구축하기

　　　　　　　　　가장 먼저, 모든 학생이 언제든 쉽게 질문을 남길 수 있는 환경을 만듭니다.

　질문 폼은 '수업 중 궁금했던 점'을 자유롭게 작성할 수 있는 장문형 질문 항목 하나만으로 매우 단순하게 구성합니다. 중요한 것은 복잡한 기능이 아니라, 쉽고 빠른 접근성입니다.

학생들은 학교 계정(Google Workspace for Education)으로 로그인된 크롬 브라우저를 사용하므로, 질문 폼 링크를 미리 북마크에 추가해 두고 언제든지 클릭 한 번으로 접속할 수 있도록 하였습니다.

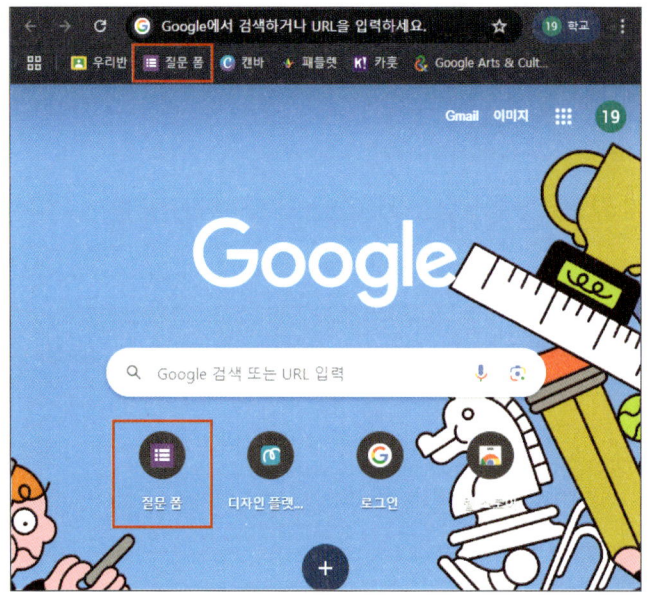

2단계: 조용한 질문 수집 및 수업에 반영하기

학생들은 수업 마무리 시간 또는 교사의 안내에 따라 질문 폼에 접속해 질문을 입력합니다.

때로는 수업 중 떠오른 생각을 자유롭게 남기기도 하고, 쉬는 시간에 미처 못다 한 질문을 남기기도 합니다. 이렇게 쌓인 질문들은 자동으로 Google Sheets에 연동되어 시간 순서대로 정리됩니다. 학생들의 질문 입력이 마무리되면, 교사는 질문 폼을 열어 학생들과 함께 내용을 살펴봅니다. 공통으로 제시된 질문은 다음 수업의 도입이나 토론 주제로 발전시키고, 학생 개개인의 질문에는 함께 생각을 나누며 답변을 이어갑니다. 이 과정에서 교사는 학생들이 어느 부분에서 어려움을 느꼈는지, 또 어떤 개념에 흥미를 가지는지를 자연스럽게 파악할 수 있습니다.

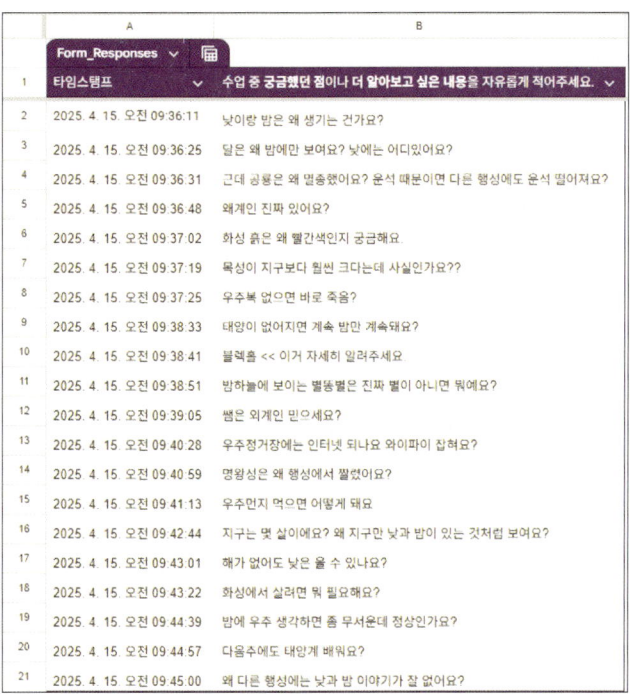

◆ 학생들의 질문이 자동으로 수집 및 정리되는 Google Sheets 화면

이러한 질문 폼 루틴은 교실 속 드러나지 않는 참여를 수면 위로 끌어올리는 장치이자, 수업을 다시 설계하는 나침반이 됩니다. 학생들에게는 말하지 않아도 참여할 수 있는 기회를, 교사에게는 학생의 사고 흐름을 포착할 수 있는 데이터를 제공하여 교실을 더욱 풍성하게 만듭니다.

2. 사회: 미션 해결의 짜릿함, 구글 폼 방탈출 게임

> **활용한 기능**
> 답변을 기준으로 섹션 이동, 이미지/동영상 삽입, 마우스를 올려놓았을 때 표시되는 텍스트

"여러분은 지금 시간 여행 중 알 수 없는 오류로 조선 시대에 갇혔습니다!"

역사적 사실을 단순히 나열하고 외우는 방식은 학생들에게 쉽게 지루함을 줍니다. 그래서 '세종대왕의 업적'이라는 단원의 마무리 복습을 학생들이 배운 내용을 바탕으로 문제를 해결하고 스스로 탈출하는 한 편의 '방탈출 게임'으로 설계했습니다. Google Forms의 '답변을 기준으로 섹션 이동' 기능은 이러한 게임형 학습을 구현하는 데 큰 도움이 되었습니다.

1단계: 첫 번째 방 – 올바른 연도 찾기

첫 번째 방에서는 '세종대왕이 한글을 창제한 해'를 찾아내야 합니다. 학생들은 제시된 보기 중에서 알맞은 연도를 골라야 하며, 선택한 답변에 따라 다른 경로로 이동하게 됩니다.

정답을 선택한 경우 다음 미션으로, 오답을 선택한 경우 '힌트의 방'으로 연결되어 학생들은 다시 생각할 수 있는 기회를 얻습니다.

이처럼 '답변을 기준으로 섹션 이동' 기능을 활용하면 학생의 선택에 따라 학습 경로가 달라져 게임 같은 몰입감을 제공할 수 있습니다. 또, 학생들은 자연스럽게 반복 학습을 하게 되고, 스스로 학습 내용을 점검하며 이해도를 높일 수 있습니다.

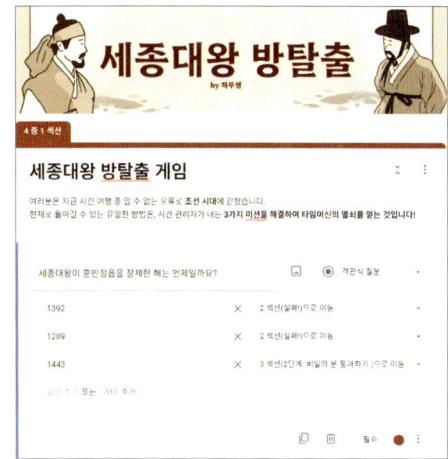

2단계: 두 번째 방 – 이미지 속 힌트를 찾아라

첫 번째 방의 문제를 모두 잘 해결한 학생들은 두 번째 방에서 힌트가 숨겨진 사진 한 장을 마주하게 됩니다.

이미지 삽입 기능을 활용하여 추가한 측우기 사진입니다. 이 사진에는 '마우스를 올려놓았을 때 표시되는 텍스트' 기능을 활용하여 결정적인 단서도 숨겨두었습니다. 학생들은 이 힌트(세상의 모든 비를 담겠다.)를 발견하고, 객관식 질문에서 정답을 찾아야 합니다. 정답을 선택한 학생은 마지막 '탈출 성공!' 섹션으로, 오답을 고른 학생은 '실패!' 섹션으로 이동하도록 설정합니다.

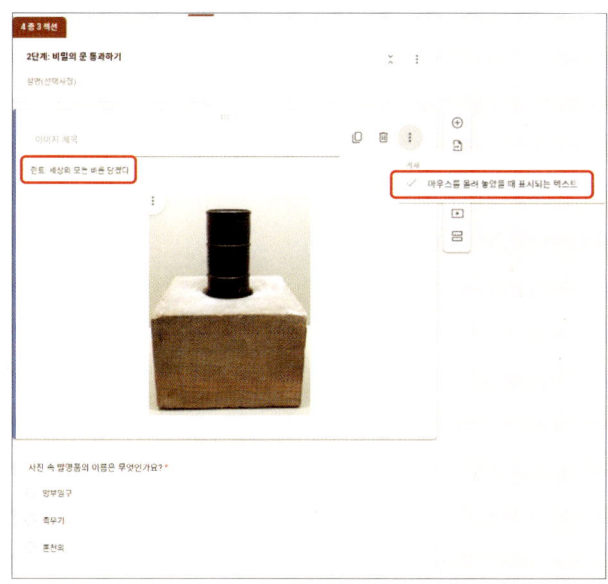

3단계: 탈출 성공! – 마지막 축하

"축하합니다! 모든 암호를 풀고 현재로 돌아왔습니다." 모든 미션을 통과한 학생들은 '탈출 성공' 섹션에 도착합니다. 마지막 섹션에는 '탈출을 축하하는 보물상자' 이미지 또는 '세종대왕께서 보내주신 특별한 선물'과 같은 제목의 영상을 삽입하여 게임의 몰입감을 극대화할 수 있습니다.

학생들이 주도적으로 문제를 해결하고 몰입하는 경험을 제공하는 게임형 학습은 수업의 에너지와 참여도를 끌어올립니다.

3. 학급 경영: 한 장의 시트로 통합 관리하는 교실

> **활용한 기능**
> Forms & Sheets 연동, 시트 통합 관리(IMPORTRANGE), 드롭다운 목록(Data Validation), 조건부 서식, 스파크라인(Sparkline), 시트 보호/공유 권한 설정

학기 초 진단평가 결과지를 자르던 순간이 아직도 생생합니다. 한 장 한 장 자와 칼로 정성스럽게 잘라 나눠주었지만, 아이들은 종이를 들고 다니다 어김없이 잃어버렸습니다. 결과지를 잃어버린 학생을 위해 다시 인쇄하고, 가정으로 발송해 보지만 결과지는 회수되지 않기를 반복. 담임교사에게 학급 경영은 끝없는 행정 업무와의 싸움처럼 느껴집니다.

하지만 이 모든 정보를 한눈에 관리하고, 교사와 학생, 학부모 간의 소통을 효율적으로 이어주는 도구가 있다면 어떨까요? Google Sheets는 바로 그 역할을 합니다.

분산된 학급 정보를 한곳에서 관리하고, 성적, 가정통신문, 설문 응답 등 다양한 데이터를 정리해 교실 운영을 더 체계적이고 간편하게 만들어 줍니다.

1단계: 모든 정보의 시작, '살아있는 기초 조사서' 만들기

> 학기 초, 두 개의 Google Forms를 활용하여 기초 조사를 실시합니다.

학생용 기초 조사 Google Forms에는 이름, 생일과 같은 기본 정보는 물론, '가장 좋아하는 활동', '최근의 고민거리', '담임 선생님께 꼭 하고 싶은 말'과 같은 정서적 특성을 묻는 문항을 포함합니다. 아이들은 태블릿이나 크롬북으로 자신만의 비밀 이야기를 조심스럽게 털어놓고, 그 모든 응답은 구글 시트에 실시간으로 기록되며, 교사는 이것을 '학급 경영 시트'의 '기초 조사서(학생)' 탭에 복사해 둡니다.

동시에 보호자에게는 가정의 분위기, 자녀의 성격과 습관, 건강 특이사항, 학교에 바라는 점 등을 묻는 보호자용 기초 조사 Google Forms를 전달합니다. 보호자의 응답 역시 '기초조사서(보호자)' 탭으로 복사해 둡니다. 이 두 개의 시트를 나란히 놓고 보면, 학생, 보호자의 서로 다른 시선에 흥미로울 때가 있습니다. 학생은 자신을 활발하다고 표현하지만, 보호자는 '가끔 걱정되는 승부욕'이라고 적어 놓을 때도 있습니다. 이렇게 기초 조사 폼 덕분에 아이를 더 깊이 이해할 단서를 얻게 됩니다.

◆ 학생 기초 조사 결과 시트

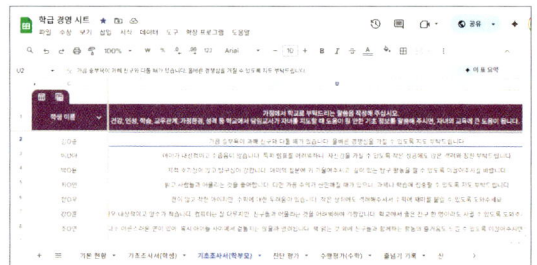

◆ 보호자 기초 조사 결과 시트

2단계: 교실의 모든 기록을 통합 관리하기

이 시스템의 핵심은 흩어진 교실의 다양한 정보를 하나의 Sheets 안에 모아, 학급의 일상과 변화를 한눈에 파악할 수 있도록 정리하는 데 있습니다. Google Sheets를 통해 교사의 업무를 단순화하고, 효율적으로 학급을 관리할 수 있습니다. 이 시스템이 교실 안에서 어떻게 작동하는지, 몇 가지 핵심적인 활용 장면을 통해 살펴보겠습니다.

일상의 분주함을 잠재우는 '체크박스'

가정통신문 회신, 수익자부담경비 납부 확인, 각종 준비물 체크 등 담임교사의 하루는 끝없는 확인 업무로 가득합니다. 그때마다 명렬표를 꺼내 들고 동그라미를 치다 보면, 어느새 책상은 여러 장의 종이로 어지러워지곤 합니다.

과제 확인이나 서류 확인 시트는 이러한 분주함을 깔끔하게 잠재웁니다. 예를 들어 '5/15 현장체험학습 동의서'처럼 수합해야 할 항목이 생기면, 시트에 새로운 열을 하나 추가하고 체크박스를 삽입하고 싶은 위치를 드래그하여 선택한 뒤, '삽입 – 체크박스' 기능을 적용합니다. 이제 더 이상 명렬표에 동그라미를 칠 필요가 없습니다. 시트 위에서 클릭 한 번으로 제출 여부가 깔끔하게 기록되고, 누가 아직 제출하지 않았는지 한눈에 파악할 수 있습니다. 정신없는 아침 시간, 클릭 몇 번으로 모든 확인 업무를 끝낼 수 있는 것이죠.

성장의 변화를 시각으로 보여주는 '스파크라인'

학생들의 변화를 시각으로 표현하면, 배움의 과정이 더 분명하게 드러납니다. 월별 줄넘기 횟수를 시트에 입력하면, 스파크라인(Sparkline) 기능이 자동으로 작은 선 그래프를 그려 학생의 성장 변화를 시각적으로 보여줍니다. 그래프의 완만한 상승 곡선은 아이가 쌓아온 노력을 한눈에 보여주며, "조금씩 나아지고 있다"는 경험을 구체적으로 느끼게 해 줍니다. 작은 변화라도 눈으로 확인할 수 있을 때, 학생의 동기와 자신감은 더욱 커집니다.

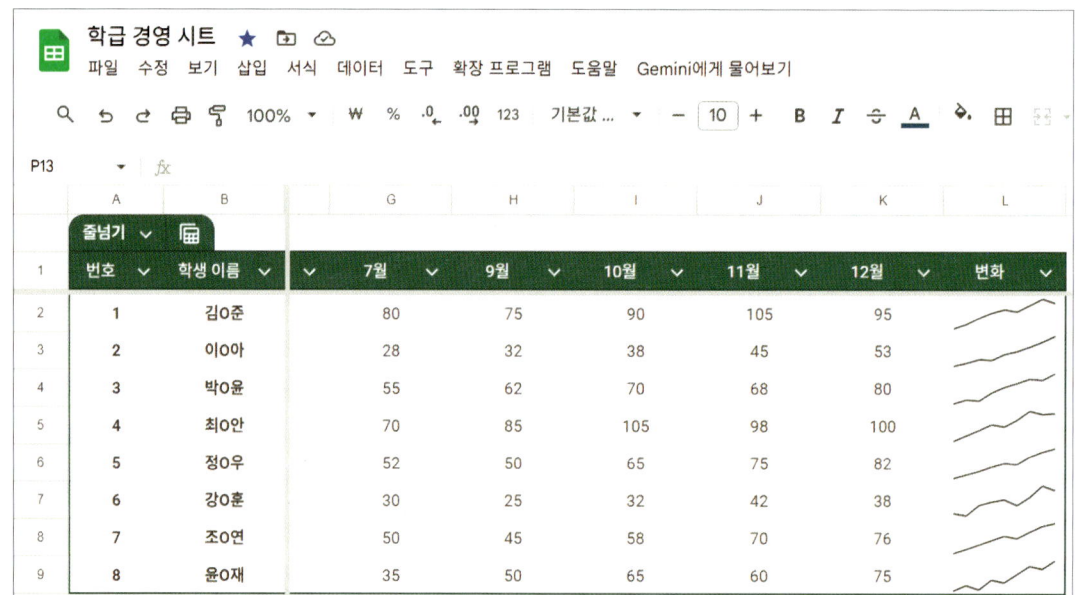

색으로 한눈에 파악하는 '조건부 서식'

수행평가 결과 관리 시트에서는 조건부 서식을 활용해 점수를 시각적으로 구분할 수 있습니다. 예를 들어 90점 이상은 파란색, 70점 이하는 붉은색으로 자동 표시되도록 설정하면, 색상 분포만으로 학급의 성취 수준과 학력 현황을 한눈에 파악할 수 있습니다. 이를 통해 보충 지도가 필요한 학생 그룹을 즉시 확인하고, 수업 계획에 반영할 수 있습니다.

3단계: 똑똑한 협업과 소통, '맞춤형 포트폴리오' 공유하기

> 보호자의 소통은 더 이상 학기 말에 전달되는 종이 통지표로만 이루어지지 않습니다. 이제 저는 학기 초, 단 한 번의 설정으로 개별 학생들을 위한 '개별 성장 시트'를 만듭니다.

IMPORTRANGE 함수를 사용하여, 교사가 관리하는 원본 마스터 시트에서 각 학생의 데이터를 개별 시트로 실시간 추출해오는 방식입니다. 보호자에게는 오직 자기 자녀의 정보만 볼 수 있는 '보기 전용' 링크를 전달합니다. 이 링크를 통해 학부모님은 우리 아이의 학교생활을 언제든 입체적으로 들여다볼 수 있습니다.

이 '맞춤형 포트폴리오'에는 아이가 직접 쓴 '나의 꿈'과 '나의 장점', 과목별 수행평가 점수, 매달 늘어가는 줄넘기 갯수 그래프, 서류, 과제 제출 현황까지 자녀의 1년이 고스란히 담깁니다.

구체적인 데이터는 학부모님과의 상담을 완전히 다른 차원으로 이끌어줍니다. 상담은 '우리 아이 잘하나요?'라는 막연한 질문 대신, "수행평가 포트폴리오 점수가 조금 아쉬웠는데, 집에서 어떤 점을 격려해주면 좋을까요?" 혹은 "줄넘기 기록이 9월에 잠시 주춤했는데, 함께 응원해 줄까요?"와 같은 구체적이고 생산적인 대화로 채워집니다.

교사는 데이터에 기반한 정확한 피드백을 제공하고, 학부모는 자녀의 성장 과정을 투명하게 공유받으며 교육의 든든한 파트너가 되는 것. 이것이 바로 Google Sheets가 교사와 학부모, 그리고 학생 모두에게 선물하는 가장 큰 가치일 것입니다.

구.바.시 실전Tip!

지금까지 긴 글을 읽으며 '정말 좋은데, 이걸 언제 다 만들지?' 하는 생각에 조금은 막막함을 느끼셨을지도 모릅니다. 새로운 시스템을 처음부터 직접 설정하는 것은 꽤 많은 노력과 시간을 필요로 하니까요.

그래서 선생님들의 소중한 시간과 노력을 덜어드리고자, 설명해 드린 모든 기능이 담긴 '학급경영 마스터 시트' 템플릿을 작은 선물로 준비했습니다.

아래 QR 코드를 스마트폰 카메라로 스캔하면, 템플릿의 사본을 복사할 수 있습니다. 복잡한 설정은 모두 끝내두었으니, 선생님께서는 우리 반 학생들의 이름과 정보로 내용을 채워가기만 하면 됩니다.

◆ 학급 경영 시트   ◆ 개별 성장 시트

※ 템플릿 사용 방법

1) QR 코드를 스캔하거나 주소창에 링크를 직접 입력하여 엽니다.
2) 문서 복사 창이 뜨면 '사본 만들기'를 클릭합니다.
3) 선생님의 구글 드라이브에 '학급 경영 시트의 사본'이라는 이름으로 구글 시트 파일이 생성됩니다.
4) 시트 이름을 '2025학년도 O반 학급경영' 등으로 변경하고, 선생님만의 멋진 학급관리 시스템을 시작해보세요!

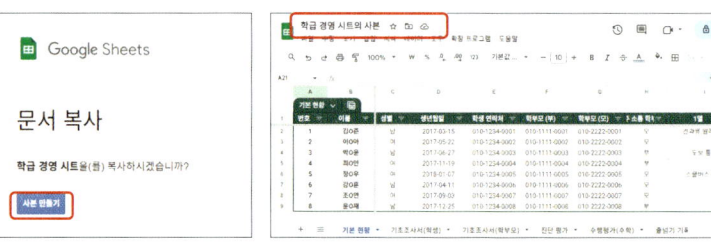

이 템플릿이 선생님의 1년을 더욱 체계적이고 의미있게 만드는 든든한 동반자가 되기를 진심으로 바랍니다.

4. 과학: 협업과 탐구의 완성, Google Sheets로 실험 보고서 쓰기

활용한 기능
실시간 공동 편집, 드롭다운 목록(Data Validation), 차트 삽입

과학 실험 수업에서 종이 보고서를 Google Sheets로 전환하자, 학생들의 탐구 역량과 협업 능력이 더욱 빛을 발했습니다. 실험은 모둠별로 각 구성원이 서로 다른 조건의 화분을 맡아 관찰하고, 그 결과를 하나의 시트에 함께 정리하는 방식으로 운영했습니다. 분산된 실험이 하나의 기록으로 모이면서 협업이 자연스럽게 실천되었고, 종이 실험지에서 흔히 발생하던 분실, 훼손, 역할 불균형 문제도 효과적으로 해소되었습니다.

1단계: 모둠 안에서 각자 맡아 협업하는 구조 만들기

교사는 미리 Google Sheets 템플릿을 준비해 각 모둠에 공유합니다. 이 시트에는 실험 조건, 날짜별 식물 높이 입력란, 실험 문제 등이 포함되어 있으며, 실시간 공동 편집이 가능하도록 설정되어 있습니다. 각 학생은 자신이 맡은 조건의 데이터를 직접 기록하고, 팀원들과 시트를 공유하면서 실험 결과를 함께 완성해 나갑니다.

이번 실험의 주제는 '식물이 자라는 데 필요한 조건 찾기'였습니다. 실험은 네 가지 조건에 따라 식물의 생장을 관찰하는 방식으로 진행되었습니다. 학생들은 모둠별로 4인 1조를 구성해 각자 서로 다른 조건이 적용된 화분을 맡아 2주간 관찰했습니다. 즉, 학급에는 조건이 다른 네 개의 화분이 배치되고, 학생들은 자신이 맡은 화분을 책임지고 관리하며 데이터를 수집했습니다.

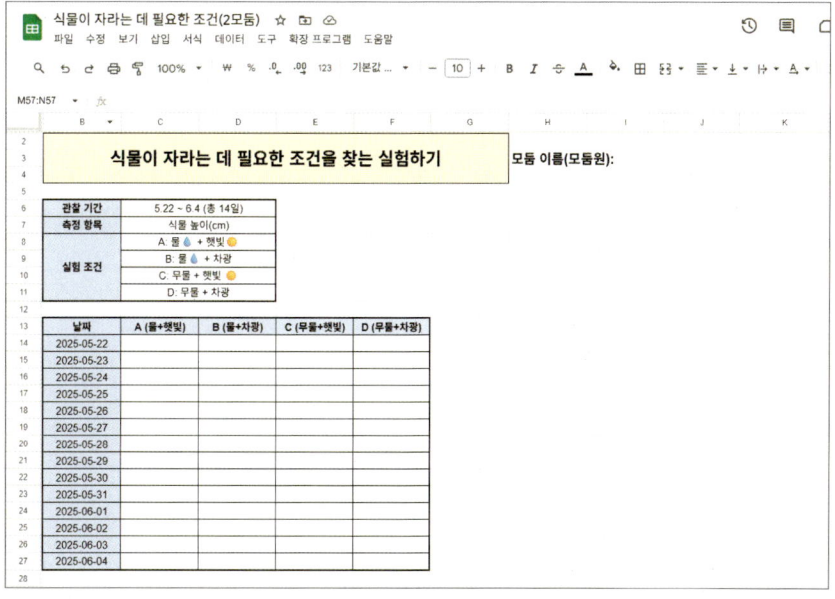

2단계: 모둠의 데이터를 차트로 정리하며 결과 해석하기

14일 동안의 실험이 끝나면, 각 모둠은 자신들의 시트를 분석합니다.

시트에는 날짜별 관찰 기록뿐만 아니라, 차트가 미리 삽입되어 있어, 학생들이 데이터를 입력하기만 하면 실험 결과가 시각적으로 자동 반영되도록 구성했습니다. 표의 첫 번째 행에 임의의 숫자(예: 1, 1, 1, 1)를 입력하고 표 전체를 드래그하여 선택한 뒤, Google Sheets의 '삽입 – 차트'를 클릭하면 자동으로 가장 어울리는 형식의 차트(예: 꺾은선형 그래프)가 생성됩니다.

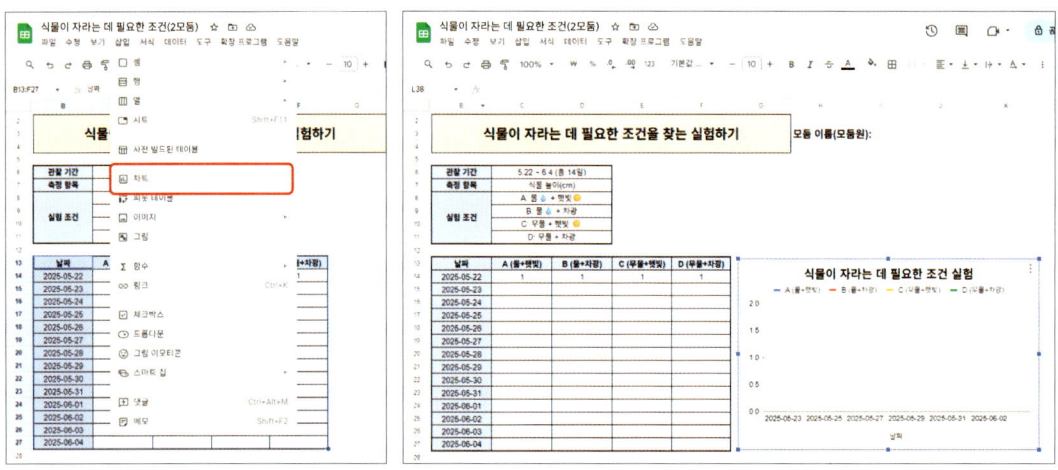

생성된 차트의 형태와 범위를 수정하지 않고 그대로 두면, 이후 학생들이 실험 데이터를 입력할 때 자동으로 그래프에 실시간 반영됩니다. 시트 위에 나타난 꺾은선형 그래프는 데이터의 변화를 직관적으로 보여주며, 아이들은 이를 통해 실험 조건에 따른 결과 차이를 쉽게 파악합니다.

"A 조건이 확실히 잘 자랐어요!"

"B 조건은 물은 줬지만 햇빛이 없으니까 거의 안 자랐네요."

학생들은 이렇게 차트를 보며 결과를 스스로 비교하고, 그 이유를 토의하면서 과학적 개념을 구체화해 나갑니다.

날짜	A (물+햇빛)	B (물+차광)	C (무물+햇빛)	D (무물+차광)
2025-05-22	2	2	2	2
2025-05-23	2.5	2.1	1.9	2
2025-05-24	3.1	2.3	1.7	2
2025-05-25	3.6	2.4	1.5	2
2025-05-26	4.1	2.6	1.4	2
2025-05-27	4.5	2.7	1.3	2
2025-05-28	5	2.9	1.3	2
2025-05-29	5.4	3	1.3	2
2025-05-30	5.7	3.1	1.2	2
2025-05-31	6.1	3.2	1.2	2
2025-06-01	6.4	3.3	1.2	2
2025-06-02	6.6	3.4	1.2	2
2025-06-03	6.8	3.5	1.2	2
2025-06-04	7	3.5	1.2	2

3단계: 드롭다운 퀴즈로 개념 정리하기

실험 기록과 시각화가 끝나면, 시트 오른쪽 상단에 드롭다운 퀴즈를 삽입합니다.

Q1 식물이 가장 잘 자란 조건은 무엇인가요?
Q2 B 조건에서 식물이 자라지 못한 이유는 무엇인가요?
Q3 C 조건에서 식물이 자라지 못한 이유는 무엇인가요?

각 문항은 드롭다운 형식으로 답안을 선택할 수 있도록 구성되어 있습니다. 모둠원들은 모둠의 실험 결과와 차트를 참고하여 정답을 고른 뒤, 수업 시간에 함께 정답을 확인합니다. 이후 실험 결과와 비교하며 개념을 정리하고 보완하는 과정으로 수업을 이어갑니다.

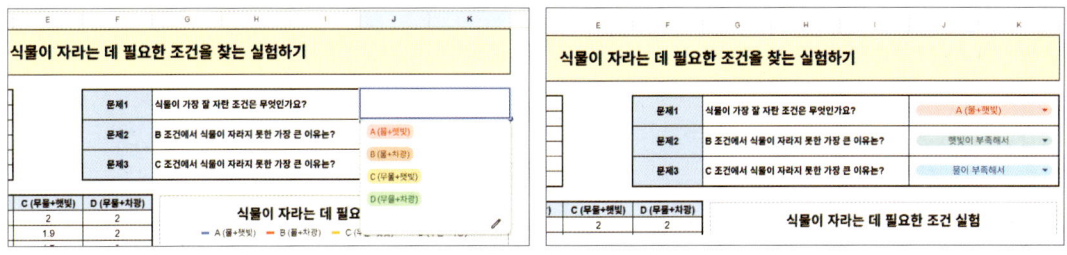

길게 이어지는 관찰, 모둠 안의 다양한 역할, 결과의 해석과 공유. 이 모든 과정을 Google Sheets 한 장의 시트 안에서 자연스럽게 구현할 수 있다는 것이 이 수업의 가장 큰 장점이었습니다. 학생들은 단순한 실험 기록자를 넘어, 데이터 수집자이자 분석자, 그리고 동료들과 함께 개념을 확장하는 탐구자로 성장했습니다. 실험 수업이 종이에 갇히지 않고, 디지털 공간에서 지속, 공유, 시각화될 수 있다는 가능성을 경험한 순간이기도 합니다.

04. Google Forms & Sheets 확장 꿀팁

정규표현식으로 오류 없는 응답 데이터를 받고, Apps Script로 나만의 자동화 기능을 경험해보세요. 이제 설문과 출결 관리가 더 쉽고 똑똑해집니다.

1. 정규표현식으로 오류 없는 응답 데이터 받기

혹시 이런 경험 없으신가요? 구글 폼으로 전화번호를 수집할 때, '010-1234-5678 형식으로 입력해 주세요.'라고 설명을 입력하여 신신당부해 보지만, 막상 시트를 열어보면 번호들이 제각각인 경우 말입니다. 어떤 번호는 하이픈(-)이 없고, 어떤 번호는 중간에 공백이 섞여 있는 식입니다. 결국 수십 명의 데이터를 일일이 수정하며 한숨을 쉬어본 경험, 분명 있으실 겁니다.

그런데 만약, 지정한 형식으로 전화번호를 입력하지 않는다면 '지정한 형식으로 입력해주세요.'라는 안내 메시지가 표시되고, 심지어 '제출' 버튼 자체가 눌리지 않도록 막는 방법이 있다면 어떨까요? 바로 Google Forms의 정규표현식 응답 확인 기능이 그 주인공입니다. 이름은 조금 낯설고 어려워 보일지 몰라도, 교사의 반복적인 데이터 수정 업무를 원천적으로 차단해주는, 한번 알게 되면 이전으로 돌아갈 수 없는 강력하고 고마운 기능입니다. 보호자의 비상 연락망을 수집하는 상황을 통해, 이 기능을 단계별로 살펴보겠습니다.

1 Google Forms에서 ❶ '질문 추가'를 클릭, ❷ 질문 유형을 '단답형'으로 설정합니다. ❸ 질문 카드 오른쪽 하단의 ' : (더보기)' - ❹ '응답 확인'을 클릭합니다.

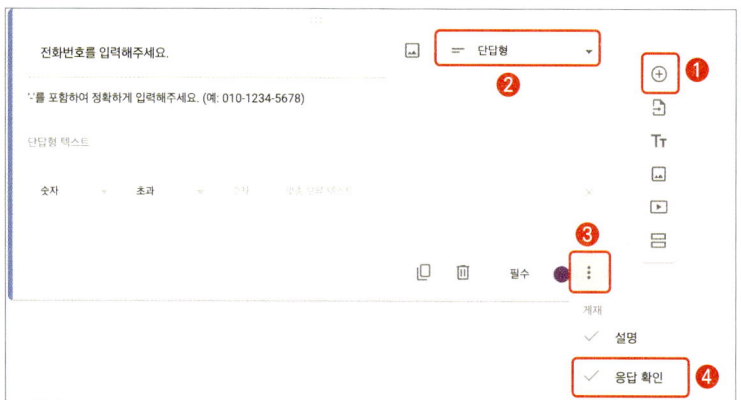

2 응답 확인 옵션이 나타나면, ❶ '정규 표현식', ❷ '일치'를 선택합니다. ❸ '패턴' 입력란에는 데이터의 규칙을 입력합니다. 예를 들어, 휴대전화 번호를 '010-XXXX-XXXX' 형식으로만 받고 싶다면, 아래와 같은 정규표현식 패턴을 입력합니다.

$$\text{^010-\textbackslash d\{4\}-\textbackslash d\{4\}\$}$$

❹ 마지막으로 '맞춤 오류 텍스트' 입력란에 잘못된 형식으로 답변을 입력했을 때 표시될 안내 문구 (📎 010-1234-5678 형식에 맞춰 입력해주세요.)를 작성하고 설정을 마칩니다.

3 이제 응답자가 잘못된 형식으로 연락처를 기재하면, '010-1234-5678 형식으로 입력해주세요.' 라는 안내 메시지가 나타나며 제출 자체가 불가능해집니다. 덕분에 통일된 형식의 깔끔한 데이터를 얻을 수 있습니다.

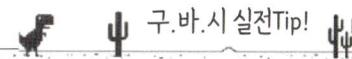

정규표현식은 처음에는 암호처럼 보이지만, 자주 사용하는 몇 가지 패턴만 저장 후 '복사-붙여넣기'하여 사용하면 데이터의 정확성을 높일 수 있습니다.

수집 데이터	사용 예시	정규표현식 패턴
이메일 주소	학생 이메일/주소 수집	^[a-zA-Z0-9._%+-]+@[a-zA-Z0-9.-]+\.[a-zA-Z]{2,}$
학번	5학년 4반 1번 → 5401	^54\d{2}$
한글 이름	2~4자리의 한글 이름	^[가-힣]{2,4}$
날짜 (YYYY-MM-DD)	2025-04-24형식	^\d{4}-\d{2}-\d{2}$

^는 시작, $는 끝을 의미합니다. \d는 숫자, {4}는 4자리라는 뜻입니다. [가-힣]은 모든 한글을 의미합니다. 이 기본 규칙만 알아두어도 다양한 패턴을 응용하여 만들 수 있습니다.

2. 앱스크립트(Apps Script)로 나만의 자동화 기능 맛보기

매일 아침 반복되는 정신없는 출결 관리, 기억과의 싸움을 끝낼 방법은 없을까요? 만약, 모든 출결 신고를 하나의 구글 폼으로 통일하고 학부모가 제출하는 순간 내 이메일로 알림이 오며, 동시에 구글 캘린더에 자동으로 일정이 기록된다면 어떨까요? 더 이상 수업을 중단하거나 기억력에 의존할 필요가 없어집니다. 먼 미래의 이야기나 코딩 전문가만의 전유물이 아닙니다. Google Apps Script와 우리의 새로운 동료 Gemini가 함께라면, 코딩 한 줄 몰라도 우리말로 소망을 이야기하는 것만으로 오늘 바로 교실에서 실현할 수 있습니다.

1 먼저, 내가 만들고 싶은 자동화 기능의 조건을 우리말로 명확하게 정리한 뒤, Google Gemini에게 구체적으로 코드를 요청하는 프롬프트를 작성합니다.

> ☞ **프롬프트 예시**
> 너는 구글 앱스크립트 전문가야. 구글 폼으로 '결석 신고서'를 받으면, 아래 조건대로 작동하는 코드를 만들어줘.
> - 구글 폼 응답이 제출될 때마다 자동으로 실행해 줘.
> - 응답 시트에서 B열은 '학생 이름', C열은 '결석 날짜', D열은 '결석 사유' 정보야.
> - 내 이메일 주소(rooha2311@gmail.com)로 '[결석 신고] OOO 학생'이라는 제목의 이메일을 보내줘. 제목의 'OOO'에는 B열의 학생 이름이 들어가야 해. 이메일 본문에는 학생 이름, 결석 날짜, 결석 사유를 모두 포함해 줘.
> - 내 구글 캘린더의 '결석 날짜'(C열의 날짜)에, 'OOO (결석)'이라는 이름으로 종일 일정을 자동으로 등록해 줘. 'OOO'에는 B열의 학생 이름이 들어가야 해.

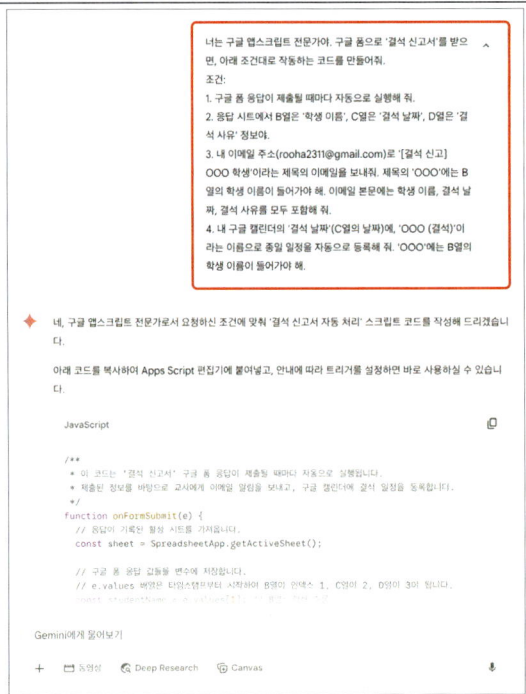

2 ❶ 자동화의 무대가 될 '결석 신고서' 구글 폼을 먼저 만듭니다. 그 다음, ❷ 'Sheets에서 보기'를 클릭해 구글 폼 응답이 기록될 구글 시트를 연결하고 준비합니다. 이제 모든 응답 결과는 이 시트에 자동으로 쌓이게 됩니다.

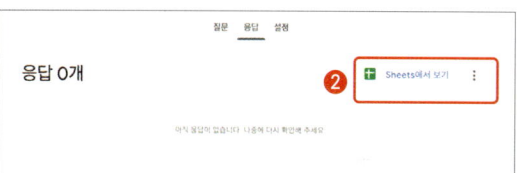

3 준비된 응답 시트를 열고, 상단 메뉴에서 ❶ '확장 프로그램' - ❷ 'Apps Script'를 클릭하여 편집기 창을 엽니다.

4 이미 입력되어 있는 코드를 지워 빈 화면으로 만든 뒤, ❶ Gemini가 만들어준 코드를 그대로 복사하여 편집기 창에 붙여넣고, ❷ 디스켓 모양(💾)의 저장 버튼을 클릭합니다.

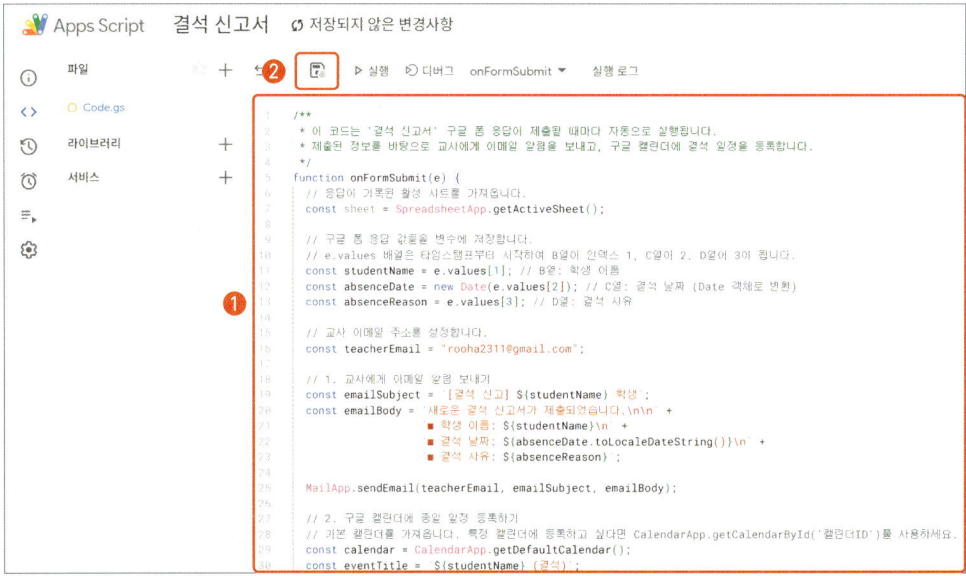

5 마지막으로, 이 스크립트가 '폼이 제출될 때' 실행되도록 지정하면 모든 과정이 끝납니다. ❶ 스크립트 편집기 왼쪽의 '트리거(⏰)' 메뉴를 클릭하고, ❷ '+ 트리거 추가'를 클릭합니다.

6 ① 이벤트 유형을 '양식 제출 시'로 변경하고 ② '저장'을 클릭합니다. 이제 나만의 결석 신고 자동 처리 시스템이 작동하기 시작합니다.

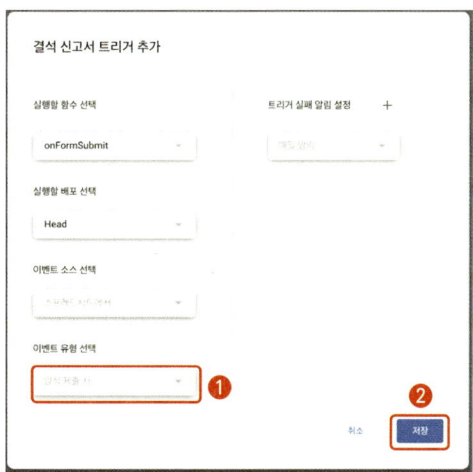

7 이제 모든 설정이 끝났으니, 직접 폼을 제출해보는 테스트를 통해 자동화가 잘 작동하는지 확인합니다.

Google Earth & Maps
교실을 넘어 세상을 품는 디지털 탐험 도구

- Google Earth는 전 세계의 위성 이미지와 지리 정보 데이터(GIS)를 융합한 '교실 속 디지털 지구본'입니다. 사용자는 지구 곳곳을 세밀하게 관찰하는 것은 물론, 도시의 건물부터 험준한 산맥까지 다채로운 지형을 실감 나는 3D로 탐색할 수 있습니다. 무엇보다 학생들이 스스로 탐구 활동을 주도할 수 있을 만큼 사용법이 직관적이라는 점에서 강력한 교육용 도구로서의 가치를 지닙니다.
- Google Maps는 온라인 지도 서비스로, 사용자들이 전 세계의 지도를 확인하고 내비게이션, 장소 검색, 업체 정보 등을 쉽게 얻을 수 있도록 돕는 무료 서비스입니다. Google Maps를 활용하여 학생들은 특정 지역의 지리 정보를 시각적으로 확인하거나, 경로 탐색 기능으로 이동 시간 및 교통수단을 비교 분석하는 학습도 할 수 있습니다.

- Google Earth는 'Google 앱 메뉴 – 어스'를 선택해 실행하거나 주소창에 'earth.google.com'을 입력하여 실행할 수 있습니다.
- Google Maps는 'Google 앱 메뉴 – 지도'를 선택해 실행하거나 주소창에 'maps.google.com'을 입력하여 실행할 수 있습니다.

Google Earth & Maps로
교과서 너머, 살아있는 세상 탐험하기

"
선생님, 그린란드가 유럽보다 훨씬 커 보이는데, 맞아요?

익숙해서 아무렇지 않게 생각했던 것들이 학생들의 눈에는 큰 호기심의 대상이 될 수 있다는 사실을 새삼 깨달았습니다. 교과서 속 네모난 사진, 지도 위의 작은 점들, 시험을 위해 외워야 하는 수많은 지명들…. 순간, 학생들이 잘못된 개념을 가질 수 있다는 사실을 미리 파악하고 알려주지 못했던 점에 미안함을 느꼈습니다. 지도가 왜 세상을 다르게 보여주는지, 그 중요한 이야기를 저는 왜 이제껏 한 번도 제대로 들려주지 않았을까요? 교실 한구석에서 빙글빙글 돌기만 하던 지구본처럼, 저의 수업도 정해진 궤도만 맴돌고 있는 것 같아 마음 한구석이 답답해졌습니다.

그 답답함을 떨치고 싶어 바로 교실 화면에 Google Earth를 실행하여 학생들에게 보여주었습니다. 사실 저도 그전까지는 아이들과 세계의 유명한 장소들을 둘러볼 때나 가끔 쓰던 프로그램이었습니다. 잠시 후 스크린에 푸른빛을 내며 천천히 회전하는 3D 지구가 나타나자, 교실 안이 순식간에 조용해졌습니다. 학생들의 눈이 동그래지는 것을 보며, 어쩌면 학생들보다 제 심장이 더 두근거렸는지도 모릅니다.

"자, 그럼 우리 그린란드가 정말 유럽 대륙보다 큰지 여기서 직접 확인해볼까?"

저는 먼저 Google Earth의 검색창에 그린란드를 검색하여 화면 중앙으로 가져왔습니다. 그리고 지구본을 천천히 돌려 유럽 대륙과 나란히 보이게 했습니다. 그러자 학생들 사이에서 낮은 탄성이 터져 나왔습니다.

"어? 선생님, 화면 속의 그린란드는 유럽보다 훨씬 작네요?!"

백 마디 설명보다 한 번의 생생한 경험이 훨씬 더 강력하다는 것을 다시 한번 깨닫는 순간이었죠. 저는 그저 마우스를 움직여 보여주기만 했을 뿐인데, 학생들은 스스로 정답을 찾아냈습니다.

탐험은 파리로 이어졌습니다. 스트리트 뷰 버튼을 누르자, 교실은 순식간에 파리의 한복판으로 변했습니다. 그림으로만 보던 에펠탑이 눈앞에 거대하게 서 있었고, 수 많은 사람들이 거리를 걷고 있었습니다. 학생들은 서로 자기가 가고 싶은 곳을 외치며 스크린 속으로 빨려 들어갈 듯 집중했습니다. 파리가 그저 책이나 부루마블 보드게임판에 표시된 도시 이름이 아니라는 걸, 학생들은 온몸으로 느끼고 있었습니다. 하지만 그날 수업에서 가장 빛나는 순간은, 한 학생의 수줍은 질문에서 시작되었습니다. "선생님, 우리 학교도... 나와요?"

학생의 질문에 소리 없이 웃으며 검색창에 우리 학교 이름을 입력하자, 매일 오가는 익숙한 풍경이 화면에 펼쳐졌습니다. 학생들은 학교의 모습을 확인하고 운동장 미끄럼틀을 보며 환호성을 질렀습니다. 학교 앞 무인 아이스크림 가게, 자신들이 다니는 학원 등을 찾아내며 까르르 웃는 학생들도 있었습니다. 세계의 대도시를 탐험하는 것보다, 학생들이 발 딛고 살아가는 자신들의 공간을 새로운 눈으로 발견하는 그 순간이야말로 진짜 살아있는 공부라는 것을 깨달았기 때문입니다. 학생들의 삶과 세상이 만나는 바로 그 지점이었습니다.

그날의 경험은 제게 단순한 에피소드가 아니었습니다. 학생들이 어떻게 세상과 만나야 하는지, 그리고 교사의 역할이 무엇이어야 하는지에 대한 깊은 깨달음을 준 사건이었죠. 바로 그 깨달음을 교실에서 어떻게 구체적인 수업으로 만들었는지, 그 생생한 여정을 보여드리고자 합니다.

✦ Google Earth는 학생들의 지리적 오해를 바로잡고, 정확한 공간 감각을 길러줍니다. 평면 지도의 왜곡된 정보를 학생 스스로 깨닫고, 실제 대륙의 크기와 형태를 눈으로 직접 확인할 수 있도록 돕습니다. 또, 교실 안에서도 마치 현장에 직접 가본 듯한 생생한 체험을 가능하게 합니다.

✦ Google Maps는 학생들이 지식의 소비자에서 능동적인 정보 생산자로 성장하도록 돕습니다. '내 지도' 제작 기능을 활용하면, 학생들이 조사한 내용을 바탕으로 자신만의 주제 지도를 만들고 공유하는 자기주도 프로젝트 학습 환경을 만들 수 있습니다. 또, '거리 측정' 기능으로 직접 거리를 계산해보거나, '경로 찾기' 기능으로 최적의 이동 경로를 계획하는 등, 이론을 실생활에 적용하는 구체적인 활동이 가능합니다.

Google Earth & Maps와 함께 한 작지만 위대했던 탐험 이야기 속으로 함께 들어가 볼까요?

02. Google Earth & Maps의 핵심 기능과 전략

수업에 유용한 Earth & Maps의 핵심 기능

- 지구 탐색 및 이동 • 과거 이미지 표시 및 타임랩스 • 3D 건물 및 스트리트 뷰
- 프로젝트 만들기 • 장소 검색 및 저장 • 내 지도 만들기

이번 장에서는 Google Earth와 Google Maps의 핵심 기능들을 알아봅니다. 각 기능이 실제 수업에서 학생의 배움을 어떻게 변화시키고 교사의 수업을 얼마나 풍성하게 만드는지, 구체적인 사례를 통해 생생하게 살펴보겠습니다.

Google Earth

---

1. 기본 탐색 기능으로 지구 지리 탐험하기

Google Earth의 다양한 기능을 교실에서 온전히 활용하려면, 가장 먼저 기본적인 탐색법을 익혀야 합니다. Google Earth를 실행하고 원하는 장소를 찾아가는 가장 간단하면서도 중요한 방법들을 차근차근 알아보겠습니다. 이 기초 단계를 확실히 익혀두면, 이후에 소개될 복잡한 기능들도 훨씬 쉽고 빠르게 익힐 수 있습니다.

1 Google Earth 시작 화면 오른쪽 상단 ❶ '어스 탐색하기'를 클릭합니다.

2 우주에서 바라본 지구의 모습이 화면에 표시됩니다.

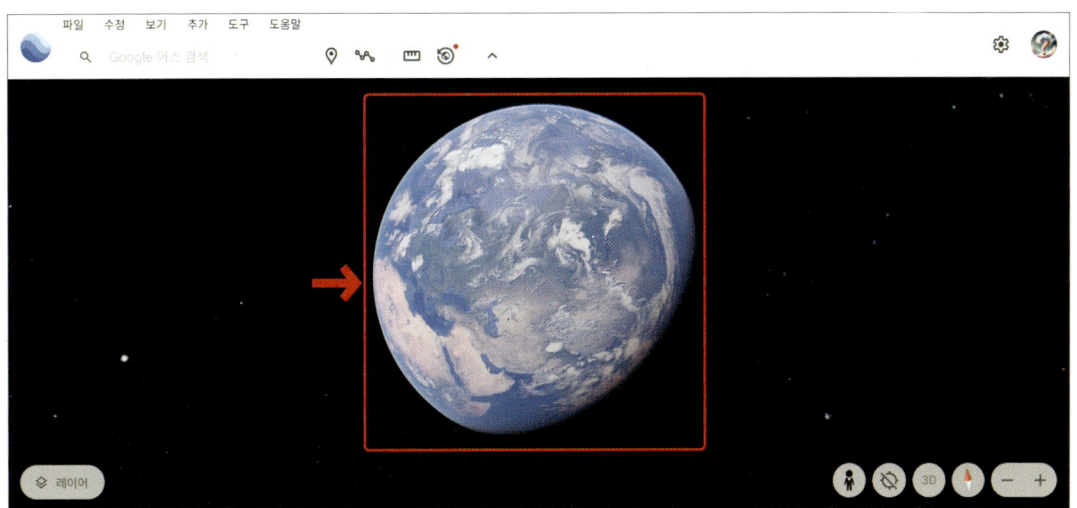

Google Earth 기본 탐색 방법

❶ **이동**: 마우스 왼쪽 버튼을 클릭한 상태에서 드래그하면 지구본을 동서남북으로 자유롭게 움직여 원하는 지역을 볼 수 있습니다.

❷ **회전**: `Shift` 키를 누른 상태에서 마우스 드래그를 하면 지구본을 기울이거나 회전시키면서 다양한 각도에서 지형을 관찰할 수 있습니다.

❸ **확대 및 축소**: 마우스 휠을 위로 올리면(⇑) 확대되고, 아래로 내리면(⇓) 축소되어 원하는 지역을 세밀하게 살펴보거나 전체 지구의 모습을 한눈에 담을 수 있습니다.

❹ **정북향 설정**: 지구본을 너무 이리저리 돌려서 방향 감각을 잃을 때는 화면 오른쪽 하단에 있는 나침반 아이콘을 더블 클릭하면 지도가 자동으로 정북향으로 돌아와 초기화됩니다.

2. 과거 이미지 표시 및 타임랩스 기능으로 지역 변화 탐구하기

Google Earth의 '과거 이미지 표시 및 타임랩스' 기능은 학생들이 마치 시간 여행을 하듯이 과거와 현재의 지구 모습을 비교할 수 있는 기능입니다. 이 기능은 특정 지역의 과거 위성 이미지를 불러와 현재 모습과 비교할 수 있게 해주어, 학생들이 지형과 환경의 변화, 도시의 성장 등을 시간에 따라 역동적으로 관찰할 수 있게 해줍니다.

1 상단 메뉴의 ❶ '보기' - ❷ '과거 이미지 표시하기'를 클릭합니다.

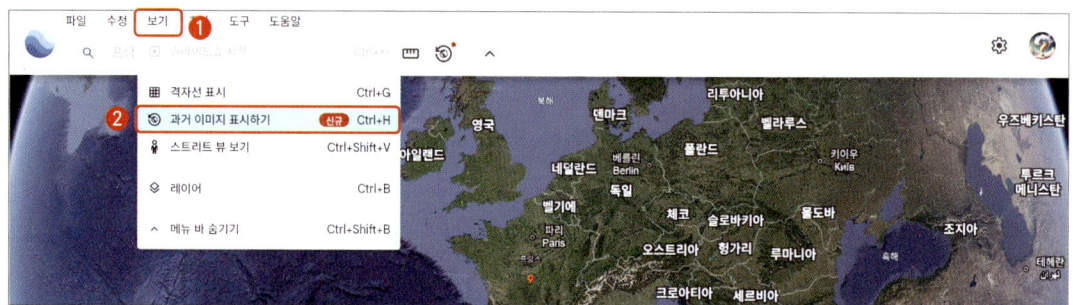

2 이 기능을 켜는 순간, 화면 상단에 ❶ '시간 슬라이더'가 나타납니다. ❷ '과거 이미지 표시하기' 모드에서는 최적의 보기 환경을 위해 3D 빌딩은 일시적으로 사용할 수 없다는 안내를 확인할 수 있습니다.

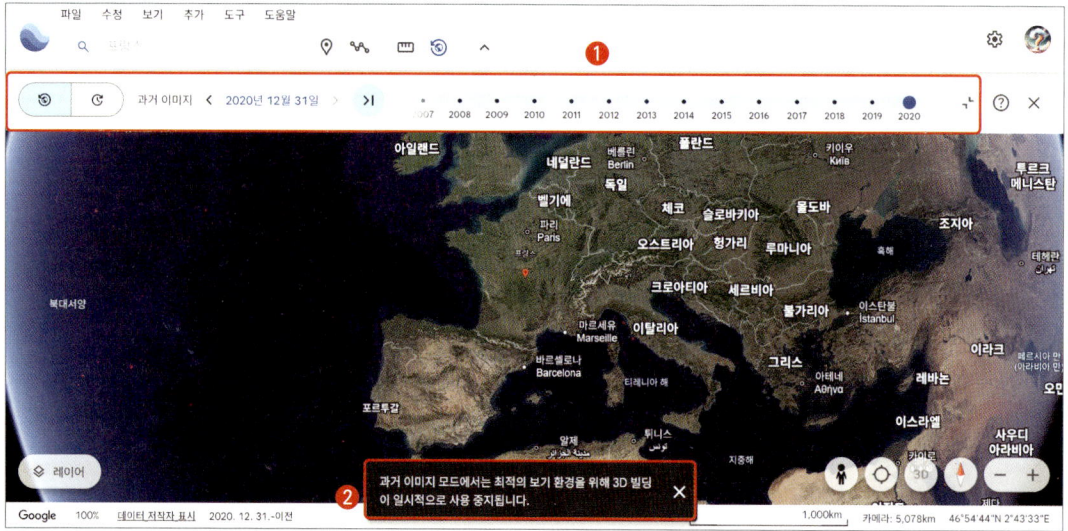

3 시간 슬라이더에는 Google Earth가 제공하는 과거부터 최근까지의 위성 이미지 연도가 표시됩니다. 슬라이더의 막대를 좌우로 이동하면, 관심 지역의 과거 모습과 현재 모습을 비교하며 탐색할 수 있습니다.

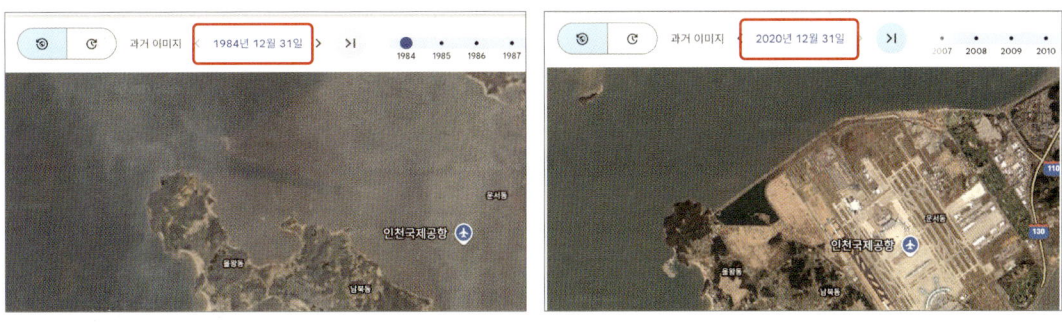

◆ 1984년 12월 31일 이미지　　　　　　　　　◆ 2020년 12월 31일 이미지

4 학생들에게 특정 지역의 시대별 변화 모습을 순서대로 영상처럼 보여주고 싶다면 시간 슬라이더에서 원하는 과거 시점(예 1984년)을 선택한 후, 왼쪽 상단의 시계 모양의 ❶ '타임랩스로 전환' 아이콘을 클릭합니다. 그러면 선택된 시점(예 1984년)부터 최근(2020년)까지의 변화 과정이 자동으로 재생됩니다. 이때 타임랩스의 ❷ 프레임 재생속도는 0.5배, 1배, 2배로 조절할 수 있습니다.

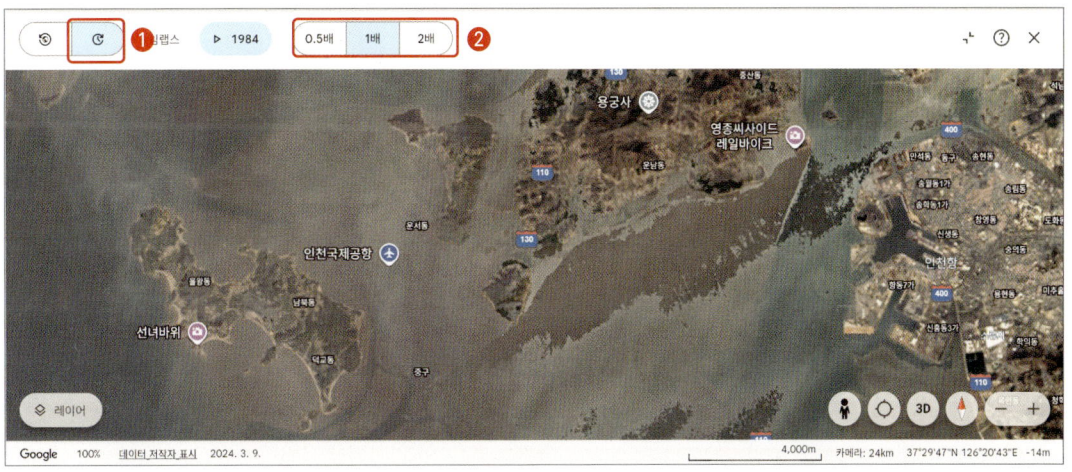

3. 3D 건물 및 스트리트 뷰 기능으로 생생한 현장 학습하기

Google Earth는 3D 지형 데이터를 결합하여 도시, 산맥, 건물 등을 실감 나게 볼 수 있게 해줍니다. 또한, 스트리트 뷰를 통해 사용자가 선택한 지역을 가상으로 걸어 다니며 볼 수 있는 이미지를 제공합니다

1 먼저 프랑스가 지구본 가운데 한 눈에 들어오도록 조정합니다. 화면 왼쪽 아래의 ❶ '기본 지도 변경'을 클릭한 후, 팝업창에서 ❷ '3D 건물' 옵션을 활성화합니다. 이때 ❸ '3D 커버리지'도 함께 켜는 것을 추천합니다. '3D 커버리지'를 활성화하면 3D로 볼 수 있는 공간이 노란색 점으로 표시됩니다.

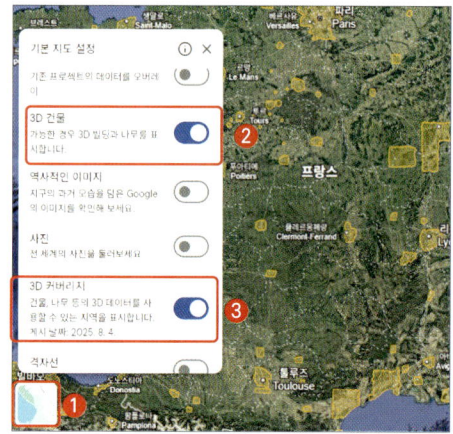

2 다음으로 ❶ 화면 왼쪽 상단 검색창에 탐험하고 싶은 도시나 랜드마크(예 프랑스, 에펠탑)의 이름을 입력합니다. 검색을 실행하면 해당 장소로 순식간에 이동합니다.

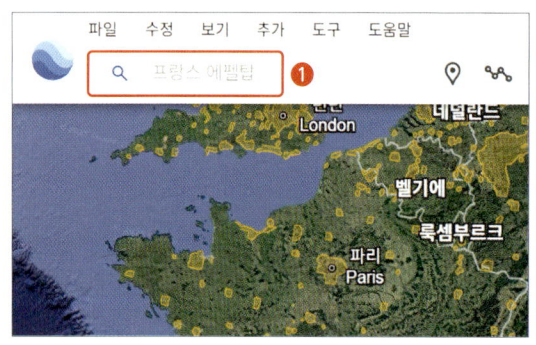
◆ 원하는 장소 검색하기

◆ 화면에 나타난 프랑스 에펠탑

3 화면 오른쪽 하단에 있는 ❶ '사람 모양 아이콘(페그맨)'을 클릭합니다. 스트리트 뷰를 볼 수 있는 지역이 파란색 선이나 점으로 표시됩니다. ❷ 파란색 선 위를 클릭하면, 화면이 ❸ 1인칭 시점의 스트리트 뷰로 전환됩니다.

◆ '페그맨' 클릭

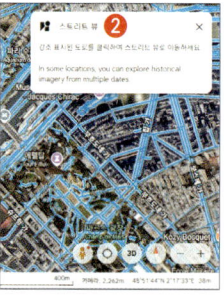
◆ 스트리트 뷰 활성화

◆ 1인칭 시점의 스트리트 뷰로 전환된 화면

4. 프로젝트 만들기 기능으로 나만의 이야기 구성하기

'프로젝트' 기능은 Google Earth의 핵심이자 가장 창의적인 기능입니다. 학생들은 이 기능을 통해 특정 주제에 대한 탐구 결과를 텍스트, 사진, 동영상, 3D 뷰 등 다양한 요소를 활용하여 한 편의 멋진 스토리텔링 콘텐츠로 만들 수 있습니다. 완성된 프로젝트는 그 자체로 훌륭한 발표 자료가 됩니다.

1 Google Earth 시작 화면 왼쪽 상단 ❶ '+신규' - ❷ '새 프로젝트'를 클릭합니다.

2 프로젝트가 생성되면 먼저 ❶ '제목 없는 프로젝트'를 클릭하여, 프로젝트의 주제를 잘 나타내는 ❷ 제목으로 변경합니다. (예 세계를 바꾼 3대 발명품의 여정)

 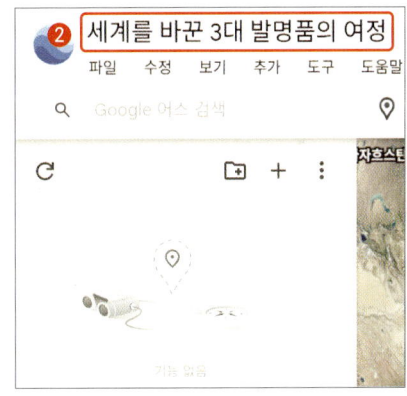

장소 추가하기

1 프로젝트에 담을 장소를 추가하기 위해 ❶ 검색창에 원하는 장소(예 구텐베르크 박물관)를 입력하여 검색한 뒤 ❷ 팝업창 하단의 '프로젝트에 저장'을 클릭합니다.

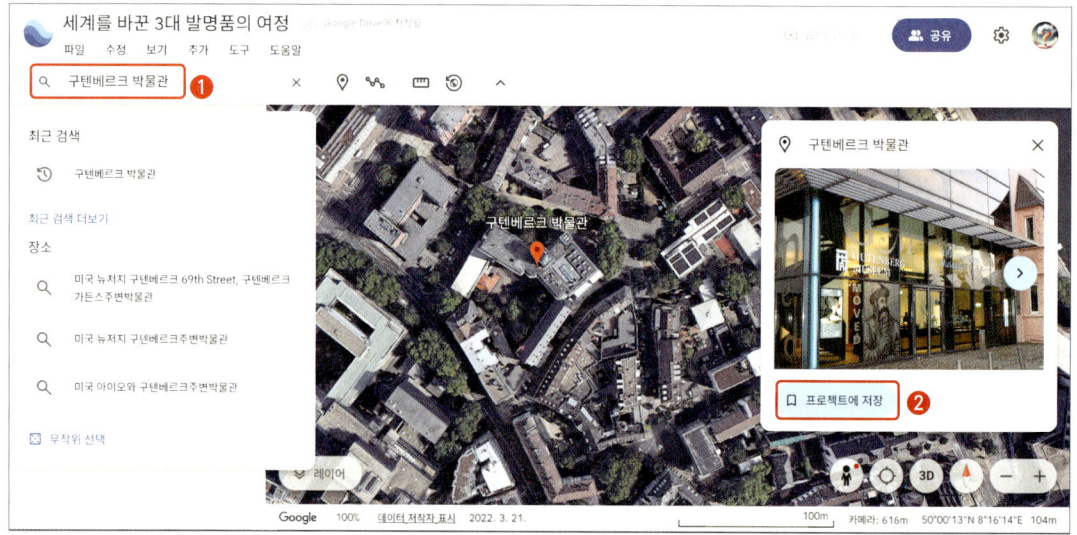

2 "정보를 업데이트하시겠습니까? Google에서 제공한 정보입니다. 나만의 설명, 이미지 또는 동영상을 추가하면 콘텐츠가 삭제됩니다."라는 메시지가 나타납니다. ❶ '완료'를 클릭합니다.

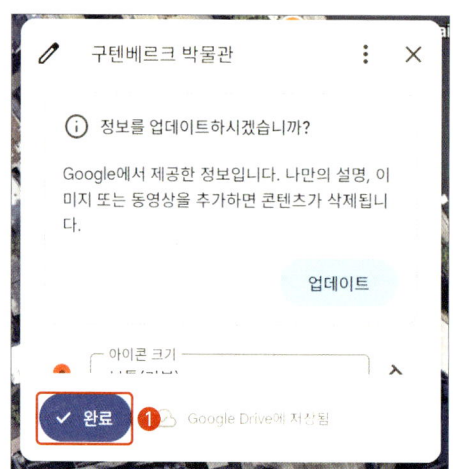

❶ 완료: Google이 제공한 기본 정보를 그대로 프로젝트에 포함합니다.

❷ 업데이트: 사용자가 해당 장소에 대한 자신만의 설명, 사진, 동영상 등 새로운 내용을 추가하거나 수정합니다.

3 프로젝트의 성격에 따라 장소에 대한 정보는 언제든지 수정 가능합니다. 수정이 필요할 경우 먼저 ❶ 왼쪽 목록에서 추가된 장소를 클릭한 뒤 ❷ '수정'을 클릭합니다.

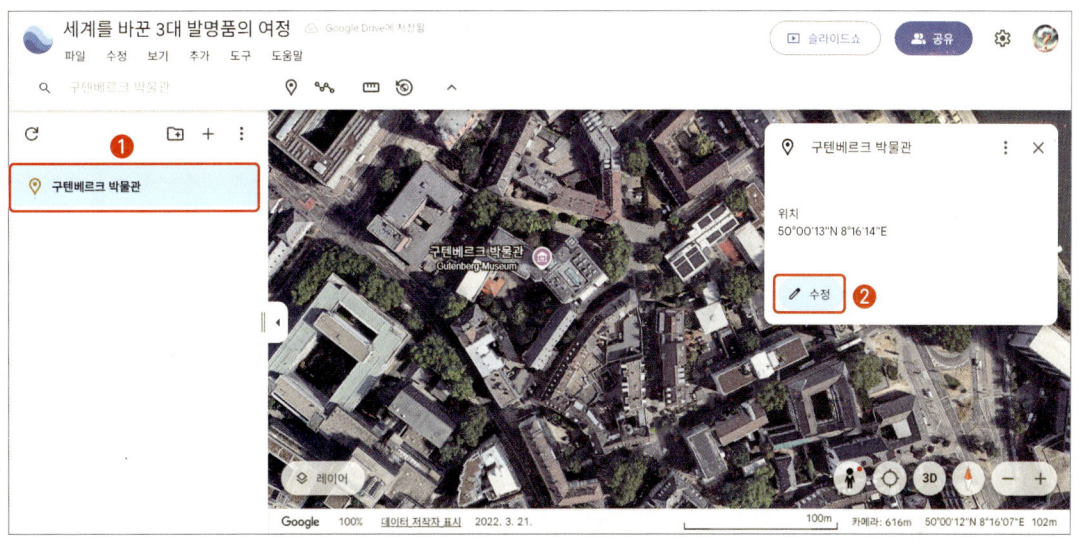

4 이후 나타나는 팝업창에서 해당 장소에 대한 설명을 작성하거나 이미지 또는 유튜브 동영상을 추가할 수 있습니다. 또, 아이콘의 모양과 크기 그리고 색상을 변경하여 시각적인 효과를 강조할 수도 있습니다.

❶ 설명(텍스트) 입력: ❶ '+설명' - ❷ '설명 입력창'에 장소에 대한 자세한 설명을 입력할 수 있습니다.

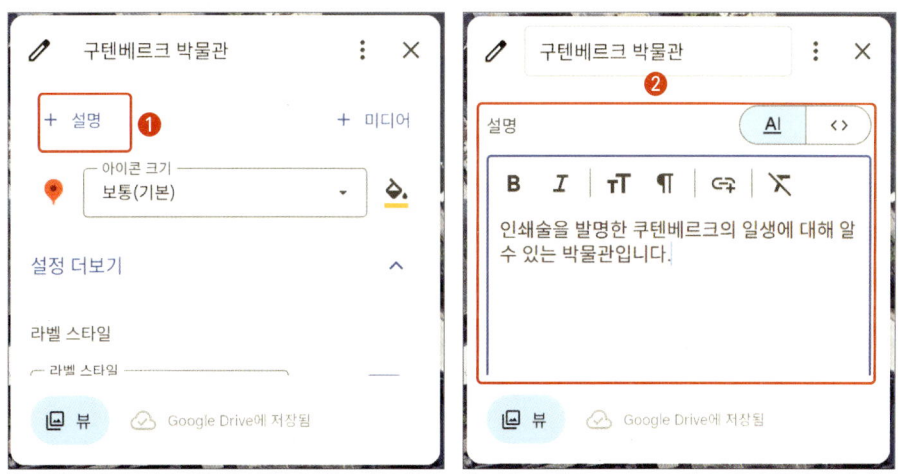

❷ 이미지 또는 동영상 입력: ❶ '+미디어' - ❷ '이미지 파일 업로드'로 사용자가 소유하고 있는 이미지 파일을 직접 업로드 하거나 ❸ '사진 또는 동영상 URL에서 추가'에서 원하는 주소를 입력하여 정보를 추가할 수 있습니다.

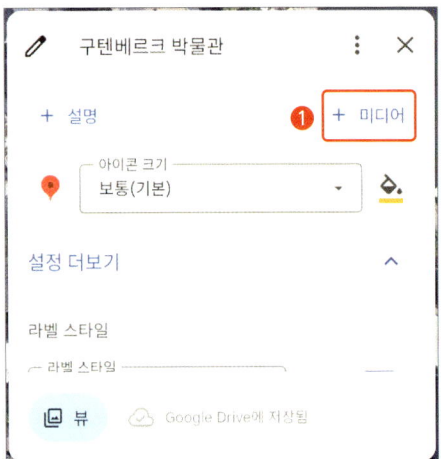 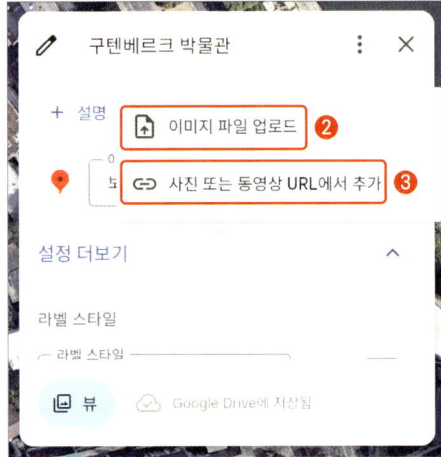

❸ **아이콘 모양 변경:** ❶ '아이콘 선택'을 클릭하면 ❷ 원하는 아이콘을 선택할 수 있습니다. 원하는 아이콘이 없다면 ❸ '아이콘 더보기'를 클릭하여 원하는 아이콘을 더 찾아볼 수도 있습니다. ❹ '맞춤 아이콘 업로드'를 선택하면 사용자가 가지고 있는 아이콘 파일을 직접 업로드하여 사용할 수도 있습니다.

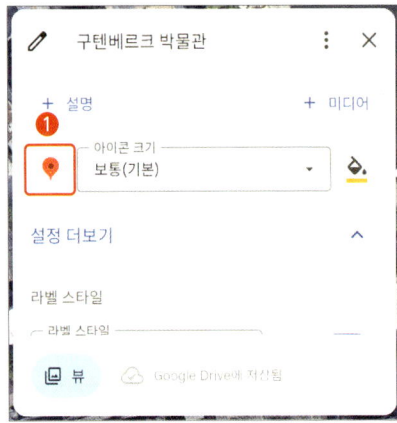 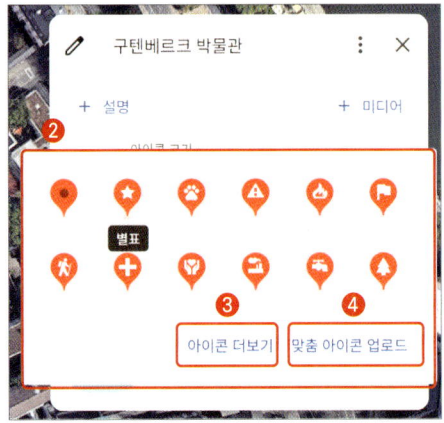

❹ **아이콘 크기 변경:** ❶ '아이콘 크기'를 클릭합니다. ❷ '작게'부터 '매우 크게'까지 아이콘의 크기를 선택하여 변경할 수 있습니다.

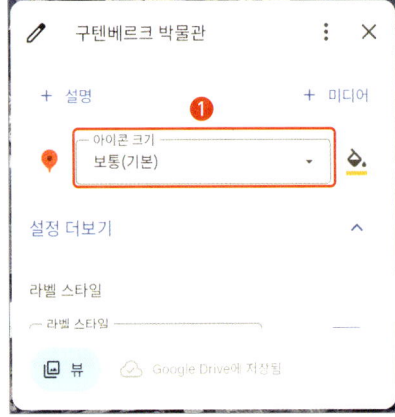 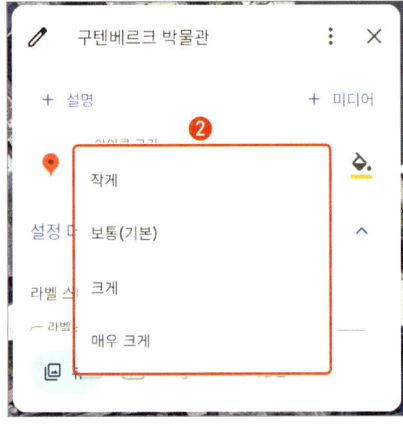

❺ **아이콘 색상 변경:** ❶ '색상 선택'을 클릭합니다. ❷ 원하는 색상을 선택합니다.

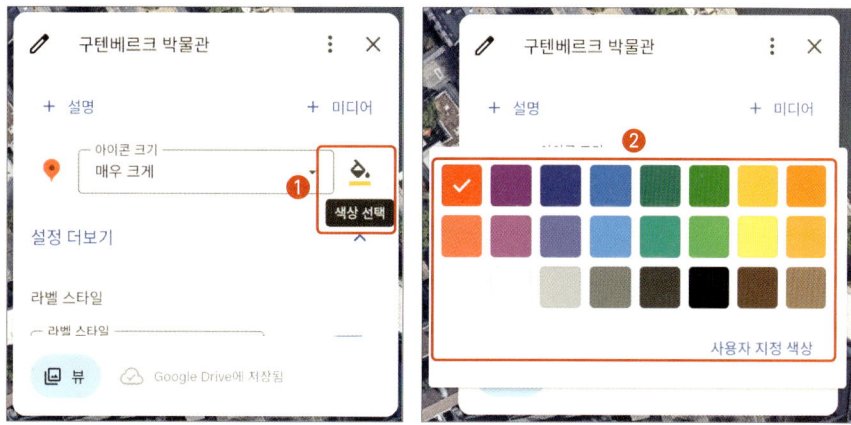

경로 추가하기 & 영역 표시하기

1 '프로젝트'에서는 장소와 장소를 연결하는 경로를 그리거나 특정 영역을 표시할 수 있습니다. 이를 위해서 먼저 프로젝트 화면에서 ❶ '경로 또는 다각형 추가'를 클릭합니다.

2 마우스 포인터가 '+ 시작점 추가'로 변경되어 표시됩니다. ❶ 가상의 여행이나 탐험을 시작할 첫 장소를 클릭하여 선택합니다.

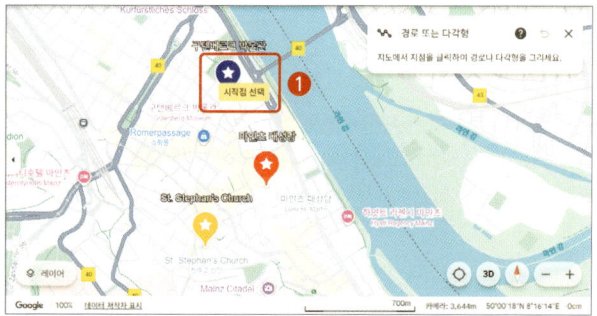

3 ① 여행이나 탐험 계획의 순서대로 장소를 클릭합니다. 선이나 면을 그려 경로 또는 도형 그리기를 완료한 후 ② '프로젝트에 저장'을 클릭합니다.

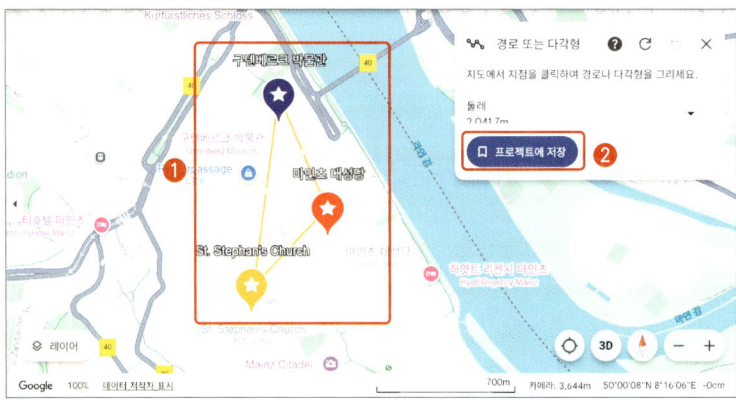

4 ① 이름(예 이동 경로)을 변경한 뒤, ② '완료'를 클릭합니다.

5 이렇게 추가된 장소(예 구텐베르크 박물관, 마인츠 대성당, St. Stephen's Church)와 경로들은 프로젝트 화면 왼쪽의 'Map contents' 목록에 체계적으로 정렬되어 나타납니다. 이 목록을 통해 프로젝트에 포함된 모든 요소들을 한눈에 확인하고 관리할 수 있습니다.

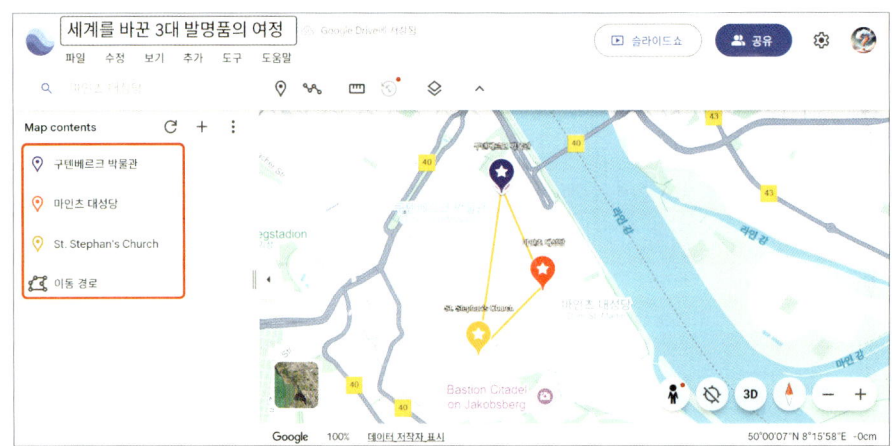

6 화면 오른쪽 상단의 ❶ '슬라이드쇼'를 클릭합니다.

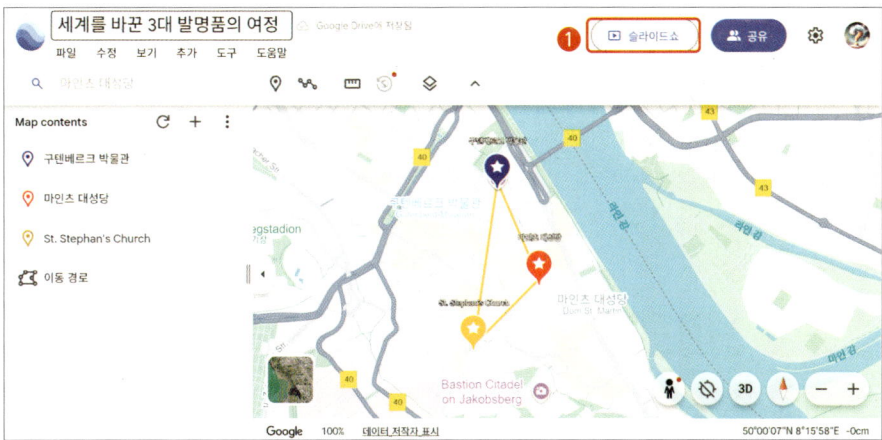

7 화면 하단의 ❶ 슬라이드 이동 버튼을 클릭하거나 ❷ 목차를 통해 원하는 슬라이드로 바로 이동할 수 있습니다. 프로젝트에 추가한 요소들을 순서대로 화면에 불러올 수 있어 수업자료 또는 학생들의 발표자료로 활용할 수 있습니다.

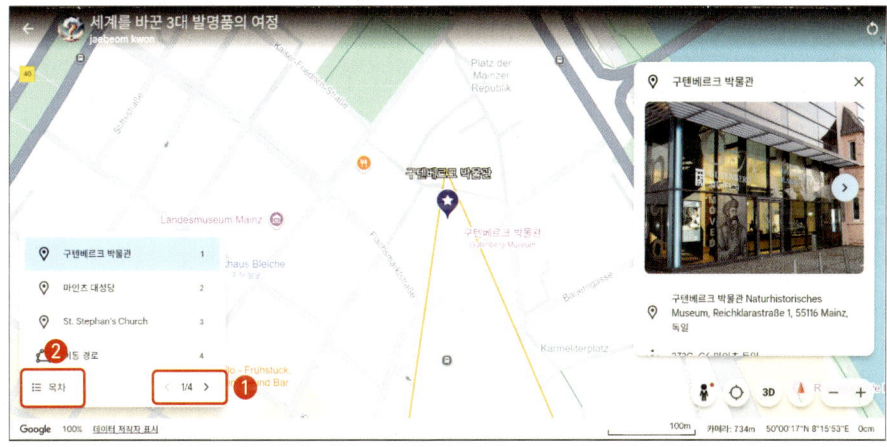

8 프로젝트를 다른 사람과 공유하거나 모둠원과 함께 편집할 수 있습니다. ❶ '공유' 를 클릭한 뒤, ❷ 'General access'를 'Anyone with the link'로 변경합니다. 이어서 ❸ 'Editor(편집자)' 를 선택한 뒤, ❹ 'Copy link(링크 복사)'를 클릭하여 URL을 공유합니다.

* 링크를 공유받는 사람에게 Viewer 권한을 부여하면 프로젝트 보기만 가능합니다.

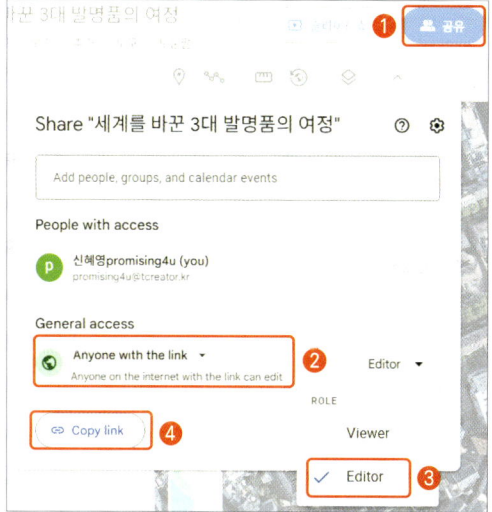

 구.바.시 실전 Tip!

Google Earth의 '슬라이드' 기능을 활용하면 프로젝트의 시작을 알리는 제목 페이지나 중간의 소주제 전환, 마지막 결론 페이지를 삽입하여 이야기의 흐름을 훨씬 전문적이고 명확하게 구성할 수 있습니다.

1 프로젝트의 맨 처음이나 중간 등 슬라이드를 삽입하고 싶은 위치를 정합니다. 상단 메뉴의 ❶ '추가' - ❷ '슬라이드'를 클릭합니다.

2 팝업창이 나타나면, 파워포인트 슬라이드를 만들듯이 ❶ '제목'과 ❷ '설명'을 입력합니다. 이렇게 만든 슬라이드는 프로젝트 목차에 하나의 항목으로 추가되어, 슬라이드 쇼의 표지 역할을 합니다.

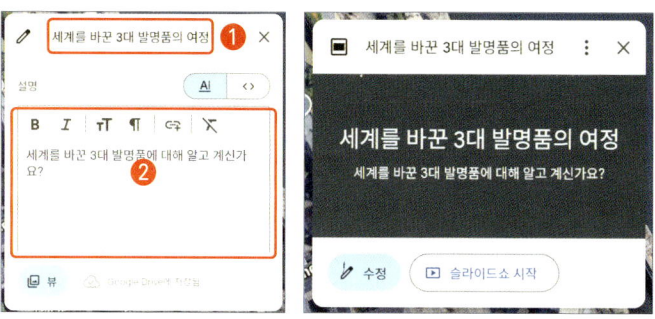

1. 장소 검색 및 저장 기능으로 지도 자료 만들기

Google Maps의 '장소 검색 및 저장' 기능은 학생들이 특정 장소의 위치뿐만 아니라 장소와 관련된 방대한 실시간 정보와 교사나 학생이 생성 콘텐츠를 탐색하고 이를 목적에 맞게 목록으로 만들어 자신만의 학습 구성하도록 돕는 핵심 기능입니다.

1 화면 왼쪽 상단 ❶ 검색창에 원하는 장소의 이름을 입력하여 검색합니다. 예를 들어 '국립중앙박물관'을 검색하면, 해당 위치가 ❷ 지도에 표시되고 왼쪽 정보 패널에 ❸ 검색 결과 목록이 나타납니다.

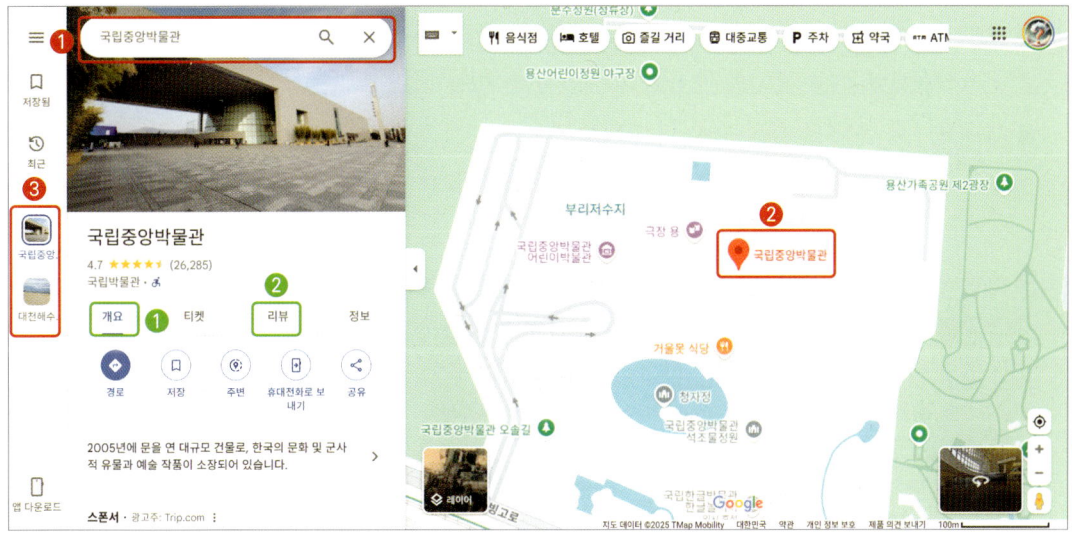

❶ **개요**: 해당 장소의 기본적인 사실 정보를 담고 있는 공식 프로필과 같습니다. 사용자의 주관적인 의견이 배제된 객관적인 데이터(주소, 영업시간, 웹사이트, 연락처 등)를 확인할 수 있습니다.

❷ **리뷰**: 해당 장소를 먼저 경험한 사용자들이 남긴 주관적인 평가와 생생한 후기를 통해 장소의 실제 분위기와 특징을 파악하는 데 도움을 줍니다. (ex: 평점 요약 / 리뷰 키워드 / 개별 리뷰 등)

2 탐색한 장소를 나만의 목록에 저장할 수 있습니다. 정보 패널에 있는 ❶ '저장'을 클릭합니다. 드롭다운 메뉴에 표시되는 목록은 '기본 제공 목록'과 사용자가 직접 만드는 '새 목록'으로 구분됩니다.

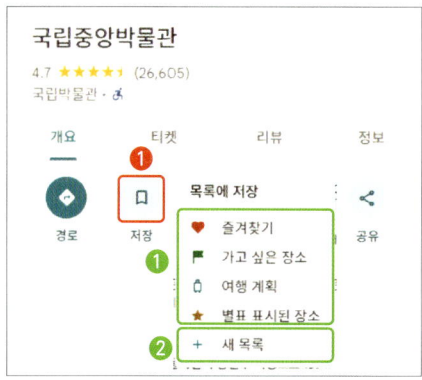

❶ **기본 제공 목록**: Google Maps에서 기본적으로 제공하는 목록입니다. 즐겨찾기, 가고 싶은 장소, 여행 계획, 별표 표시된 장소 등에 저장할 수 있습니다.

❷ **새 목록**: '새 목록'을 클릭하여 '역사 탐방 프로젝트', '우리 동네 직업' 등 학습 주제에 맞는 새로운 목록을 직접 만들고 장소를 추가할 수 있습니다.

3 화면 왼쪽 사이드 바의 ❶ '저장됨' - ❷ 장소 목록을 클릭합니다. 이어서 저장한 장소 옆에 표시되는 ❸ '+메모'를 클릭합니다. ❹ 장소와 관련된 학습 내용을 기록해두면 탐구 과정과 핵심 내용이 담긴 맞춤형 학습 데이터베이스가 완성됩니다.

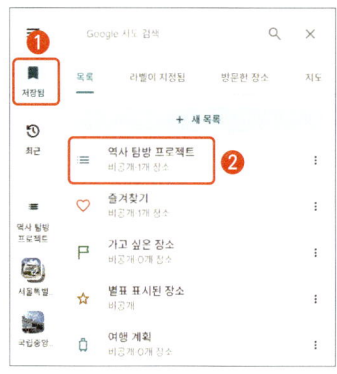  

2. 나만의 지도 기능으로 학생 주도형 시각화 프로젝트 진행하기

'나만의 지도(My Maps)'는 Google Maps의 데이터를 기반으로 학생들이 직접 정보를 추가하고 편집하여 맞춤형 지도를 만들 수 있는 기능입니다. 이 기능을 활용하면 학생들은 단순한 정보 소비자를 넘어, 수집한 자료를 지도 위에 시각적으로 재구성하는 생산자가 될 수 있습니다. 문학, 역사, 사회, 과학 등 다양한 교과와 융합하여 학생 주도형 프로젝트를 진행하는 데 매우 효과적으로 활용할 수 있습니다.

1 화면 왼쪽 사이드 바의 ❶ '저장됨' - ❷ '지도' - ❸ '지도 만들기'를 클릭합니다. (주소창에 'google.com/mymaps'를 입력하여 실행할 수도 있습니다.)

2 '나만의 지도'가 실행되면, ❶ '새 지도 만들기'를 클릭합니다. 화면 왼쪽 팝업창에서 ❷ '제목 없는 지도'를 클릭하고 프로젝트의 주제에 맞게 ❸ 지도 제목과 설명을 입력합니다. '2박 3일 보령시 여행'과 같이 구체적인 제목을 붙입니다.

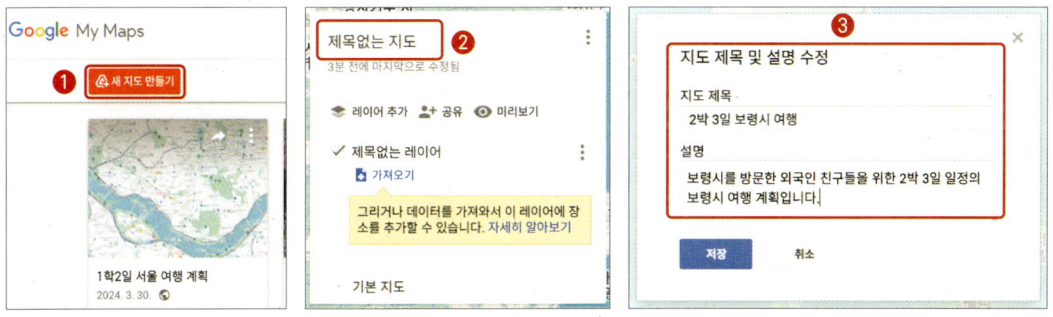

3 다음으로 지도에 장소를 추가합니다. ❶ 검색창에 추가하고 싶은 장소(예: 대천해수욕장)를 검색하면 해당 위치에 ❷ 초록색 임시 아이콘이 표시됩니다. ❸ 팝업창에서 '지도에 추가'를 클릭하면 왼쪽 레이어에 해당 장소가 저장됩니다.

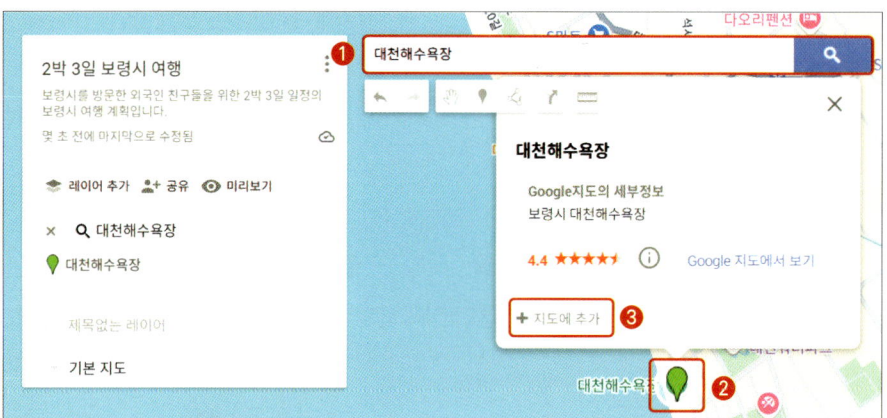

4 추가된 장소 표시 방법은 다양하게 편집할 수 있습니다. 레이어에 ❶ 추가된 장소를 클릭하면 나타나는 ❷ 편집 도구를 활용합니다.

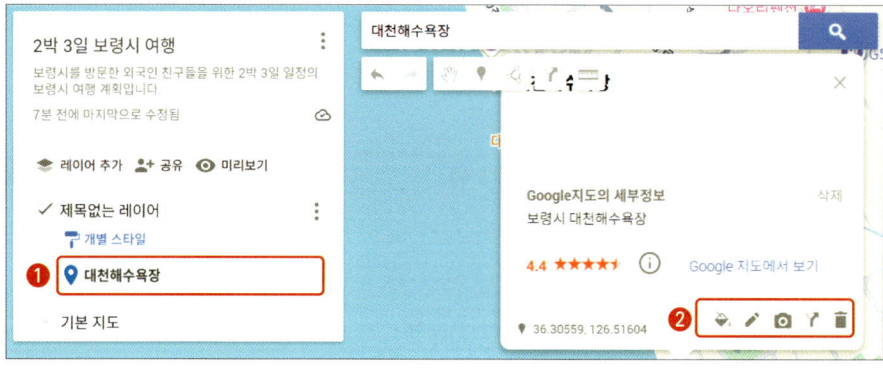

❶ **스타일(페인트통 아이콘)**: 아이콘의 색상이나 모양을 변경하여 장소를 시각적으로 구분할 수 있습니다. 수백 개의 아이콘이 제공되어 주제에 맞게 선택할 수 있습니다.

❷ **수정(연필 아이콘)**: 장소의 이름을 수정하거나, 장소에 관해 조사한 내용을 상세 설명으로 추가할 수 있습니다.

❸ **이미지나 동영상 추가(카메라 아이콘)**: 직접 찍은 사진이나 인터넷에서 찾은 이미지, 관련 유튜브 동영상을 추가하여 멀티미디어 지도를 만들 수 있습니다.

5 Google Maps에서 장소를 저장할 때, 하나의 레이어 대신 여러 개의 레이어에 나누어 장소를 저장하면 정보를 훨씬 더 체계적으로 관리하고 활용할 수 있습니다.

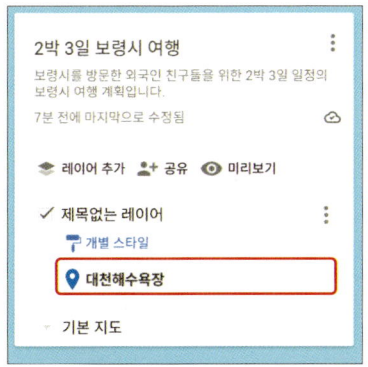

레이어를 나누어 장소를 저장하는 방법의 장점은 다음과 같습니다.

☑ **명확한 분류 및 시각화**: [맛집], [관광지] 등 테마별로, 또는 [1일차], [오전 활동]과 같은 시간/단계별로 레이어를 나누어 필요한 정보를 시각적으로 확인하고 관리할 수 있습니다.

☑ **효율적인 관리 및 편집**: 특정 레이어만 선택하여 수정하거나 삭제할 수 있어 작업 효율을 높이고 오류를 줄입니다.

☑ **협업 및 공유 용이성**: 그룹별로 담당한 부분을 별도 레이어로 만들어 협업을 효율화하고, 최종적으로 모든 레이어를 합쳐 완성된 프로젝트를 공유할 수 있습니다.

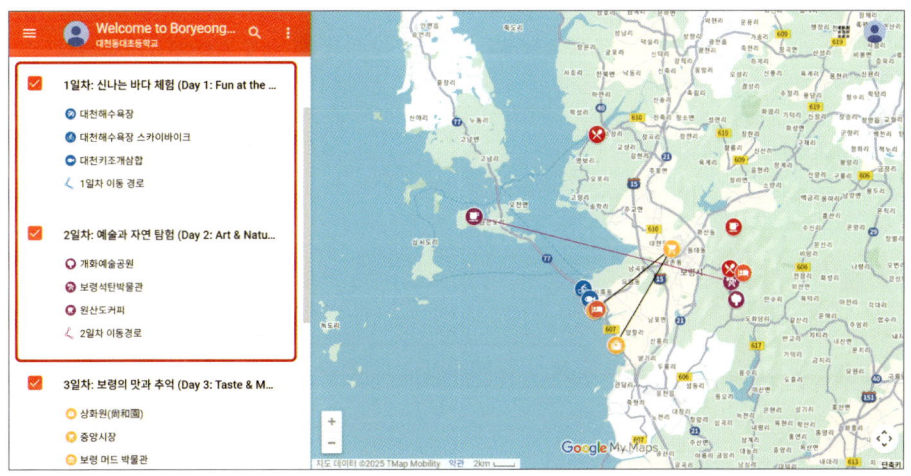

구.바.시 실전Tip!

프로젝트를 위해 지도에 표시해야 할 장소가 수십 개라면 하나씩 검색해서 추가하기가 매우 번거롭습니다. 이럴 때 '가져오기' 기능을 사용하면, 구글 시트나 엑셀 파일(스프레드시트)에 정리해 둔 장소 목록을 단 한 번에 모두 불러와 지도 위에 자동으로 표시할 수 있습니다.

1 먼저, 구글 시트나 엑셀 등을 이용하여 지도에 표시할 데이터 목록을 표 형태로 정리합니다. 이때 반드시 장소의 이름과 주소(또는 위도/경도)가 포함된 열이 있어야 합니다.

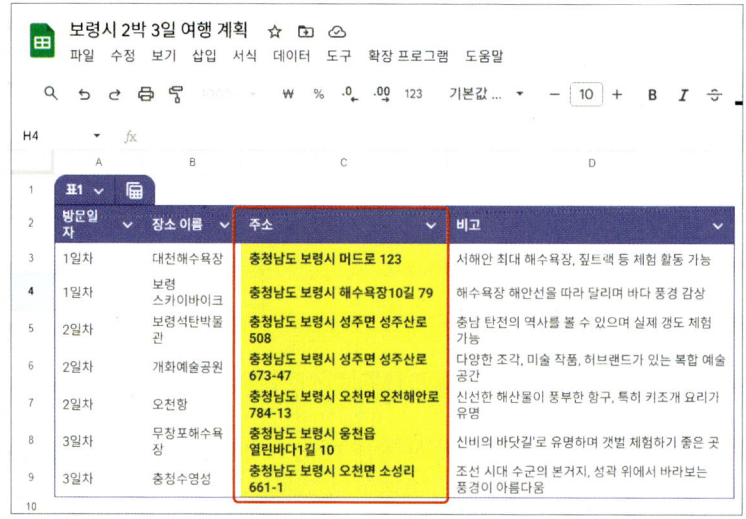

2 '나만의 지도'에서 ❶ '레이어 추가'를 클릭하여 데이터를 담을 새 레이어를 만듭니다. 새로 생긴 레이어 아래의 ❷ '가져오기'를 클릭합니다. 팝업창이 나타나면, ❸ 컴퓨터에 저장된 파일을 업로드하거나 구글 드라이브에 있는 스프레드시트 파일을 선택합니다.

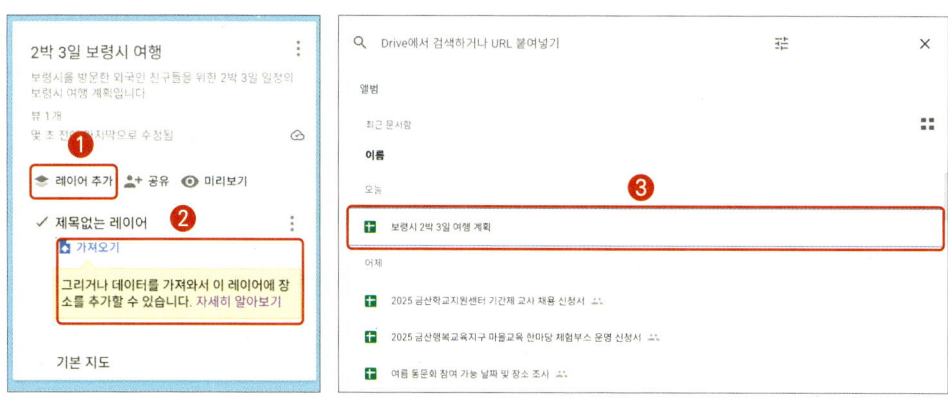

3 다음으로, 지도에 장소 표시 아이콘의 위치를 표시할 기준이 될 열을 선택해야 합니다. ❶ 주소가 포함된 열(❹ '주소' 열)의 체크박스를 선택하고 ❷ '계속'을 클릭합니다. 다음으로 지도에 표시될 각 장소의 이름으로 사용할 열을 선택합니다. ❸ '장소 이름' 열을 선택하고 ❹ '완료'를 클릭합니다

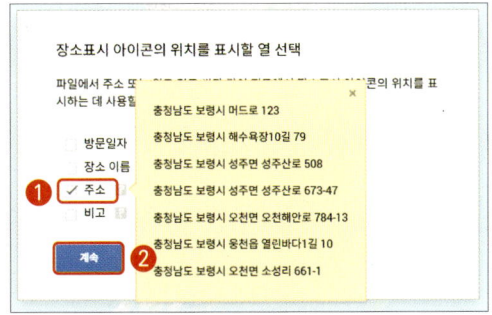 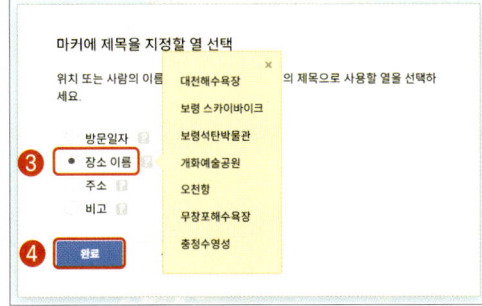

4 잠시 후, 스프레드시트에 있던 모든 장소가 지도 위에 자동으로 표시되는 것을 확인할 수 있습니다.

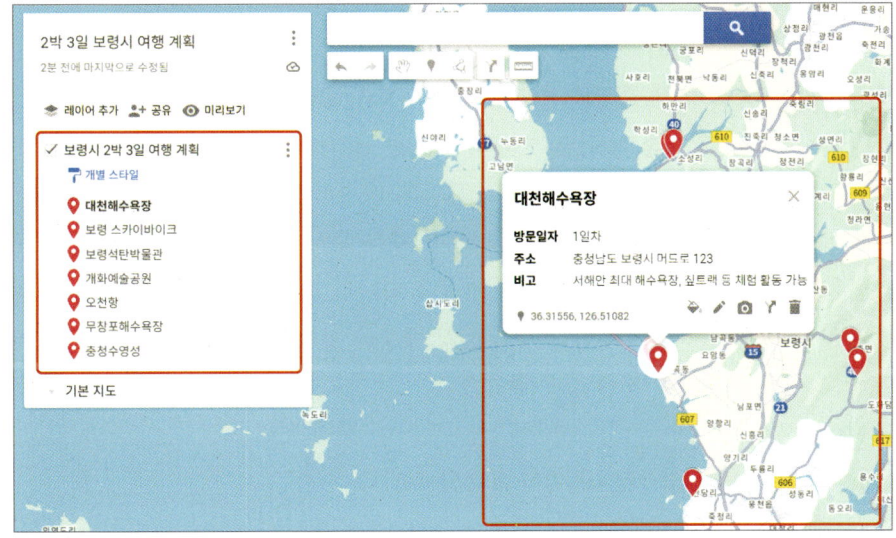

03. Google Earth & Maps로 만드는 살아있는 교실

Google Earth & Maps의 다양한 기능을 교육 현장에 적용한 실제 사례를 살펴보도록 하겠습니다. 학생들의 공간 인식 능력을 키우고 체험형 탐구 학습을 실현하며, 교실에서도 전 세계를 여행하는 몰입형 교육을 Google Earth & Maps와 함께 시작해보세요.

1. 미술: 시공간 경계를 허무는 나만의 명화 여행 플래너 (with Google Earth)

활용한 기능
프로젝트, 3D/스트리트 뷰, 장소 검색 및 정보 확인, 슬라이드쇼

미술 감상 수업은 종종 교사 중심의 단방향 설명과 학생들의 수동적인 듣기 활동으로 진행되기 쉽습니다. 학생들은 작품의 제작 연도, 작가의 이름 등을 암기해야 할 지식으로 받아들일 뿐, 작품이 품고 있는 미적 감성과 작가의 창작 의도를 자신의 삶과 연결하기 어려워합니다. 이러한 문제의식을 바탕으로, 본 수업은 학생들이 Google Earth라는 도구를 통해 작품과 작가를 둘러싼 시공간적 배경을 직접 탐험하고, 그 과정에서 얻은 지식과 감상을 하나의 '가상 여행'으로 재구성하도록 구성하였습니다. 이 수업을 통해 학생들은 미술 작품 감상 활동을 살아있는 예술 경험으로 인식하여 수동적 감상자에서 능동적 탐구자로 거듭날 수 있었습니다.

1단계: 개별 탐구 – 작품과 작가의 시공간적 배경 탐색하기

> 수업의 첫 활동으로 학생들이 탐구해 볼 만한 대표적인 미술 작품과 작가에 대한 안내 자료를 Google Slides로 제작하여 안내하였습니다.

고흐, 모네, 피카소 등 교과서에 등장하는 주요 작가들의 대표 작품 이미지와 국적, 활동 시기 등 핵심 정보를 넣었습니다. 학생들은 이 안내 자료를 하나의 '메뉴판'처럼 둘러보며 자신의 흥미와 호기심을 자극하는 작품이나 작가를 '탐구 대상'으로 선정하였습니다.

학생들은 탐구할 작품을 선정한 후 구체적인 길잡이 질문을 참고하여 작품에 대한 본격적인 탐구를 시작하였습니다.

학생들은 탐구할 작품을 선정한 후 구체적인 길잡이 질문을 참고하여 작품에 대한 본격적인 탐구를 시작하였습니다.

1) 작품 자체에 대한 질문

- 작품명은 무엇이며 제작한 작가는 누구인가?
- 작품을 제작한 시기는 언제인가?
- 작품의 재료는 무엇인가?
- 작품의 대상(인물, 신화, 설화, 정물 등)은 무엇인가?

2) 작품과 관련된 시간과 공간에 대한 질문

- 이 작품은 현재 어디에 소장되어 있는가?
- 작가의 출생지나 주요 활동지는 어디였는가?
- 작품의 배경이 된 장소의 지리적 특성과 풍경은 어떠한가?
- 작가가 활동하던 시대의 미술은 어떤 것이 유행이었는가?
- 작가의 삶에 영향을 미친 중요한 사건은 무엇이었는가?

구체적인 활동 방법으로 먼저 Google 검색을 가장 기본적이면서도 효율적인 도구로 활용했습니다. 우선 학생들이 자신이 선정한 작품명과 작가 이름을 조합하여 (예: 빈센트 반 고흐 / 별이 빛나는 밤) 검색하도록 안내했습니다. 이 과정에서 검색 결과로 나오는 위키피디아나 미술관 공식 홈페이지 등의 정보를 바탕으로 작품의 제작 연도, 재료와 같은 기본적인 사실 정보를 수집할 수 있었습니다.

학생들에게 작품 감상의 질을 한 차원 높여줄 수 있는 Google Arts & Culture도 함께 사용해 보았습니다. Google Arts & Culture를 통해 학생들은 박물관의 유리 벽 너머에서는 볼 수 없었던 고화질의 작품 이미지를 확대하며 생생한 붓 터치와 색감 등을 직접 확인할 수 있었습니다. 또한, 미술 전문가들이 작성한 신뢰도 높은 작품 해설과 작가의 생애 정보를 함께 접하며 작품에 담긴 작가의 표현 의도를 더욱 깊이 있게 파악할 수 있었습니다.

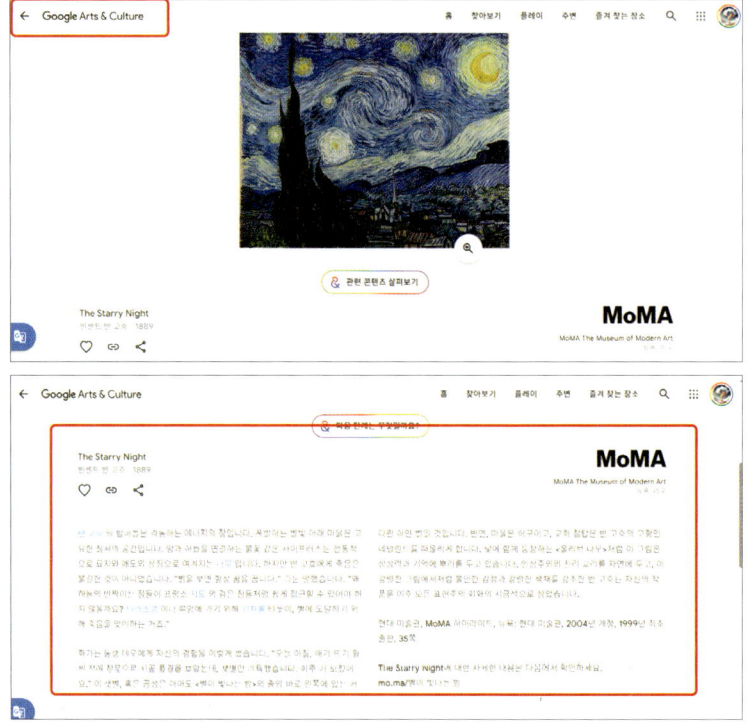

◆ Google Arts & Culture 활용 작품 해설 확인

이러한 활동을 통해 학생들은 미술 작품을 작가의 삶과 시대적 배경 속에서 입체적으로 이해할 수 있었습니다.

2단계: 기획 - Google Earth 프로젝트로 가상 감상 여행 설계하기

탐구 단계에서 수집한 정보들을 재료 삼아, 학생들은 이제 Google Earth라는 캔버스 위에 자신만의 가상 감상 여행을 설계하기 시작했습니다. 이 단계는 학생들이 수집한 지식을 시각적으로 재구성하고, 자신만의 스토리를 입혀 '나만의 미술 여행'이라는 하나의 완성된 디지털 콘텐츠로 만들어 내는 과정이었습니다.

학생들은 Google Earth의 새 프로젝트를 생성한 뒤, 자신의 감상 주제가 잘 드러나도록 제목을 정하였습니다.

◆ 6학년 학생의 프로젝트 생성 및 제목 설정 작성 예시

학생들은 '장소 검색' 기능을 활용하여 작품이 소장된 미술관이나 작가의 생가 등 핵심적인 장소를 프로젝트에 추가했습니다.

탐구하며 알게 된 작품 해설이나 작가에 대한 흥미로운 이야기들을 텍스트로 기록했으며, '이미지/동영상 추가' 기능을 활용해 작품 사진이나 관련 유튜브 다큐멘터리 영상을 첨부하였습니다.

◆ 6학년 학생의 핵심 장소 추가 및 정보 작성 예시

3단계: 표현 - 디지털 스토리텔러가 되어 '나만의 미술 여행' 계획 발표하기

모든 준비가 끝나고, 학생들은 각자의 작품 세계로 떠나는 '나만의 미술 여행' 계획 설명회를 실시하였습니다.

이 단계에서 학생들은 자신이 선택한 작품과 작가에 대하여 매력적인 이야기를 준비한 디지털 스토리텔러가 되어 다른 학생들과 탐구 결과를 공유하였습니다. 발표를 맡은 학생들은 스크린 앞에 서서 '슬라이드쇼' 버튼을 눌렀고, 청중인 다른 학생들의 시선은 화면에 집중되었습니다. Google Earth는 프로젝트에 저장된 첫 번째 장소로 부드럽게 비행하였고, 발표자는 화면의 움직임에 맞춰 준비한 스토리를 들려주었습니다.

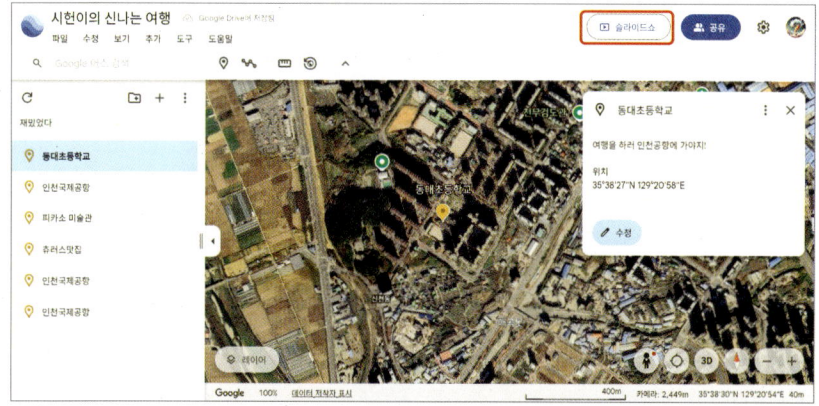

◆ 6학년 학생의 프레젠테이션 모드 활용 예시

학생들은 단순히 정보를 읽는 것이 아니라, 마치 미술관의 도슨트가 된 것처럼, 장소와 장소를 이동하는 사이의 맥락을 설명하고, 3D로 캡처한 도시의 풍경을 보여주며 자신이 이 장소를 선택한 이유를 덧붙였습니다. 특히 발표 도중 실시간으로 지도를 회전시키며 그림 속 풍경을 다양한 각도에서 보여줄 때는 다른 학생들의 감탄사가 터져 나오기도 했습니다.

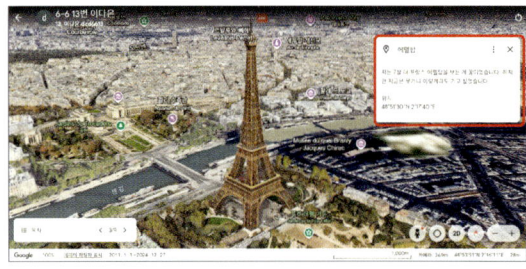
◆ 프레젠테이션 3D 모드 활용 예시

◆ 프레젠테이션 스트리트뷰 활용 예시

발표가 끝난 후에는 '여행객'이 된 다른 학생들은 "그 도시에 가면 꼭 먹어봐야 할 음식은 무엇인가요?"와 같은 실제적인 질문을 하였고, 발표자는 친구들에게 그 지역에서 방문할 만한 음식점을 소개하기도 하였습니다. 그리고 "그 주변에 혹시 놀러 가면 좋은 곳은 없나요?"라고 묻는 친구들에게는 맞춤형 코스를 안내하기도 하며 현실적인 고민을 서로 나누기도 하였습니다.

◆ 여행 중 방문할 식당 안내 예시

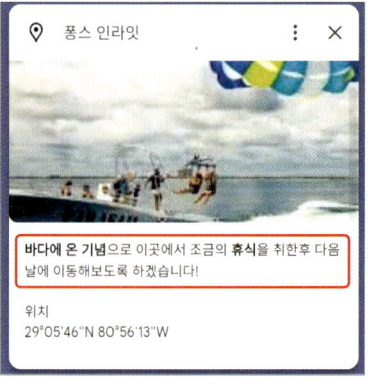
◆ 여행 중 방문할 관광지 안내 예시

이러한 발표 과정은 기존의 슬라이드를 넘기는 일반적인 프레젠테이션과는 확연히 다르게 역동적인 몰입감을 선사했습니다. 학생들은 Google Earth의 핵심 기능들을 활용하여 자신의 이야기를 재미있고 흥미롭게 전달하는 경험을 통해, 예술 작품을 보다 심층적으로 이해하고 다양하게 표현하는 능력을 자연스럽게 기를 수 있었습니다.

◆ 미술 여행 프로젝트 준비하기

◆ 미술 여행 프로젝트 발표하기

2. 사회: 외국인 친구를 위한 우리 동네 가이드북 만들기 (with Google Maps)

활용한 기능
경로 탐색 및 비교, 나만의 지도, 장소 검색 및 저장, 공유 기능

앞서 살펴본 Google Earth를 활용한 수업이 학생들에게 세계를 무대로 '여행자'의 관점에서 외부를 탐색하는 경험을 제공했다면, Google Maps를 활용한 수업은 '주인'의 관점으로 우리 동네를 찾아온 손님을 맞이하고 자신을 둘러싼 공간에 대하여 생각해 보는 경험을 제공하는 것이었습니다.

이를 위하여 '한국 여행? 여기 어때?'라는 주제로 '외국인 친구에게 우리 동네 안내하기'라는 구체적이고 실제적인 과업을 학생들에게 부여하였습니다. 학생들로 하여금 Google Maps를 활용하여 지역의 지리·문화적 정보를 주도적으로 탐색하고 주어진 문제를 해결하는 융합적 역량을 기를 수 있도록 수업 활동을 설계하였습니다.

◆ 수업 주제 안내 자료   ◆ 프로젝트 미션 안내 자료

1단계: 문제 상황 공유 및 미션 안내

첫 번째 미션은 앞서 살펴보았던 '나만의 미술 여행' 활동과 연계하여 가상의 시나리오를 다음과 같이 만들어 공유하였습니다.

> 학생들에게 제시된 문제상황을 인식하고 그 문제를 해결하라는 미션을 제공하였습니다.

◆ 미션 및 활용 도구 확인하기   ◆ 미션 시나리오 확인하기

미션 브리핑: 한국 여행? 여기 어때?

[Casey 가족의 보령 여행을 계획하라!]

1. 미션 배경

얼마 전, 선생님의 미국인 친구 Casey에게서 반가운 연락이 왔습니다. Casey가 가족들과 함께 한국을 방문하는데, 우리가 사는 보령에서 2박 3일을 보낼 계획이라고 합니다!

그런데 큰일 났어요!! 선생님은 보령의 숨은 맛집이나 멋진 장소들을 잘 알지 못합니다. (선생님은 대전 사람이거든요...) 이대로는 Casey 가족에게 보령의 진짜 매력을 보여줄 수 없을지도 모릅니다. 그래서 우리 지역을 가장 잘 아는 여러분에게 긴급히 도움을 요청합니다!

2. 미션 목표

미국에서 온 Casey와 가족들이 우리 고장 보령에서 잊지 못할 2박 3일을 보낼 수 있도록, 여러분이 '우리 동네 홍보대사'가 되어 Google Maps를 활용한 최고의 여행 코스를 기획하고 안내 지도를 제작합니다.

3. 주요 과제

가. 여행 코스 기획하기
- Casey 가족이 좋아할 만한 보령의 주요 관광지, 맛집, 특색있는 카페, 편안한 숙소 등을 조사하여 선정합니다.
- 선정한 장소들을 바탕으로 동선과 시간을 고려한 합리적인 2박 3일 여행 일정을 구성합니다.

나. '나만의 지도' 제작하기
- Google Maps의 '나만의 지도' 기능을 사용하여 'Casey 가족을 위한 보령 여행' 지도를 만듭니다.
- 기획한 모든 장소를 지도 위에 '장소 표시'로 추가하고, 각 장소마다 추천 이유나 팁, 멋진 사진을 넣어 풍성하게 꾸밉니다.
- '선 그리기' 도구로 각 날짜별 추천 이동 경로를 그려 넣어 한눈에 여행의 흐름을 파악할 수 있게 합니다.

다. 최종 안내 자료 공유하기
- 완성된 '나만의 지도'의 공유 링크를 생성하여 선생님에게 제출합니다.

4. 필수 활용 도구 - Google Maps

5. 최종 제출물 - 완성된 '나만의 지도' 공유 링크 제출

2단계: Google Maps로 문제 상황 해결하기

본격적인 활동이 시작되자, 학생들은 '외국인 가족 여행'이라는 명확한 목적 아래 과제에 집중하는 모습을 보였습니다.

> 학생들은 모둠별로 각자 알고 있는 지역 정보를 공유하고, Google 검색을 통해 추가 정보를 수집하며 여행 코스에 포함할 장소, 식당, 숙소 등을 선별하기 시작했습니다.

◆ 활동 미션 확인하기   ◆ 자료 및 정보 공유하기

이후 Google Maps를 활용한 본격적인 지도 제작 단계에서, 학생들은 다음과 같은 구체적이고 순차적인 방법으로 과제를 해결해 나갔습니다.

> 학생들은 먼저 Google 검색을 통해 정보를 수집하고, 이를 바탕으로 Google Maps 의 내 지도를 활용하여 활동을 시작하였습니다.

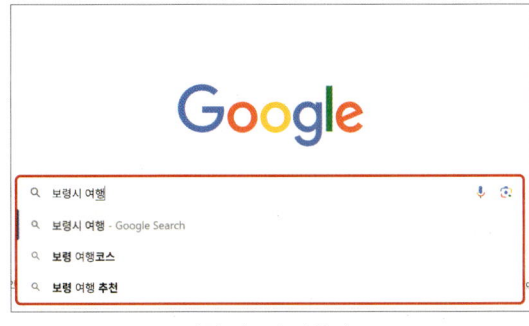

◆ 관련 정보 수집하기   ◆ 6학년 학생의 내 지도 작성 예시

> 다음으로 Google Maps의 '레이어' 기능을 활용하여 여행의 뼈대를 설계했습니다.

모둠별로 조금씩 차이는 있었으나 단순히 모든 장소를 하나의 지도에 표시하는 것이 아니라, 1일차, 2일차, 숙소 및 맛집과 같이 날짜별, 주제별로 레이어를 나누어 정보를 체계적으로 구조화하여 여행 계획을 작성하였습니다. 이는 학생들이 정보를 단순히 나열하는 것이 아니라, 사용자의 편의성을 고려하여 재구성하는 능력을 보여주는 부분이었습니다.

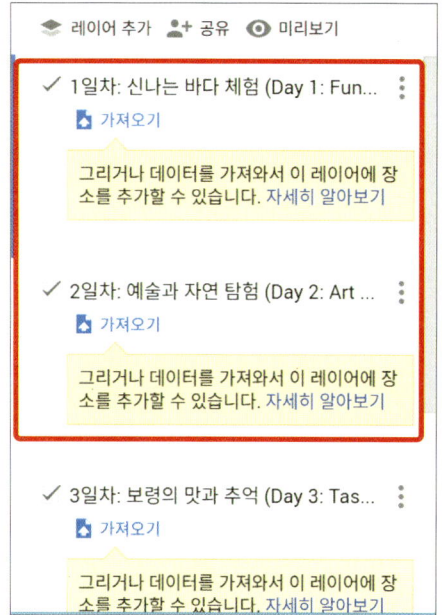 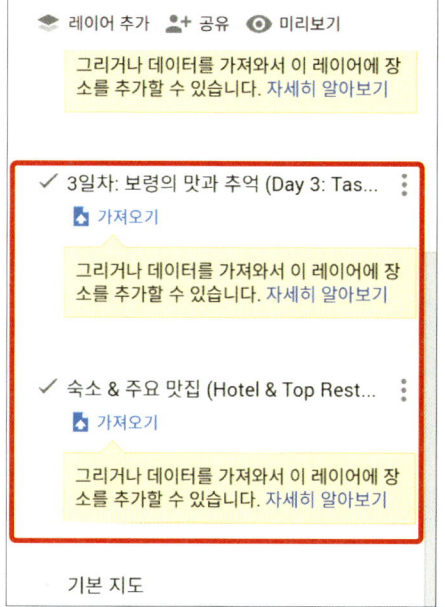

◆ 1일차 & 2일차 레이어　　◆ 3일차 & 숙소 및 맛집 레이어

이후 각 레이어에 장소를 추가하는 과정에서 학생들의 창의력은 더욱 빛을 발했습니다. 학생들은 각 '장소 표시(핀)'에 직접 촬영했거나 검색을 통해 찾은 이미지를 추가하고, 추천 이유나 유용한 팁을 상세한 설명으로 덧붙였습니다. 특히, 외국인 방문객을 위해 간단한 영어 설명을 추가하는 모습은 문제 상황에 깊이 몰입하고 해결하려는 의지를 엿볼 수 있는 장면이었습니다.

 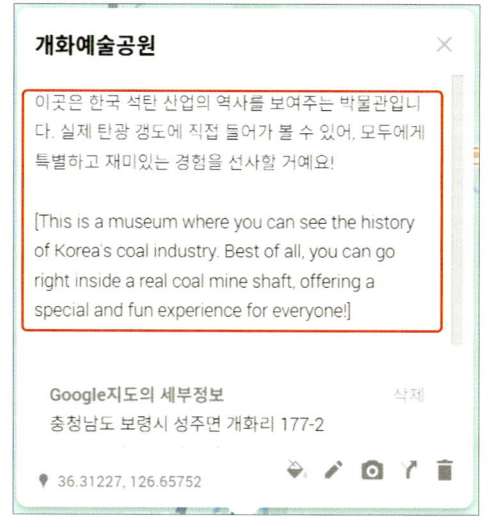

◆ 한글 및 영어 설명 추가

나아가 학생들은 기본 아이콘을 장소의 특징에 맞는 아이콘(예: 식당은 식기 모양, 공원은 나무 모양)으로 변경하고, 경로별로 색상을 다르게 지정하는 등 지도 자체의 시각적 완성도를 높이는 데에도 노력을 기울였습니다.

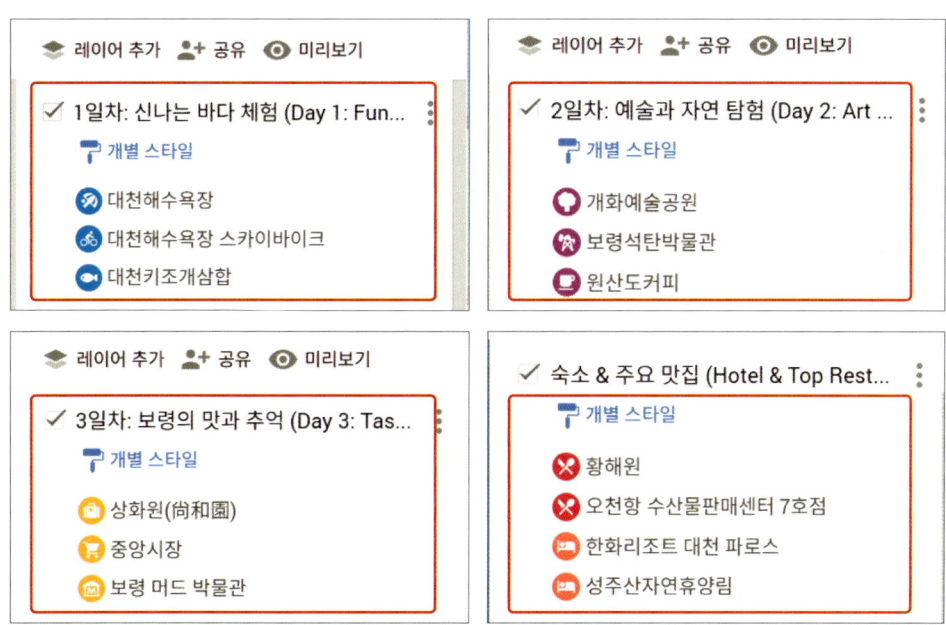

마지막으로 '선 그리기' 기능을 이용해 각 날짜의 동선을 시각적으로 표현함으로써, 마치 전문 여행 가이드가 만든 것과 같은 완성도 높은 여행 경로 지도를 만들어냈습니다.

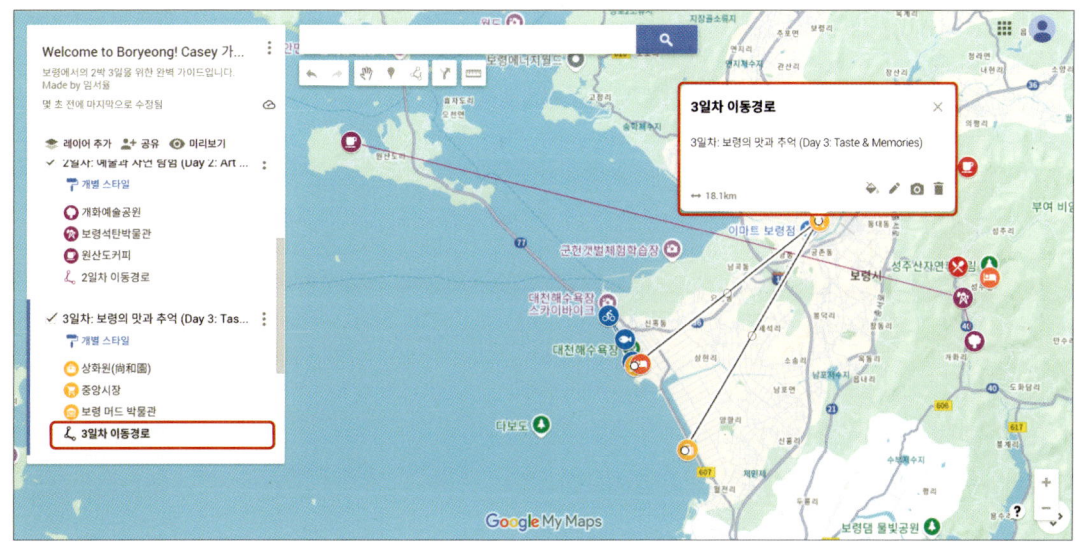

◆ 6학년 학생이 선 그리기로 작성한 보령 여행 3일차 이동경로

3단계: 자부심의 발현과 배움의 확장

프로젝트를 마무리하며 학생들은 높은 성취감을 보였습니다. 자신들이 만든 지도가 실제 방문객에게 유용한 정보를 제공하고, 스스로의 힘으로 우리 고장의 매력을 알렸다는 사실에 큰 자부심을 느꼈습니다. 이번 수업은 학생들이 Google Maps가 단순 길 찾기 도구를 넘어, 정보를 수집하고 가공하여 새로운 콘텐츠를 창조하는 강력한 '저작 도구(콘텐츠를 생성하고 조직하며 편집하는 데 특화된 도구)'임을 체감하는 계기가 되었습니다. 교실 안의 가상 프로젝트를 통해 학생들은 디지털 기술로 세상과 소통하고 긍정적인 영향력을 만드는 방법을 배우는 의미 있는 시간을 가졌습니다.

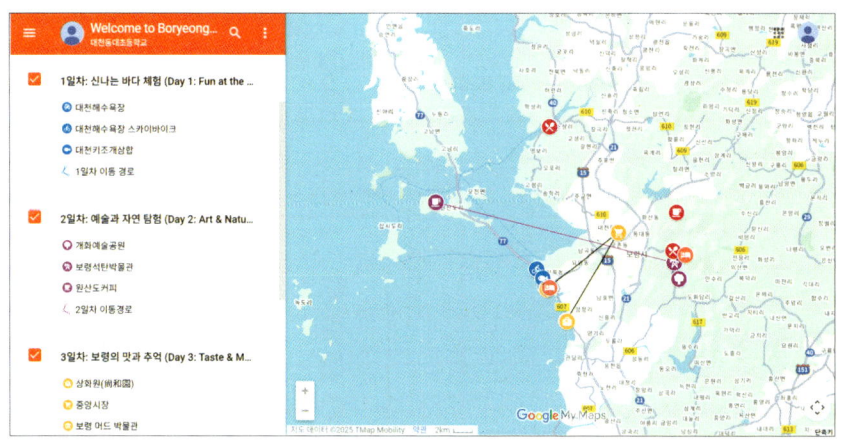

◆ 6학년 학생이 완성한 '2박 3일 보령 여행 계획' 프로젝트

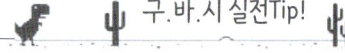

Google Maps를 활용한 모둠 프로젝트를 진행할 때, 일부 학생만 활동을 주도하거나 무임승차하는 학생이 생길 수 있습니다. 이를 방지하고 모든 학생의 적극적인 참여를 이끌어내기 위해, 모둠 내에서 각자에게 구체적인 '역할'을 부여하는 방법을 추천합니다.

- ☑ **리서처(Researcher):** 여행 계획에 필요한 정보 수집 및 사실 확인 담당.
- ☑ **지도 제작자:** 지도에 장소 표시, 아이콘 설정, 경로 그리기 등 기술 제작 담당.
- ☑ **콘텐츠 크리에이터:** 장소별 설명글 작성 및 관련 사진 자료 수집 담당.
- ☑ **최종 검수관:** 완성된 결과물의 오타, 정보 정확성 등 최종 검토 담당.

04. Google Earth & Maps 확장 꿀팁

Google Earth & Maps의 숨겨진 강력한 기능들을 활용하는 방법을 알아보겠습니다. 이 확장 기능들은 교사의 수업 준비를 더욱 효율적으로 만들고, 학생들의 탐구 활동을 전문가 수준으로 심화시키는 데 큰 도움이 될 것입니다.

1. Google Earth Pro 설치 및 활용: 전문가 수준의 기능 사용하기

우리가 흔히 사용하는 웹 브라우저 기반의 Google Earth와는 별개로, 데스크톱에 직접 설치하여 사용하는 'Google Earth Pro' 버전이 있습니다. 과거에는 유료로 제공되었으나 현재는 전면 무료로 전환된 이 프로그램은 웹 버전보다 훨씬 강력하고 전문적인 기능들을 탑재하고 있습니다. 보고서나 발표 자료의 질을 한 단계 높이고 싶을 때 매우 유용한 도구입니다.

설치 방법

1 포털 사이트에서 'Google Earth Pro 다운로드'를 검색하거나, 공식 홈페이지(google.com/earth/versions/#earth-pro)에 접속하여 설치 파일을 다운로드한 후 PC에 설치합니다.

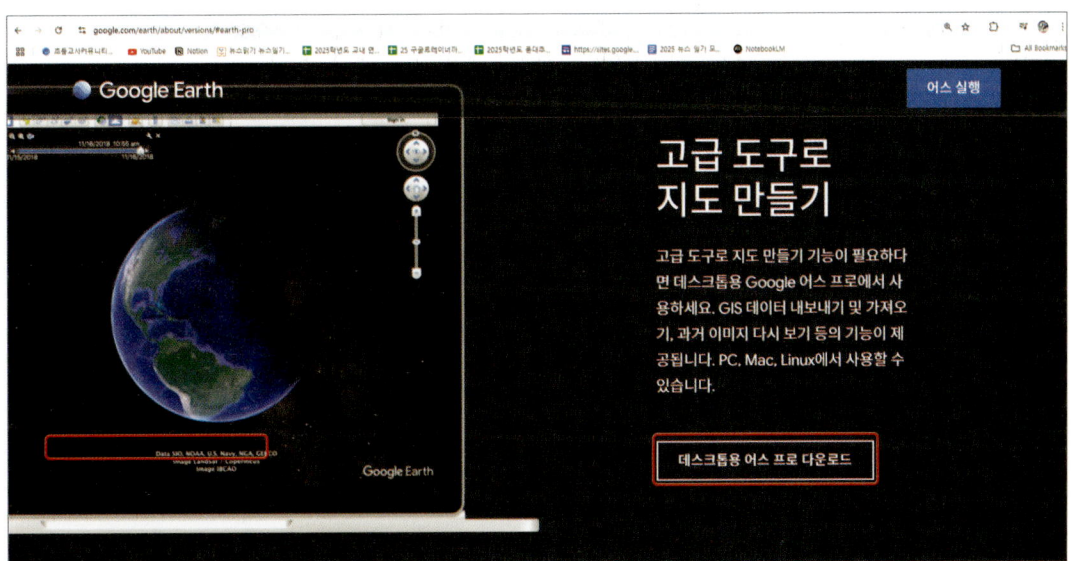

핵심 기능

1 고해상도 이미지 저장 웹 버전에서는 화면 캡처만 가능했다면, Google Earth Pro에서는 현재 화면을 최대(8192x4690) 픽셀의 초고화질 이미지 파일(JPEG)로 저장할 수 있습니다. 구글 어스 프로를 실행하고, 저장하고 싶은 장소로 이동하거나 원하는 각도로 화면을 조정합니다. 상단 메뉴에서 ❶ '파일' - ❷ '저장' - ❸ '이미지 저장'을 클릭합니다. 또는, 화면 상단의 툴바(도구 모음) 에서 '이미지 저장' 아이콘을 클릭합니다.

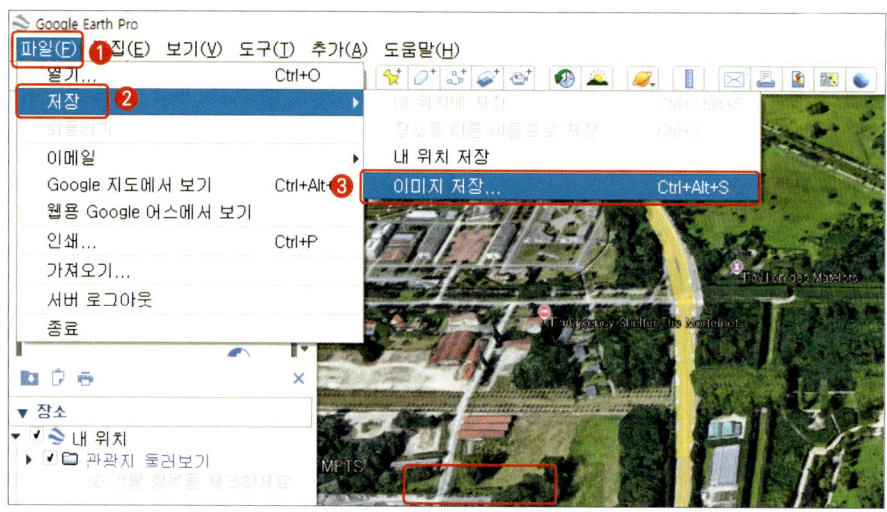

2 '이미지 저장'을 선택하면 지도 위에 새로운 옵션 막대가 나타납니다. ❶ '해상도' 탭을 클릭하면 다양한 해상도 목록이 팝업창이 나타납니다. ❷ '최고(8192x4690)'를 선택합니다.

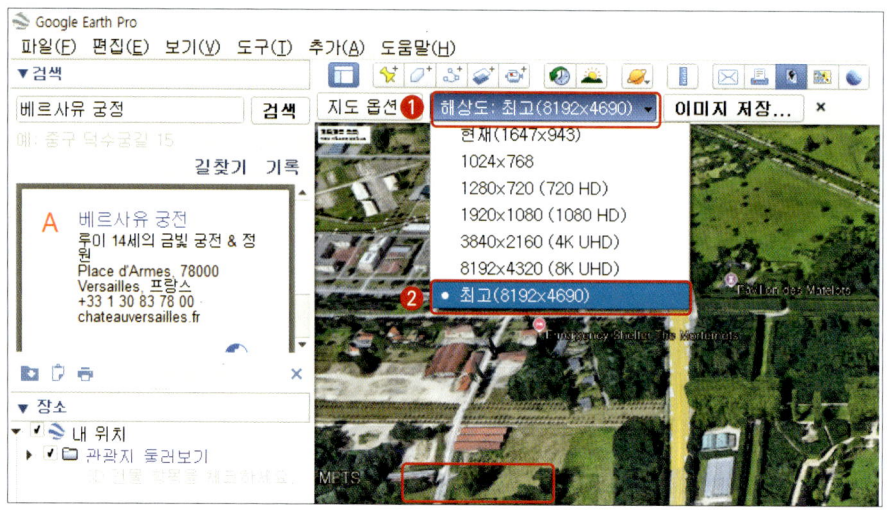

3 '지도 옵션'을 클릭하여 이미지에 포함될 요소(제목 및 설명, 범례, 축척, 나침반)를 설정할 수 있습니다. 인쇄 목적에 맞게 불필요한 요소는 체크 해제하여 깔끔한 위성사진만 저장할 수도 있습니다.

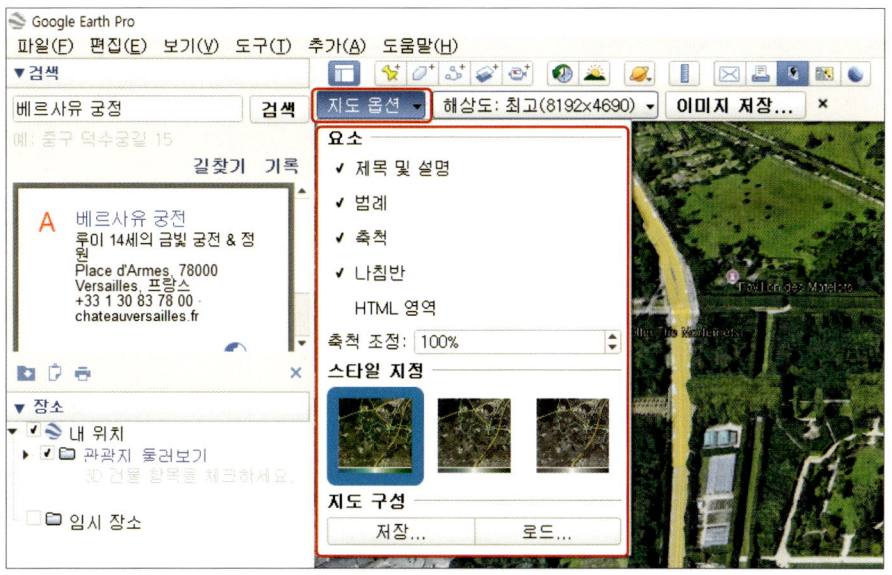

4 모든 설정을 마친 후, ❶ '이미지 저장'을 다시 클릭합니다. 파일 이름을 지정하고 저장할 위치를 선택한 후, ❷ '저장'을 클릭하면 JPEG파일로 컴퓨터에 저장됩니다.

5 **동영상 제작(투어 녹화)** '동영상 만들기' 기능은 내가 만든 프로젝트의 이동 경로를 그대로 동영상 파일(AVI)로 녹화해주는 기능입니다. 학생들이 만든 '명화 감상 여행' 프로젝트를 동영상으로 제작하여 온라인 학급에 공유하거나, 발표 영상으로 활용하는 등 다채로운 방식으로 결과물을 만들 수 있습니다.

6 **고급 측정 도구** 웹 버전보다 정교한 측정 도구를 제공합니다. '경로'를 따라 실제 지형의 거리를 측정하는 것은 물론, '다각형' 도구로 우리 학교 운동장이나 특정 지역의 면적(제곱미터, 헥타르 등)을 직접 계산해보는 수학, 사회 융합 수업이 가능합니다.

7 **전문가용 GPS 데이터 가져오기** 지리 정보 전문가들이 사용하는 Shapefile(.shp) 또는 GeoTIFF(.tif)와 같은 전문 GIS 데이터 파일을 직접 불러와 지도 위에 시각화할 수 있습니다. 공공데이터포털 등에서 제공하는 실제 행정구역, 인구 분포, 환경오염 데이터 등을 불러와 심층적인 지리 정보 분석 프로젝트를 진행할 수도 있습니다.

Google Sites
교실과 세상을 연결하는 디지털 포트폴리오

Google Sites는 HTML이나 디자인 지식 없이 누구나 손쉽게 웹사이트를 만들 수 있는 온라인 웹사이트 제작 도구입니다. 블록 장난감을 조립하듯이 미리 만들어진 디자인 블록에 이미지, 유튜브, 구글 문서와 같은 콘텐츠를 넣기만 하면 반응형 웹사이트를 손쉽게 제작할 수 있습니다. 무엇보다 복잡한 도메인 구매나 웹호스팅 없이 바로 인터넷에 게시할 수 있다는 점과 제한된 접근을 통해 학생을 보호할 수 있다는 점에서 교육용 도구로서의 가치를 지닙니다.

6장 Google Sites 도구에서는 비슷하지만 조금 다른 용어를 사용합니다. 참고하시기 바랍니다.
- 웹사이트(사이트): 전체 포트폴리오를 담는 클리어파일 또는 파일 케이스로 많은 하위 페이지를 포함하고 있습니다.
- 웹페이지(페이지): 웹사이트를 구성하는 개별 페이지를 칭합니다.

Google Sites는 'Google 앱 메뉴 – 사이트 도구'를 선택해 실행하거나 주소창에 'sites.google.com'을 입력하여 실행할 수 있습니다.

Google Sites로 만드는 나만의 디지털 포트폴리오

"선생님, 이거 버려도 돼요?"

국어 시간이 끝나고 쉬는 시간이 되자, 한 학생이 조심스럽게 제게 다가와 물었습니다. 평소 학급에서 유순하고 성실하기로 유명한 이 학생은 늘 과제도 빠뜨리지 않고 열심히 해오는 아이였습니다. 그 학생이 손에 든 것은 국어책에 수록된 활동 자료였는데, 책에서 뜯어내어 사용할 수 있도록 제작된 것이었습니다. "선생님, 이제 공부가 다 끝났으니까 이거 버려도 되죠?" 아이의 순수한 질문이었지만, 그 말은 제 머릿속에 예상치 못한 또 다른 질문을 불러일으켰습니다.

'과연 수업이 끝나는 순간 배움의 흔적들이 이렇게 쉽게 사라져버려도 괜찮은 것일까?'

공부는 수업 시간에만 하고 쉬는 시간이면 끝이라는 생각은 아이들이 할 수 있는 아주 흔한 생각입니다. 실제로 한 차시의 수업에서 잠깐 쓰고 버려지는 학습지와 산출물들은 때론 교사에게도 처치 곤란일 때가 많습니다. 종이라도 아껴보려는 마음으로 디지털 도구를 쓰기도 하지만, 결국 종이 대신 디지털 파일의 형태로 변했을 뿐입니다.

아이들이 정성껏 만든 소중한 자료들을 그저 눈에 보이지 않는 어딘가에 묻어 두고 있는게 내심 아쉬웠습니다. 특히나 현실의 구체적인 문제들을 자신만의 노력과 아이디어로 해결해보려 했던 프로젝트 수업의 산출물들이 교실을 넘어 더 넓은 세상에 전달되면 좋겠다고 생각하기도 했습니다. 더불어 소셜미디어를 통해 인터넷 공간에서 자신을 표현하고 싶어하는 학생들에게 보다 안전하고 교육적인 공간이 필요하다고 느꼈습니다.

이러한 고민들이 모여 Google Sites를 활용하게 되는 계기가 되었습니다.

✦ Google Sites는 간단한 작업으로 웹사이트를 만들 수 있는 도구입니다. 코딩 지식이 없어도 클릭 몇 번으로 텍스트, 이미지, 동영상, 문서 등을 자유롭게 배치할 수 있어 교사들이 부담 없이 교육용 웹사이트를 만들 수 있습니다.

✦ 별도의 비용 없이 무료로 웹사이트를 만들고 배포할 수 있습니다. 이렇게 만든 웹사이트를 인터넷에 게시하여 조직 구성원(같은 도메인을 사용하는 구글 워크스페이스 이용자)또는 모든 인터넷 사용자가 볼 수 있도록 설정할 수 있습니다. 웹사이트 게시에 필요한 도메인 호스팅 없이 웹사이트를 만들고 주소만 정하면 바로 인터넷에서 접속할 수 있습니다.

✦ Google Workspace와의 완벽한 연동은 교육 현장에서 Google Sites의 핵심 강점입니다. Google Docs, Slides, Forms, Drive 등의 파일을 웹사이트에 직접 삽입할 수 있어 학습 자료 공유와 관리가 매우 간편합니다.

✦ 권한 설정의 유연성도 교육용으로 매우 적합합니다. 전체 공개, 조직 내 공개, 특정 사용자만 접근 가능하도록 세밀하게 권한을 설정할 수 있어 학급별, 학년별, 또는 학교 전체 단위로 정보 공유 범위를 조절할 수 있습니다.

✦ 개인 또는 학급 홈페이지, 온라인 교무실 등 다양한 용도로 활용 가능합니다. 코로나19 시기 온라인 수업이 확산되면서 많은 교사들이 디지털 교실 구축에 사이트 도구를 활용했던 경험이 이를 증명합니다.

무궁무진한 가능성의 도구, Google Sites를 제대로 활용하려면 어떻게 해야 할까요?

02. Google Sites의 핵심 기능과 전략

수업에 유용한 Sites의 핵심 기능
• 콘텐츠 블록 • 페이지 구조화 • 맞춤 테마 • 템플릿 갤러리 • 실시간 공동작업
• 반응형 웹 디자인 • 전체 페이지 삽입 • 웹앱 게시 • 제한된 접근

이번 장에서는 사이트 도구의 핵심 기능들을 '하나의 포트폴리오 사이트를 완성해나가는 과정' 속에서 자연스럽게 익혀보겠습니다. 책에 소개된 순서대로 따라하다 보면, 이 장이 끝날 때쯤 여러분의 첫 번째 디지털 포트폴리오가 완성되어 있을 것입니다.

1. Google Sites 시작하기

일반적으로 구글 앱 메뉴를 통해 구글 도구에 접속할 수 있지만, 구글 개인 계정을 이용할 경우 앱 메뉴에 사이트 도구가 표시되지 않기도 합니다. 앱 메뉴에 사이트 도구가 표시되지 않는 경우 접속하는 방법부터 알아보도록 하겠습니다.

1 구글 검색창에서 '구글 사이트'를 검색하여 접속합니다. 최상단에 표시되는 결과가 사이트 도구의 시작 페이지입니다.

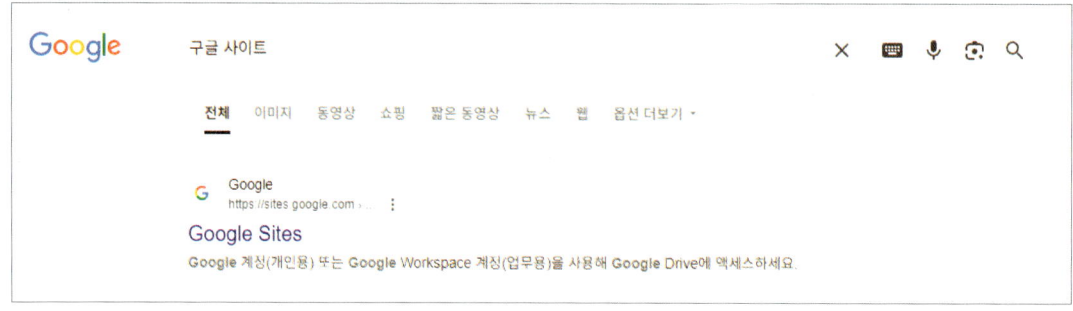

크롬 주소창에 'sites.new'를 입력하면, 시작 페이지를 거치지 않고 바로 새 사이트의 편집 화면으로 이동할 수 있습니다.

2 구글 드라이브에서 사이트 도구를 시작하는 방법도 있습니다. ❶ '드라이브' - ❷ '+ 신규' - ❸ '더 보기' - ❹ 'Google 사이트 도구'를 클릭하여 접속합니다.

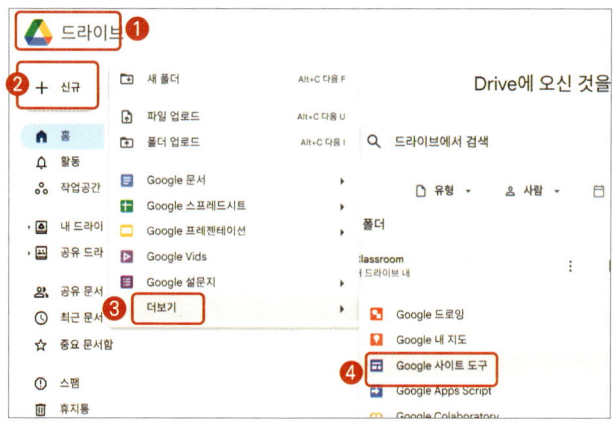

3 사이트 도구 시작 화면에서 ❶ '빈 사이트'를 클릭합니다.

4 ❶ 왼쪽 상단의 '제목 없는 사이트'를 클릭하여 사이트 문서의 이름을 입력하고 Enter 키를 누릅니다. ❷ 이어서 화면 중앙에 크게 보이는 '내 페이지 제목'도 적절히 바꾸어 줍니다.

❶ 왼쪽 상단의 '제목 없는 사이트': 전체 웹사이트의 이름으로, Google Drive에 저장되는 파일명입니다. 사이트가 게시된 후 브라우저 제목 표시줄과 웹사이트 헤더에 표시됩니다.
❷ 화면 중앙의 '내 페이지 제목': 개별 페이지의 제목으로, 각 페이지마다 다르게 설정할 수 있습니다.

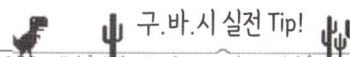
구.바.시 실전 Tip!

아무것도 없는 빈 화면에서 웹사이트를 만들기 시작하면 막막할 수 있습니다. 그럴 땐 '템플릿 갤러리'를 이용해 보세요. 빈 사이트 만들기 오른쪽 상단에 위치한 템플릿 갤러리를 클릭하면 13종의 템플릿 중 마음에 드는 것을 고를 수 있습니다. 필요한 부분만 편집하면 손쉽게 웹사이트가 완성됩니다.

5 빈 사이트를 열었을 때 나타나는 기본 편집 화면 구성은 다음과 같습니다.

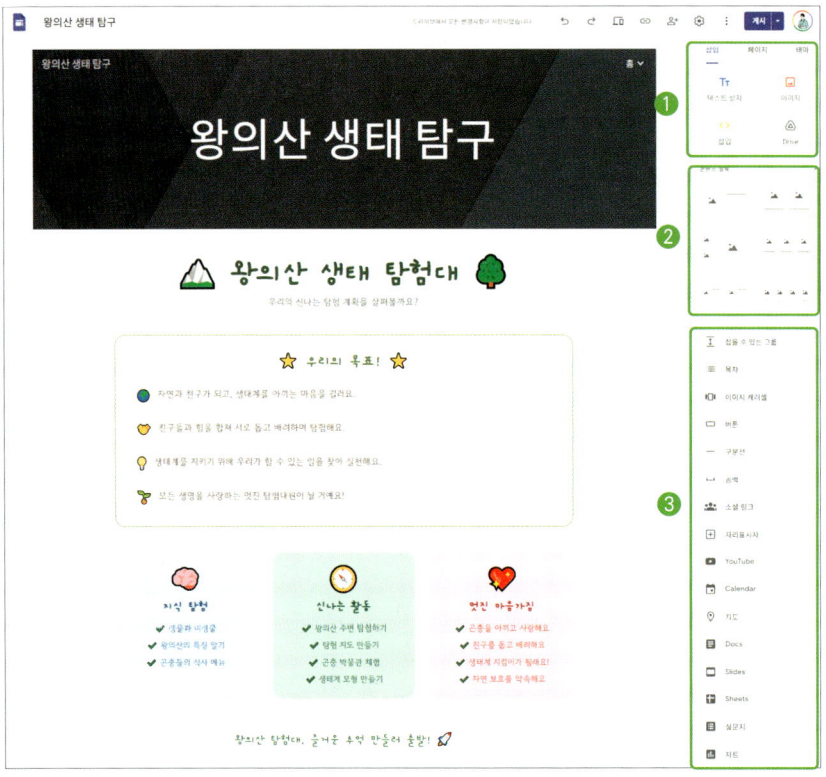

화면 왼쪽: 현재 편집하고 있는 페이지가 표시됩니다.

화면 오른쪽: 주메뉴들이 표시됩니다. 주메뉴는 ❶ 삽입/페이지/테마, ❷ 콘텐츠 블록, ❸ 페이지 통합 콘텐츠로 구성되어 있습니다.

주메뉴의 자세한 활용 방법은 이어서 살펴보겠습니다.

2. 삽입 기능으로 수업 자료와 학습 결과물 통합하기

삽입 기능은 웹페이지에 들어갈 다양한 콘텐츠를 추가할 수 있는 기능입니다. 학생들은 삽입 기능을 활용하여 다양한 형태의 학습 자료를 웹페이지에 보기 좋게 정리할 수 있습니다. 특히 프로젝트 학습이나 포트폴리오 제작 시 각각의 삽입 기능을 목적에 맞게 적절히 사용하면 완성도 높은 결과물을 만들어낼 수 있습니다.

삽입 - 텍스트 상자

1 가장 먼저 텍스트를 삽입하는 방법을 알아보겠습니다. ❶ '텍스트 상자'를 클릭하여 텍스트 상자를 생성합니다.

2 생성된 텍스트 상자의 도구 모음 구성을 살펴보도록 하겠습니다.

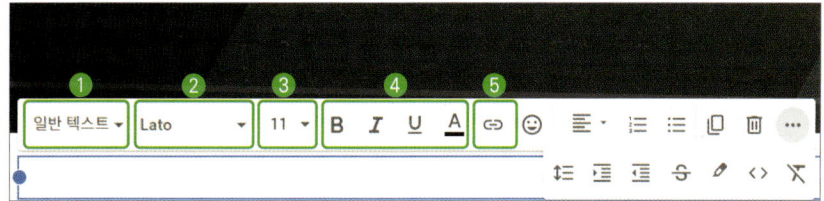

❶ 스타일: 제목과 부제목 등의 스타일을 선택하면 정해진 서식이 적용됩니다.
❷ 글꼴: 글꼴 목록에서 원하는 글꼴을 선택할 수 있습니다. '+ 글꼴 더보기'를 클릭하면 새로운 글꼴을 추가할 수 있습니다.
❸ 글꼴 크기: 글씨 크기를 변경할 수 있습니다.
❹ 서식: 굵게, 기울임꼴, 밑줄, 글꼴 색상 등의 서식을 적용할 수 있습니다.
❺ 링크: 링크를 입력하면 텍스트 클릭 시 링크로 이동합니다.

3 입력한 텍스트에 서식을 적용하여 보기 좋게 정리합니다.

[적용한 서식]
뱀 딸기: [스타일-제목], [글꼴-Bagel Fat One], [글꼴 색상-빨간색], [가운데 정렬]
설명: [스타일-부제목], [글꼴-Jua], [글꼴 색상-검정색], [굵게], [가운데 정렬]

삽입 - 이미지

1 앞서 작성한 텍스트에 어울리는 이미지를 삽입해 보도록 하겠습니다. ❶ '이미지' - ❷ '선택' - ❸ 'Google 이미지'를 클릭한 뒤, ❹ 상단 검색창에 '뱀딸기'를 검색합니다. ❺ 이미지를 선택한 뒤, ❻ '삽입'을 클릭합니다.

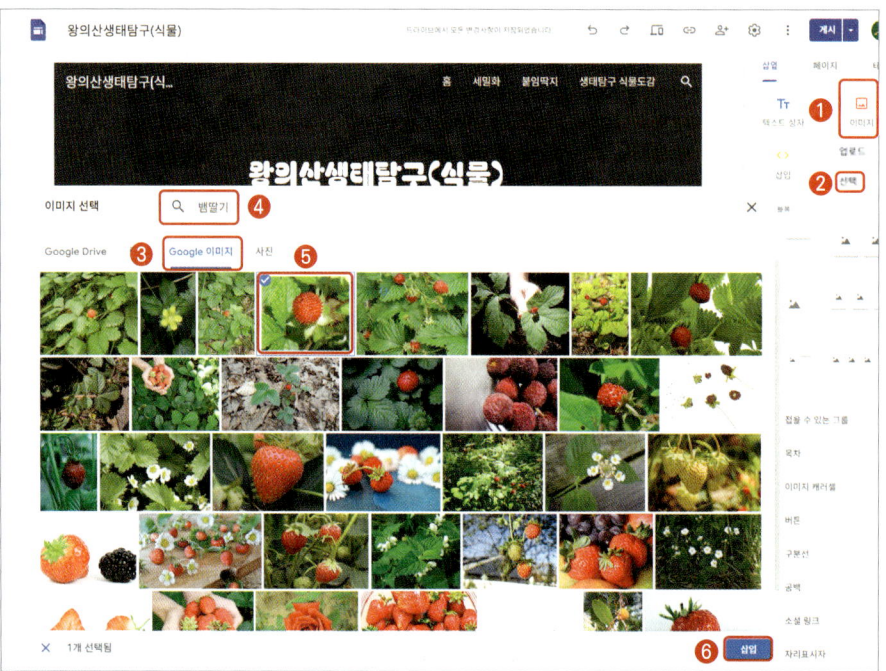

2 삽입한 이미지를 클릭하면 도구 모음이 표시됩니다. 도구 모음을 활용하여 이미지를 편집할 수 있습니다.

3 이어서 이미지를 클릭한 상태로 드래그하여 텍스트 상자 옆으로 이동시킵니다. 이때 이미지가 삽입될 수 있는 위치와 크기를 쉽게 파악할 수 있도록 배경에 격자선이 나타납니다.

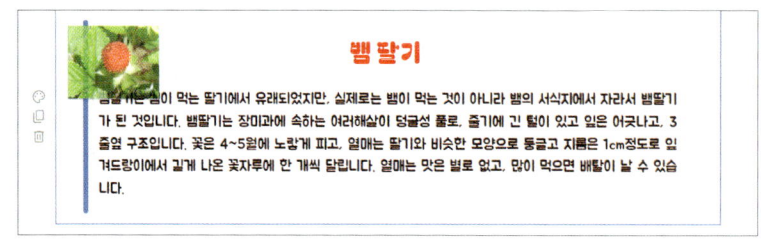

4 이미지 크기를 적절히 조절한 후 배치하여 이미지와 설명이 조화롭게 어우러진 조사 결과 정리 섹션을 완성합니다.

삽입 - 드라이브

1 Google Drive에 저장해 둔 파일은 페이지에 바로 삽입할 수 있습니다. 구글 클래스룸으로 과제를 관리하면 학생이 작성한 산출물이 자동으로 Drive에 저장되므로 삽입 기능을 더욱 편리하게 활용할 수 있습니다. ❶ 'Drive'를 클릭한 뒤 ❷ 삽입할 파일이 저장된 위치로 이동합니다. - ❸ 원하는 파일을 선택 - ❹ '삽입'을 클릭합니다.

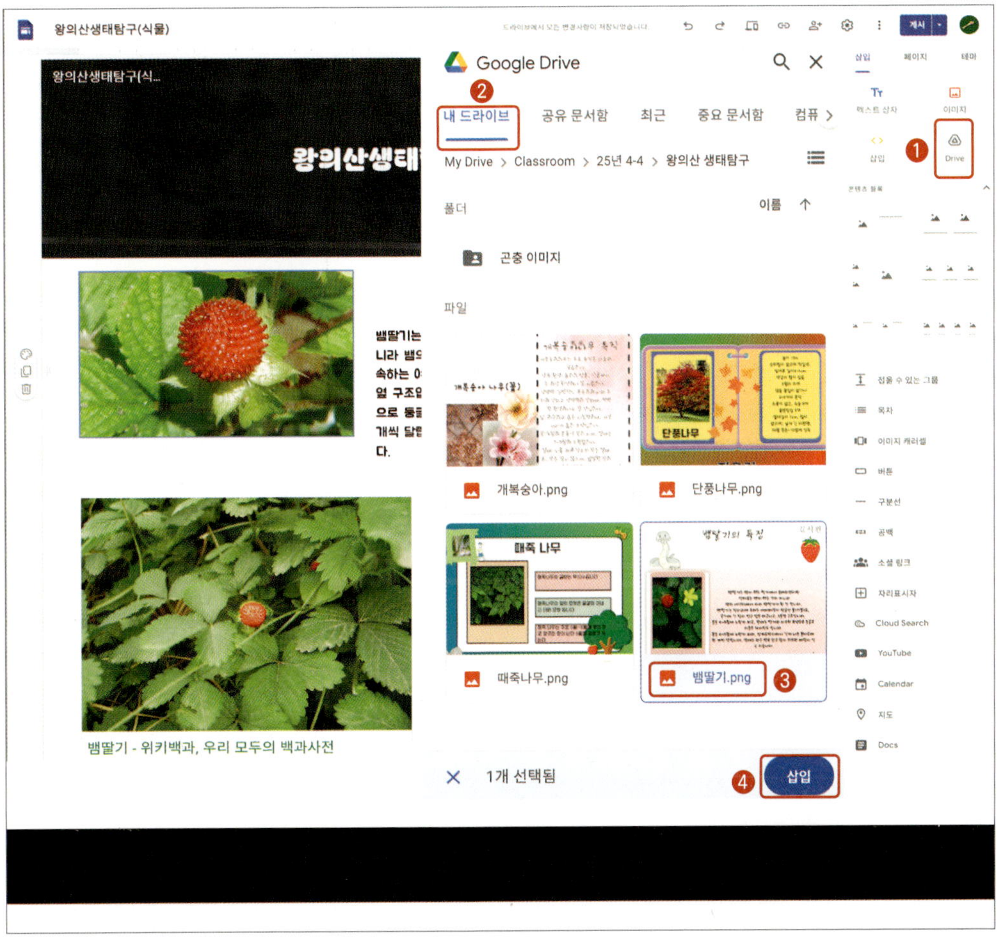

2 Drive에 저장된 파일이 페이지에 삽입된 것을 확인할 수 있습니다.

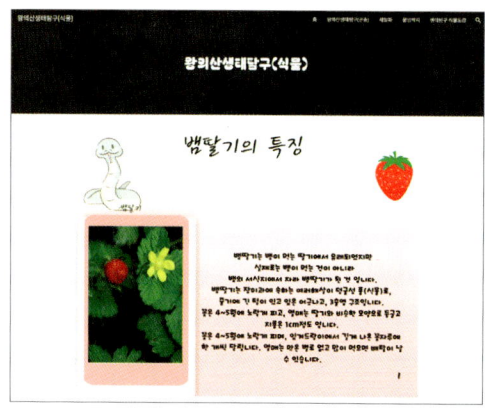

구.바.시 실전 Tip!

'삽입 – Drive' 기능을 활용하면 내 Google Drive에 저장해 둔 다양한 파일을 삽입할 수 있습니다. 그러나 방문자가 문서를 열어보려면 권한이 필요합니다. 권한은 역할에 따라 달라지는데, '뷰어'는 문서를 확인만 할 수 있고, '댓글 작성자'는 의견을 댓글로 남길 수 있으며, '편집자'는 문서를 직접 수정할 수 있습니다. 파일의 종류나 페이지 공개 범위에 따라 필요한 권한이 다르므로, 문서를 공유하기 전 먼저 공유 설정을 확인하고, 페이지에 삽입할 때 다시 한 번 권한을 점검하는 것이 좋습니다.

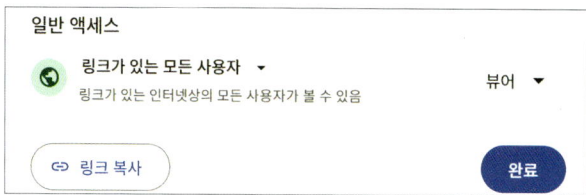

사이트 도구를 활용하여 웹사이트를 제작할 때에는 노트북이나 데스크톱을 활용하는 것이 좋습니다. 모바일 브라우저에서 편집하면 텍스트가 중복되거나 보이지 않는 등 작은 오류가 자주 발생하기 때문입니다. 만약, 학생용 기기가 태블릿PC 뿐이라면 크롬 브라우저의 '데스크톱 버전으로 보기'를 활성화하고, 복사한 텍스트를 붙여넣을 때에는 마우스 오른쪽 버튼을 클릭한 후 '일반 텍스트로 붙여넣기'를 이용하여 삽입하는 것이 좋습니다. 이렇게 하면 불필요한 서식을 제외하고 텍스트만 깔끔하게 붙여넣을 수 있습니다.

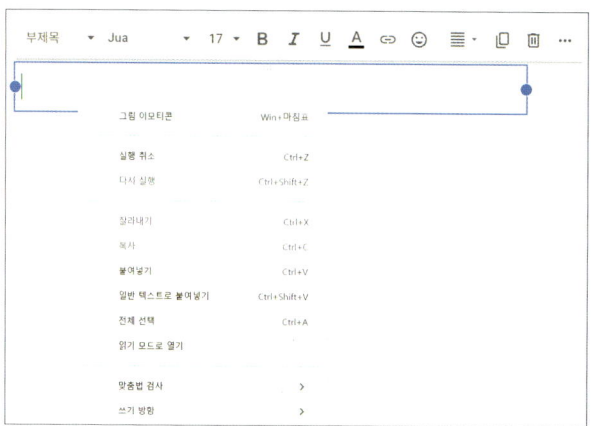

3. 콘텐츠 블록과 이미지 캐러셀로 학습 내용을 효과적으로 정리하기

콘텐츠 블록은 이미지와 텍스트를 보기 좋게 배치해 놓은 디자인 틀입니다. 사용자는 이 틀에 이미지와 텍스트만 넣으면 손쉽게 완성도 높은 디자인을 만들 수 있습니다. 이미지 캐러셀은 여러장의 이미지를 순차적으로 넘기면서 볼 수 있는 디자인 틀입니다. 많은 이미지를 단순 나열하는 것보다 효과적으로 정보를 전달할 수 있습니다.

1 **콘텐츠 블록** 학생들이 조사한 식물과 곤충을 도감 형태로 만들어보겠습니다. 화면 오른쪽, 콘텐츠 블록 디자인 중에서 ❶ 이미지 3장과 텍스트 박스 3개가 붙어있는 콘텐츠 블록을 선택합니다. 편집 중인 화면에 콘텐츠 블록이 나타나면 ❷ '+'를 클릭, ❸ '이미지 선택'을 클릭하여 이미지를 삽입합니다.

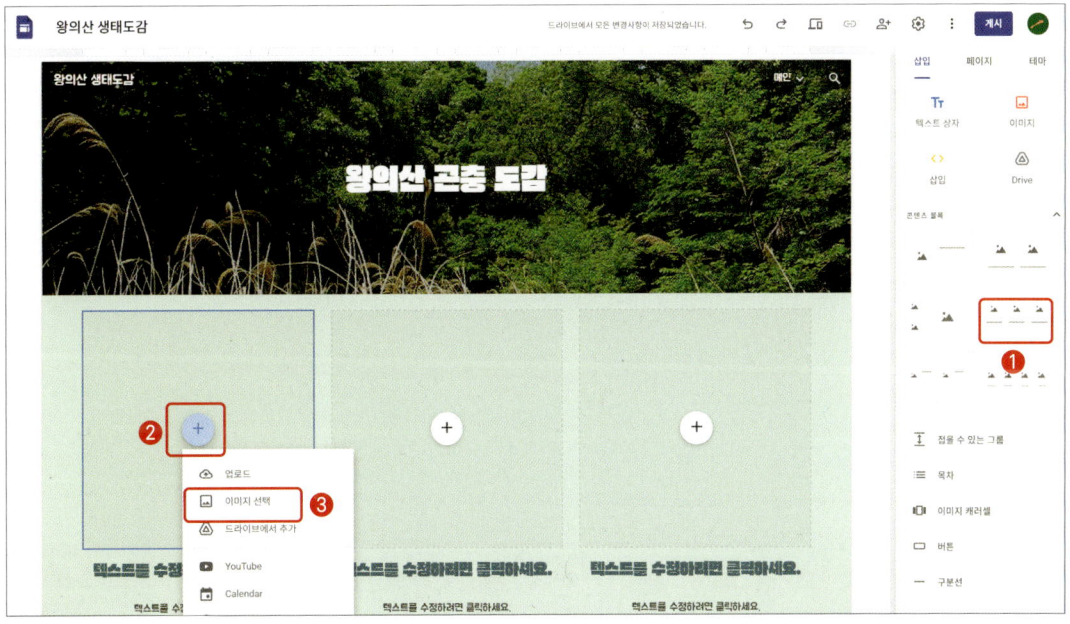

2 아래의 텍스트 상자에는 조사한 내용을 입력하여 곤충 도감을 완성합니다.

3 `이미지 캐러셀` 이어서 학생들이 만든 생태탐구 카드뉴스를 한 장씩 넘기면서 볼 수 있도록 삽입해 보겠습니다. 화면 오른쪽 하단의 ❶ '이미지 캐러셀' - ❷ 생성된 팝업창에서 '+' 를 클릭 - ❸ '이미지 선택'을 클릭합니다.

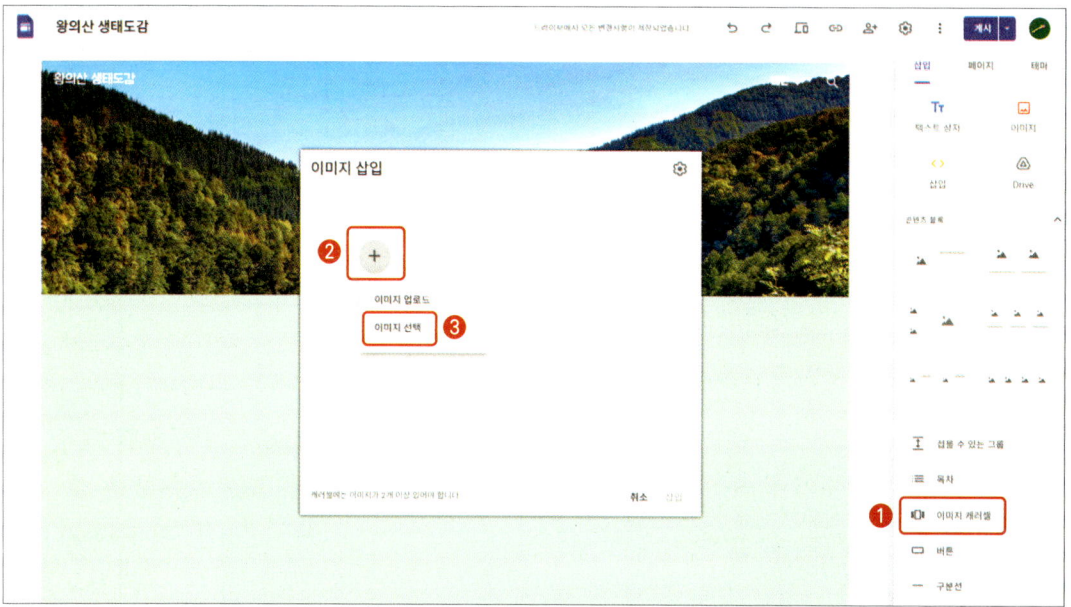

4 ❶ 파일이 저장된 위치로 이동한 뒤, ❷ 카드뉴스 구성 이미지를 모두 클릭하여 선택한 뒤, ❸ '삽입'을 클릭합니다.

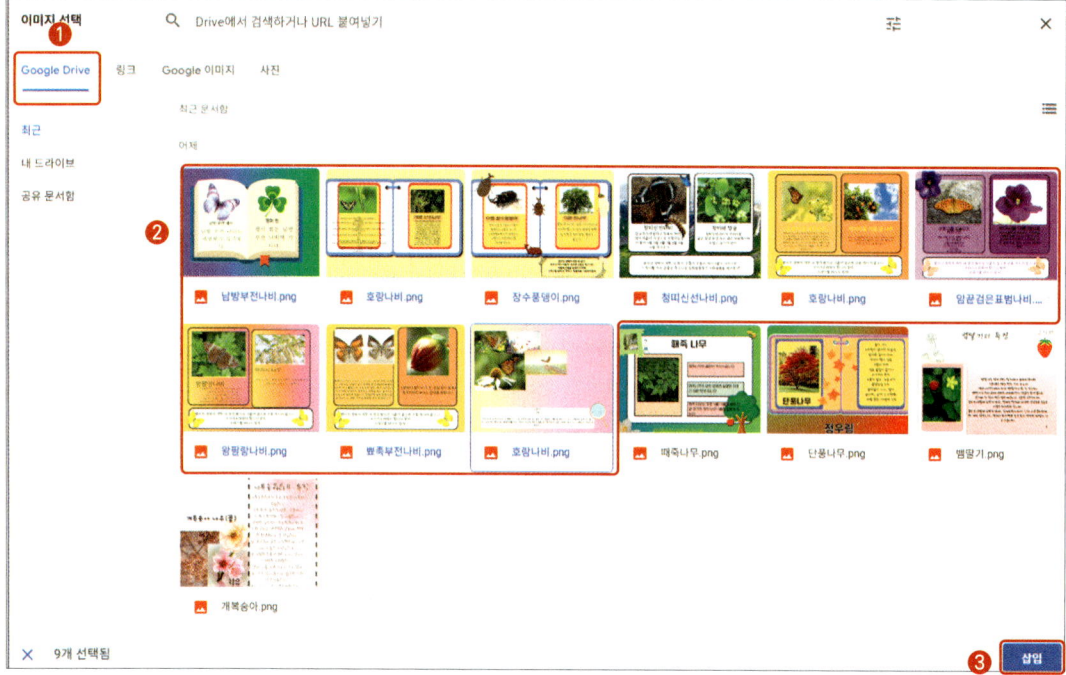

5 이미지 캐러셀에 표시될 카드뉴스의 순서를 변경하고 싶다면 ❶ 이미지를 클릭한 채로 드래그하여 원하는 위치로 이동한 뒤, ❷ '삽입'을 클릭합니다.

6 생성된 이미지 캐러셀의 크기를 조절한 뒤, 화면 상단의 ❶ '미리보기'를 클릭하여 카드뉴스가 순서대로 잘 표시되는지 확인합니다.

4. Google 도구 연동으로 다양한 기능 추가하기

이제부터는 한층 다양한 기능을 활용해 웹사이트를 만드는 방법을 알아보겠습니다. 먼저 살펴볼 부분은 Google 서비스와의 연동입니다. 사이트 도구는 Google에서 제공하는 서비스이기 때문에 다른 Google 도구와 호환성이 높아, 페이지에 다양한 기능을 손쉽게 통합해 활용할 수 있습니다.

1 `YouTube` 왕의산 생태탐구 활동 후 나비에 관심을 보이는 학생들을 위해 관련 영상을 페이지에 삽입해 보겠습니다. 화면 오른쪽 하단의 ❶ 'YouTube'를 선택하고 ❷ 검색창에 키워드를 입력합니다. ❸ 삽입할 영상을 선택한 뒤, ❹ '삽입'을 클릭합니다.

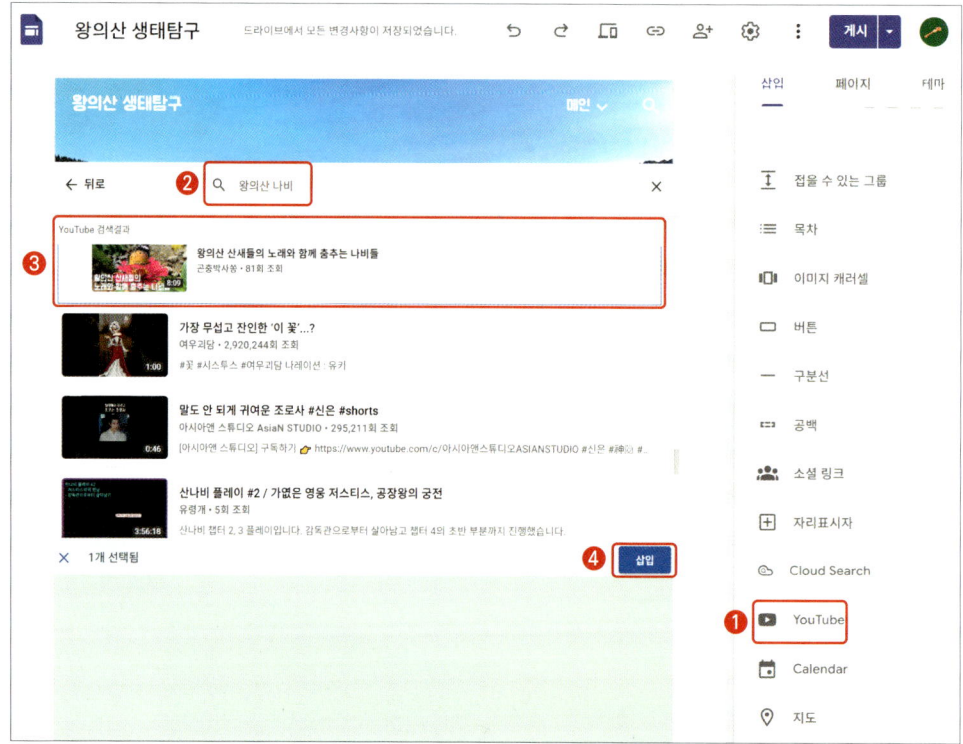

2 삽입한 영상은 드래그 앤 드롭으로 위치를 조절할 수 있습니다. 기본적으로 데스크톱 화면에서는 가로로 두 개의 영상을 배치할 수 있습니다. ❶ '미리보기'를 클릭한 뒤, 화면 오른쪽 하단에 표시되는 ❷ '태블릿'을 클릭하면 영상이 하나씩 세로로 배열되는 것을 확인할 수 있습니다. 화면 크기에 따라 자동으로 조정되므로 별도의 설정을 하지 않아도 괜찮습니다.

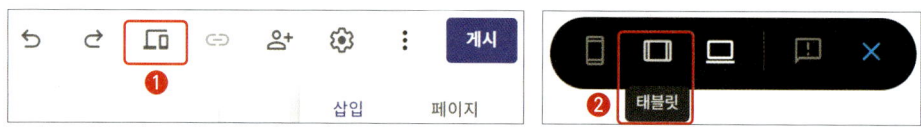

3 왕의산의 나비에 관한 YouTube 영상이 삽입되었습니다.

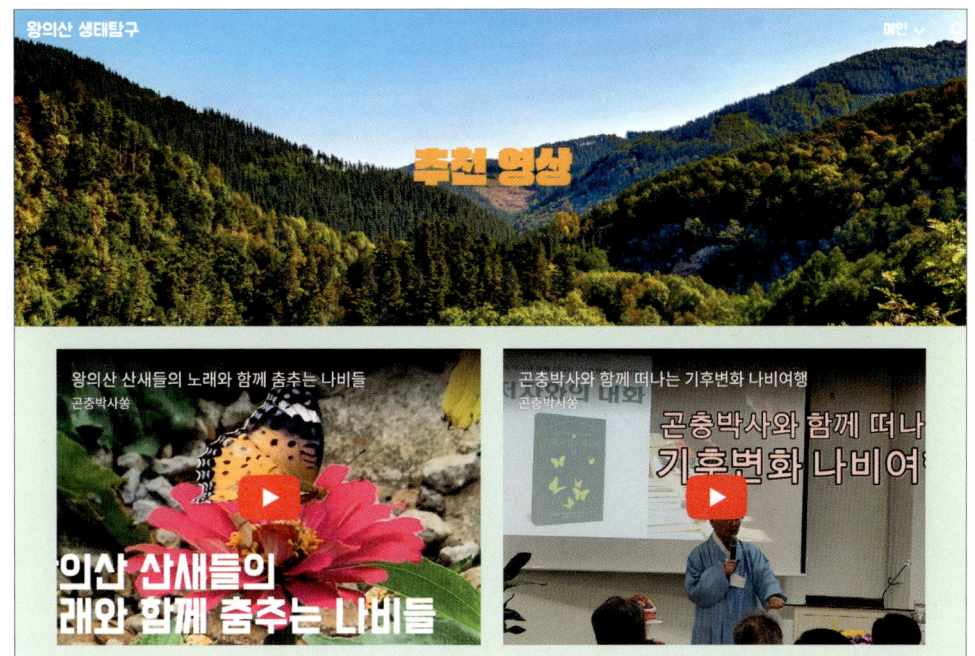

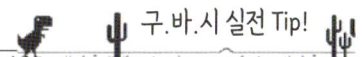

사이트 도구에서 유튜브 영상을 키워드로 검색하면 실제 유튜브 검색 결과와 다르게 나타날 수 있습니다. 따라서 원하는 영상을 정확히 삽입하려면 검색 대신 영상의 주소(URL)를 직접 입력하는 것이 좋습니다. 주소는 유튜브 영상 하단의 '공유' 버튼을 클릭해 복사할 수 있습니다.

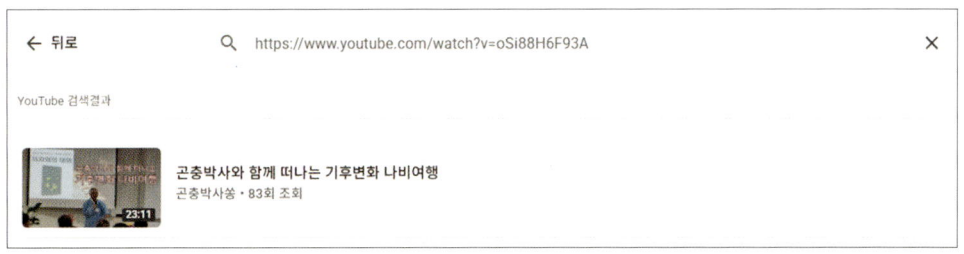

◆ 영상의 주소(URL)를 입력하여 영상 검색 및 삽입

4 `Calendar` 프로젝트 수업은 장기간 진행되므로 학생들이 과제를 잊거나 흐름을 놓치기 쉽습니다. 이를 예방하기 위해 사이트에 프로젝트 일정을 삽입하여 공유할 수 있습니다. 화면 오른쪽 하단의 ❶ 'Calendar' - ❷ 원하는 캘린더를 선택합니다. ❸ '삽입'을 클릭합니다.

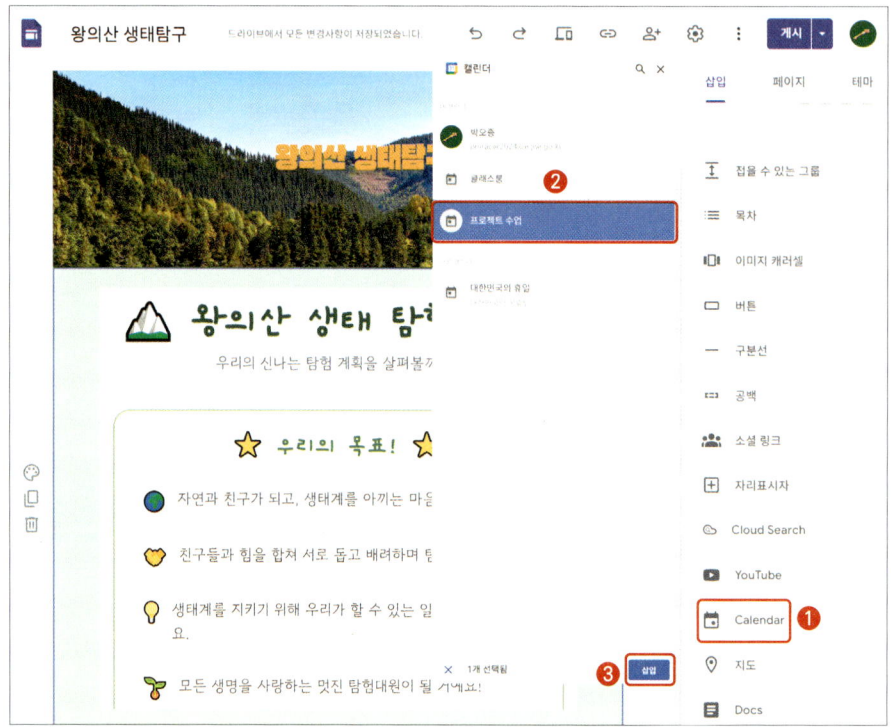

5 삽입된 캘린더 왼쪽 상단의 톱니바퀴 모양 ❶ '설정'을 클릭합니다. ❷ '보기 모드'를 '월'로 변경한 뒤, ❸ '완료'를 클릭합니다. 학생들이 쉽게 일정을 파악할 수 있는 달력 모양으로 표시되는 것을 확인할 수 있습니다.

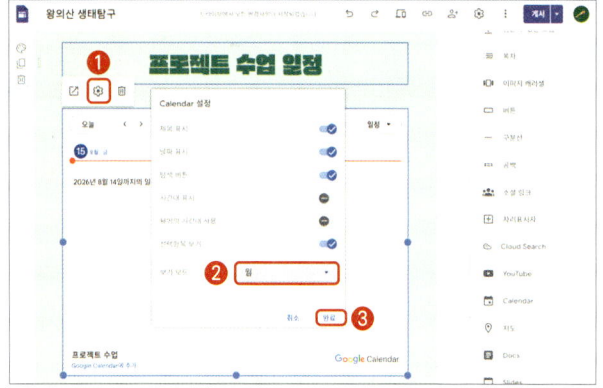 

6 지도 이번에는 왕의산 생태탐구 사이트를 방문하는 분들을 위해 왕의산 위치 지도를 삽입해 보겠습니다. 화면 오른쪽 하단의 ❶ '지도'를 클릭한 뒤, ❷ 검색창에 장소의 이름을 입력한 뒤, Enter 키를 누릅니다. ❸ '위치표시 아이콘 놓기'를 클릭 - ❹ 지도 위에 표시할 지점을 클릭합니다. ❺ '선택'을 클릭하여 지도를 삽입합니다.

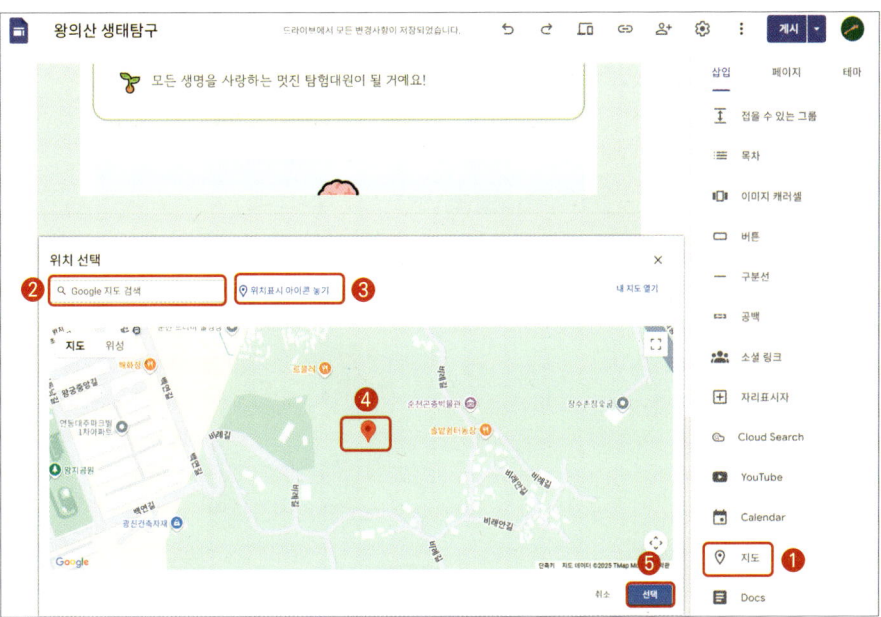

7 왕의산의 위치가 표시된 지도가 삽입되었습니다.

8 `Slides` 마지막으로 학생들이 제작한 왕의산의 식물과 곤충 발표용 슬라이드 자료를 삽입해 보겠습니다. 화면 오른쪽 하단의 ❶ 'Slides'를 클릭합니다. ❷ 삽입할 자료를 선택한 뒤, ❸ '삽입'을 클릭합니다. (Google Drive에 저장되어 있는 프레젠테이션 파일만 삽입할 수 있습니다.)

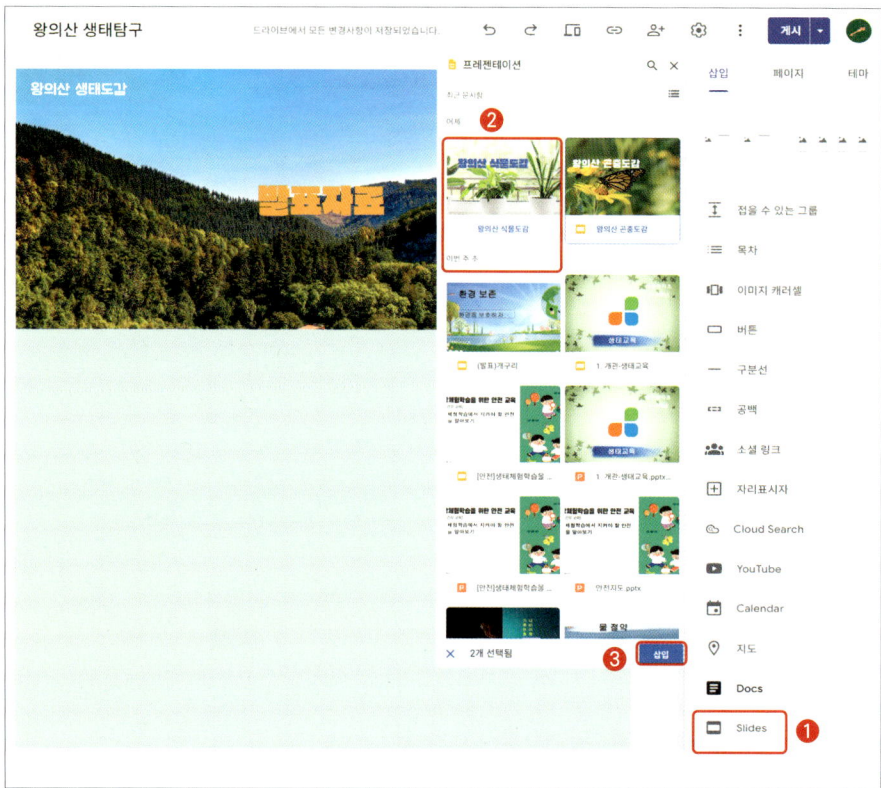

9 Google Slides 파일은 자동 시작, 반복 재생 등 다양한 설정이 가능하며, 발표 도구 사용과 애니메이션 전환 효과도 적용할 수 있습니다. 반면, PPT 파일을 삽입한 경우 슬라이드 내용만 표시됩니다.

5. 페이지 구성으로 체계적인 학습 설계하기

페이지 탭에서는 웹사이트의 전체 구조를 만들고 관리할 수 있으며, 페이지를 추가·이동하거나 전체 페이지를 코드로 삽입하고 외부 링크를 메뉴에 연결할 수 있습니다. 또, 페이지를 요소별로 체계적으로 구성하면 스크롤 부담을 줄이고, 원하는 자료를 효율적으로 탐색하도록 할 수 있습니다.

1 `하위 페이지 추가` 앞서 제작한 왕의산 생태탐구 사이트에 '식물 탐구' 하위 페이지를 만들어 보겠습니다. 화면 오른쪽 상단의 ❶ '페이지' - ❷ '홈' 오른쪽의 ' : (더보기)'를 클릭합니다. ❸ '하위 페이지 추가'를 클릭한 뒤, ❹ 새 하위 페이지의 이름(예 식물 탐구)을 입력합니다. ❺ '완료'를 클릭합니다.

2 '홈'(메인 페이지) 아래에 '식물 탐구' 하위 페이지가 생성된 것을 확인할 수 있습니다. 현재 편집하고 있는 페이지 화면 안쪽의 ❶ '홈'을 클릭하여 메인 페이지로 이동하거나, ❷ 드롭다운 메뉴를 클릭하여 '식물 탐구' 페이지로 이동할 수 있습니다. '하위 페이지 추가' 기능을 활용하여 메뉴를 계층적으로 구성하면 사용자가 정보를 더 쉽게 찾을 수 있습니다.

3 **새로운 메뉴 섹션** 이어서 페이지 편집 추가 메뉴를 이용하여 '개인 보고서 모음'을 만들어 보겠습니다. 메인 페이지가 화면에 표시되도록 ❶ '홈'을 클릭합니다. 페이지 탭 하단의 '+' 버튼 위에 마우스 커서를 올리면 생성되는 메뉴에서 ❷ '새로운 메뉴 섹션'을 클릭합니다. ❸ 섹션의 이름을 정합니다.(예 개인 보고서 모음) ❹ '완료'를 클릭합니다.

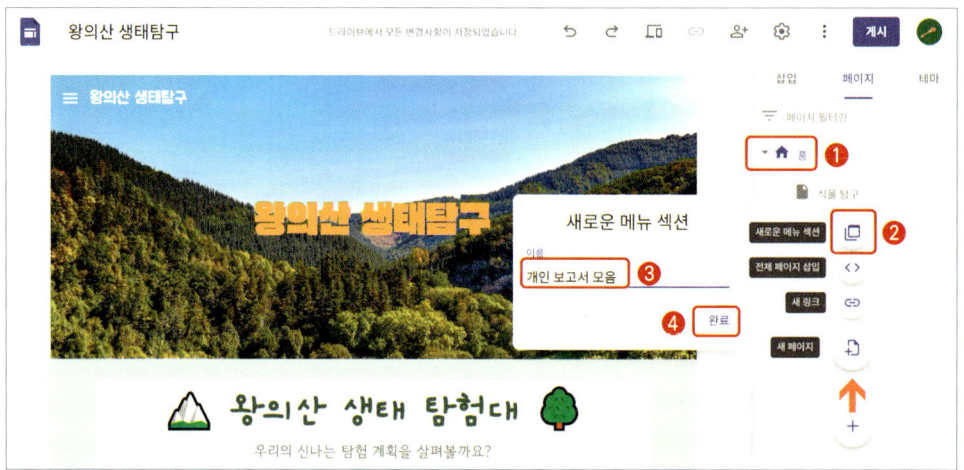

'새로운 메뉴 섹션'은 메뉴 그룹을 생성하는 기능입니다. 페이지 자체를 만드는 것이 아니라, 페이지들을 묶어주는 폴더 같은 역할을 합니다.

4 **새 링크** 만들어진 섹션에 링크를 삽입하여 학생의 개인 보고서를 연결합니다. ❶ '새 링크'를 클릭한 뒤, ❷ 링크할 페이지의 이름을 입력합니다. ❸ 링크의 주소(URL)를 붙여 넣습니다. ❹ '새 탭에서 열기'를 체크 해제한 후, ❺ '완료'를 클릭합니다. (학생 개인 보고서의 링크를 가져오는 방법은 p.254의 '게시' 기능을 참고하시기 바랍니다.)

5 ❶ 삽입한 링크('김OO')를 '개인 보고서 모음' 메뉴로 끌어다 놓습니다.

6 '개인 보고서 모음' 섹션 왼쪽에 '▼' 표시가 생성됩니다. 이는 김OO 학생의 개인 보고서 페이지가 하위 페이지로 연결되었음을 의미합니다. 현재 편집하고 있는 페이지 화면 안쪽, '개인 보고서 모음' 아래에 표시되는 ❶ '김OO'을 클릭하여 링크가 잘 연결되었는지 확인합니다.

7 전체 페이지 삽입 왕의산 생태탐구와 국어 수업을 연계하여 '관찰하는 글쓰기' 수업을 진행한 뒤, 띵커벨에 모아둔 결과물을 '전체 페이지 삽입' 기능을 활용하여 삽입해 보겠습니다. ❶ '전체 페이지 삽입'을 클릭합니다. ❷ 페이지의 이름을 입력합니다.(예 관찰하는 글쓰기) ❸ '완료'를 클릭합니다.

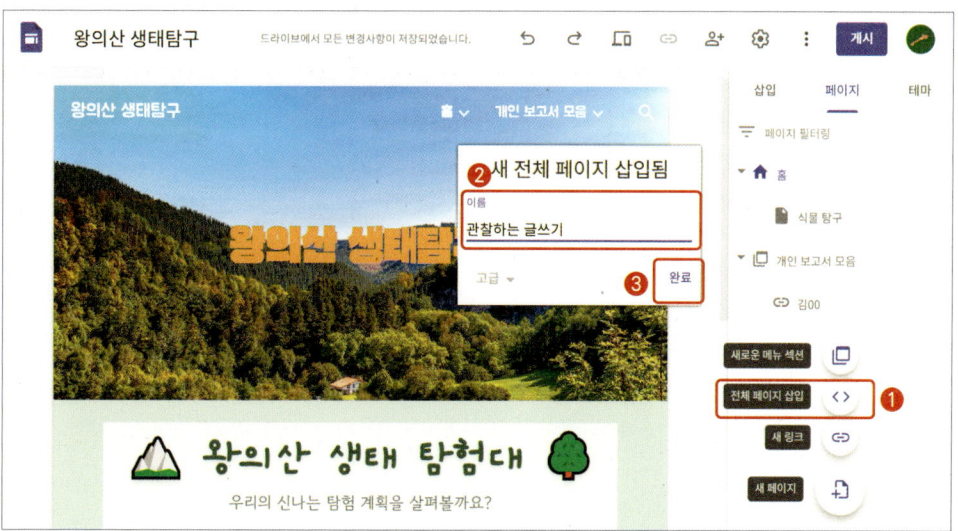

8 이어서 표시되는 화면에서 ❶ '삽입 추가'를 클릭한 뒤, ❷ 연결하려는 페이지의 주소(URL)를 붙여 넣습니다.

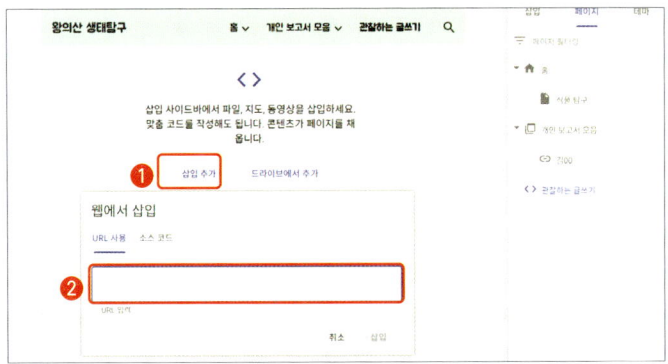

9 삽입할 페이지의 형식을 선택하는 화면이 표시되면, ❶ '전체 페이지'를 선택한 뒤, ❷ '삽입'을 클릭합니다.

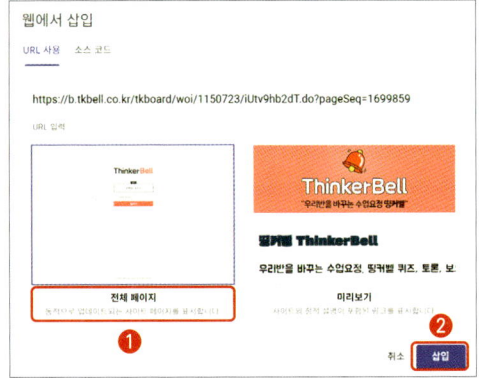

10 화면 상단에 생성된 '관찰하는 글쓰기' 메뉴를 클릭하여, 링크가 잘 연결되었는지 확인합니다.

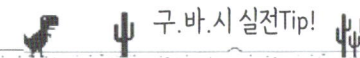
구.바.시 실전Tip!

✓ **새 링크:** 클릭하면 외부 사이트로 이동하게 되고, 주소창의 URL도 바뀝니다. 이동한 페이지에서는 내 사이트의 헤더나 탐색 메뉴가 표시되지 않습니다.

✓ **전체 페이지 삽입:** 외부 소스를 내 사이트에 끼워 넣는 기능입니다. 헤더, 탐색 메뉴가 그대로 유지된 상태에서 외부 콘텐츠를 볼 수 있습니다.

6. 테마 설정으로 개성 있는 학습공간 꾸미기

테마는 웹사이트 전체의 디자인 요소를 설정하는 기능입니다. 각 테마는 배너 이미지, 색상, 글꼴 등이 달라 사이트의 전반적인 분위기를 결정합니다. 웹사이트의 목적에 맞는 테마를 선택하면 보다 안정감 있고 일관된 인상을 줄 수 있고, 특히 학습용 사이트라면 명료하고 신뢰를 주는 디자인을 적용하는 것이 좋습니다.

1 화면 오른쪽 상단의 ❶ '테마'를 클릭하면 기본으로 제공되는 테마 6가지가 표시됩니다. 지금까지 제작한 '왕의산 생태탐구' 페이지에는 '단순' 테마가 적용되어 있음을 확인할 수 있습니다.

❶ 배너 색상: 웹사이트 상단에 위치한 배너의 배경색을 변경할 수 있습니다.
❷ 글꼴 스타일: 웹사이트에 입력된 모든 텍스트의 스타일을 설정합니다. '가늘게', '클래식', '헤비' 중에서 선택할 수 있습니다.

2 이번에는 '왕의산 생태탐구'에 어울리는 테마를 직접 만드는 방법을 알아보겠습니다. ❶ '테마' - ❷ '+'를 클릭하여 테마 만들기를 실행합니다. ❸ 테마의 이름을 입력하고, ❹ '배너 이미지 추가' - ❺ '선택'을 클릭합니다.

3 생성된 팝업창에서 ❶ 'Google 이미지'를 선택한 뒤, ❷ 키워드를 조합해 검색어를 입력합니다. ❸ 적절한 이미지를 선택하고 ❹ '삽입'을 클릭합니다.

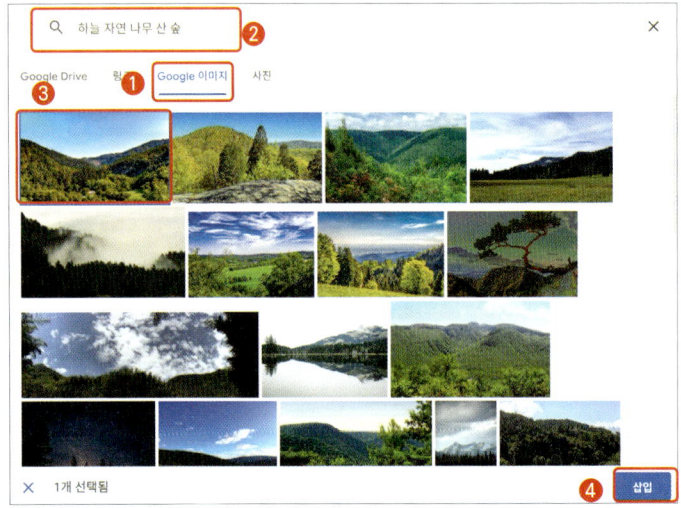

4 이이서 ❶ '미리 설정된 색상' 중에서 원하는 색상을 선택한 뒤, ❷ '다음'을 클릭합니다. ❸ 제목에 사용할 글꼴과 ❹ 본문 텍스트에 사용할 글꼴을 선택합니다. ❺ '테마 만들기'를 클릭하여 테마 설정을 완료합니다.

5 '단순' 테마가 적용되었던 기본 페이지와 '왕의산 생태탐구' 맞춤 테마가 적용된 페이지의 느낌을 비교해 보면 테마 기능의 효과를 더욱 분명하게 알 수 있습니다.

◆ (왼쪽) '단순' 테마가 적용된 페이지 (오른쪽) 맞춤 테마가 적용된 페이지

7. 공유와 게시 기능으로 세상과 연결하기

사이트 도구의 공유와 게시 기능을 활용하면 제작한 웹사이트를 더욱 다양하게 활용할 수 있습니다. 공유 기능을 사용하면 학생이나 동료 교사와 동시에 편집하여 협력적인 수업 자료를 만들 수 있고, 게시 기능을 통해 완성된 웹사이트를 인터넷에 공개할 수 있습니다.

1 `공유하기` 먼저, 특정 사용자에게 사이트를 공유하는 방법입니다. ❶ 화면 오른쪽 상단의 '다른 사용자와 공유'를 클릭합니다. 상단 입력창에 ❷ 편집을 함께할 사용자의 메일 주소를 입력합니다. ❸ '편집자' 권한이 부여되었는지 확인한 뒤, ❹ 필요한 경우 초대 메시지를 작성하고 ❺ '전송'을 클릭하면 공유가 완료됩니다.

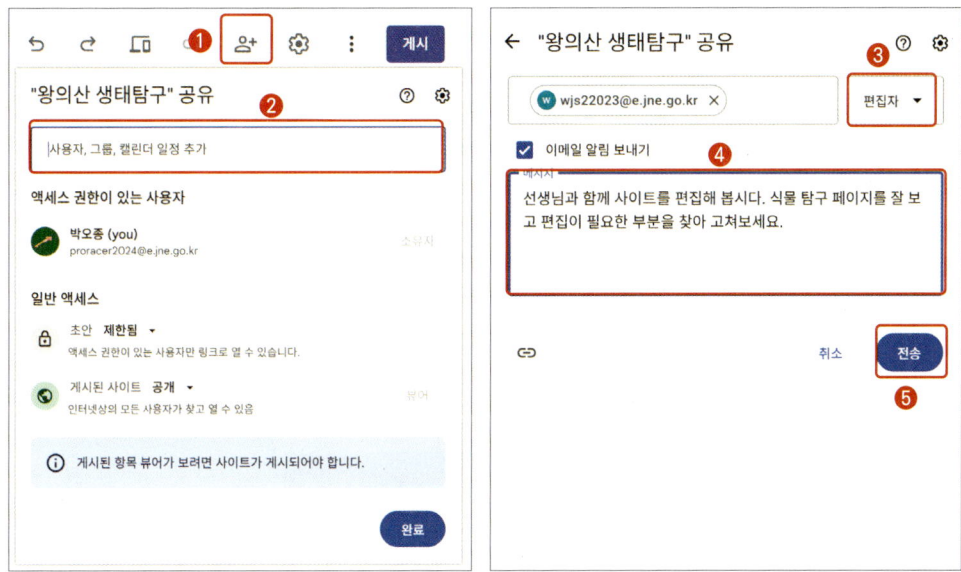

2 사이트 편집 권한을 공유받은 사용자는 이메일로 받은 초대장을 통해 사이트 제작에 참여할 수 있습니다.

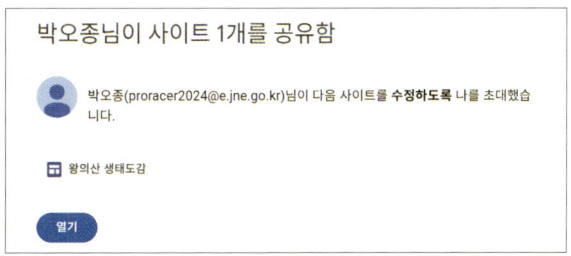

> 공유 링크를 생성하여 사이트 편집 권한을 공유하는 방법도 있습니다. 다만, '게시'된 사이트에만 적용됩니다. 비공개 또는 초안 상태의 사이트에는 공유 링크로 접근할 수 없으므로, 먼저 해당 사이트를 게시 상태로 변경해야 합니다.

3 **게시하기** 화면 오른쪽 상단의 ❶ '게시'를 클릭합니다. ❷ 사이트의 주소를 설정하고 ❸ 내 사이트에 접근 가능한 사용자를 다시 한 번 확인합니다. ❹ 검색엔진에 사이트가 표시되지 않도록 체크한 뒤, ❺ '게시'를 클릭합니다.

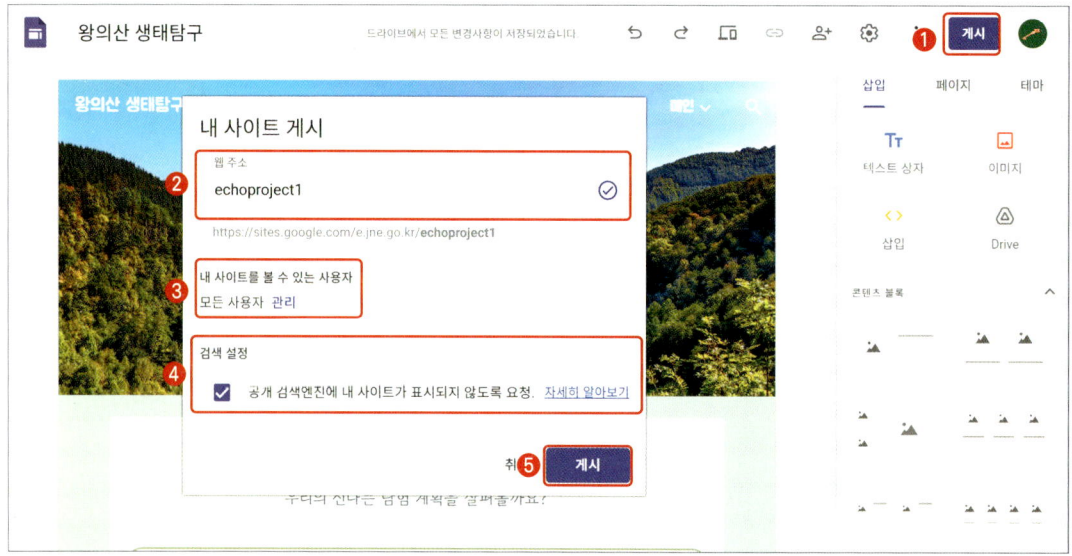

사이트가 검색엔진에 노출되지 않도록 설정해 불특정 사용자의 접근을 차단했습니다. 상황에 따라 이 설정은 변경하여 활용할 수 있습니다

4 화면 하단에 사이트가 성공적으로 게시되었다는 안내 메시지가 나타납니다.

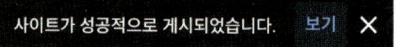

5 '게시' 버튼 옆에 생성된 드롭다운 메뉴를 클릭하여 게시 설정을 변경하거나, 게시된 사이트를 확인할 수 있습니다.

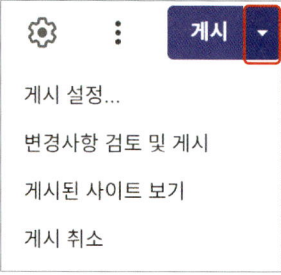

6 사이트가 게시되었으니, 공유 링크를 생성하여 편집 권한을 공유하는 방법을 알아보도록 하겠습니다. '다른 사용자와 공유' 메뉴에서 ❶ '초안' 옆에 '▼'(드롭다운 메뉴)를 클릭한 뒤, ❷ '링크가 있는 모든 사용자'를 선택합니다. ❸ 이어서 화면 오른쪽 상단의 '설정'을 클릭합니다.

7 ❶ 체크를 해제하고, (체크를 해제하면 사이트 문서를 소유한 교사만 사이트를 게시할 수 있고, 초대받은 사용자는 게시할 수 없게 됩니다.) ❷ '뒤로(←)'를 클릭하여 이전 화면으로 돌아갑니다.

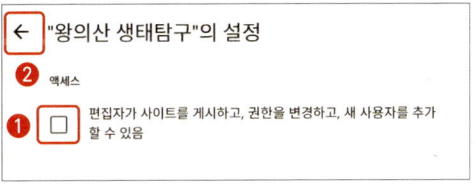

8 ❶ '사이트에 게시된 링크 복사'를 클릭하여 링크를 복사한 뒤, ❷ '완료'를 클릭합니다.

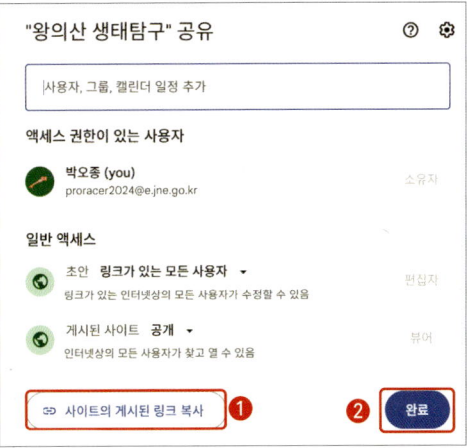

9 복사한 링크를 공유받은 사용자는 ❶ 주소창에 링크를 입력한 뒤, ❷ 화면 오른쪽 하단에 표시되는 '페이지 수정'을 클릭하여 페이지 편집 화면으로 이동할 수 있습니다.

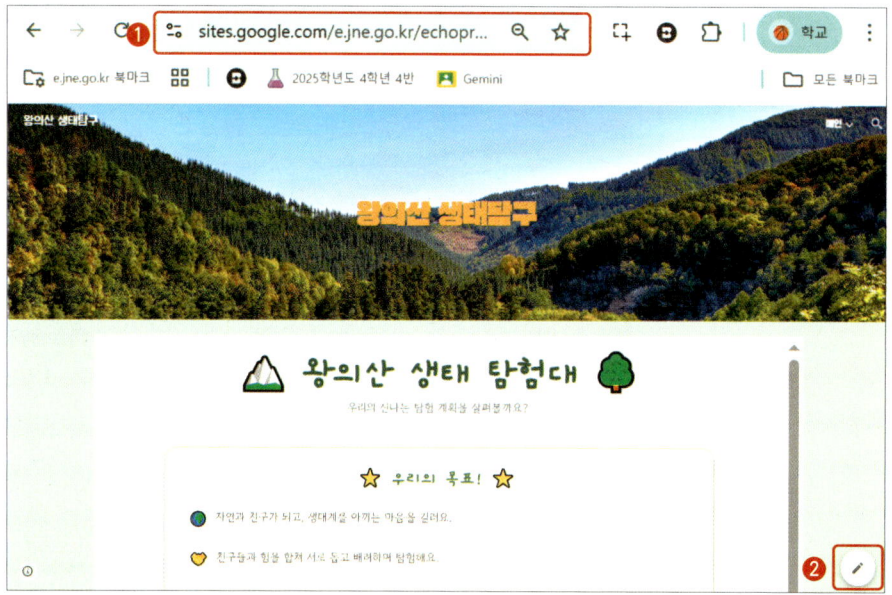

링크를 아는 사람은 누구나 로그인 없이 사이트를 수정할 수 있게 됩니다. 매우 편리한 방식이지만, 링크가 유출될 경우 의도치 않게 사이트가 훼손될 수 있으므로 주의해야 합니다.

8. 사이트 도구 설정 관리로 편의성 더하기

설정(⚙) 메뉴에서는 사이트 전체에 적용되는 다양한 기능을 관리할 수 있습니다. 웹사이트를 체계적으로 관리하거나 사용자에게 더 나은 경험을 제공하기 위한 유용한 기능들이 포함되어 있습니다.

1 탐색 먼저 사이트에 표시되는 메뉴의 위치를 변경하는 방법을 알아보겠습니다. 화면 오른쪽 상단의 ❶ '설정' - ❷ '탐색'을 클릭합니다. ❸ 모드에서 '측면'을 선택한 뒤 ❹ 'x'버튼을 클릭합니다.

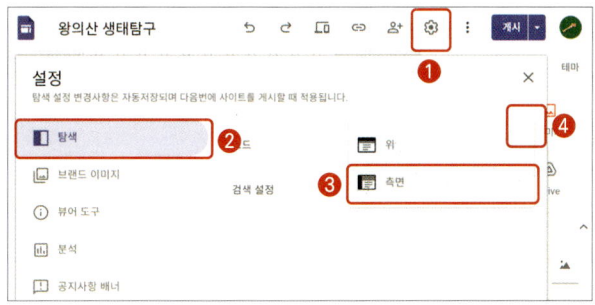

2 페이지 왼쪽 상단에 탐색 메뉴 버튼(≡)이 생성되었습니다.

3 탐색 메뉴(≡)를 클릭하면, 측면에 페이지 목록이 표시되는 것을 확인할 수 있습니다. 제작한 웹사이트를 모바일에서도 자주 활용할 예정이라면, 측면에 탐색 메뉴가 표시되도록 설정하는 것이 좋습니다.

4 화면 오른쪽 상단의 ❶ '게시' - ❷ '변경사항 검토 및 게시'를 클릭합니다.

5 변경사항이 잘 반영되었는지 확인한 뒤, 오른쪽 상단의 ❶ '게시'를 클릭합니다.

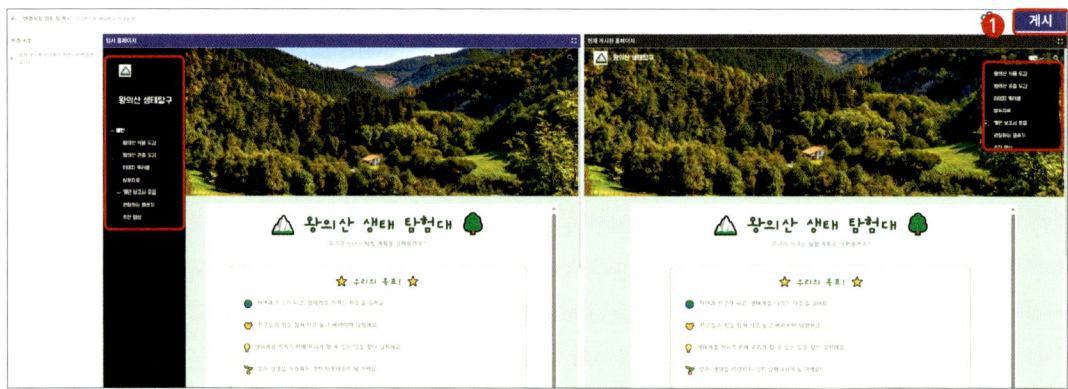

> 편집 화면에서 수정한 내용은 실제 사이트에 바로 적용되지 않습니다. 반드시 '변경사항 검토 및 게시'를 해야 변경사항이 반영됩니다.

6 **브랜드 이미지** 이번에는 웹사이트의 로고와 파비콘을 설정하여 사이트의 전문성을 높여보도록 하겠습니다. ❶ '브랜드 이미지' - ❷ 로고의 '업로드' 버튼을 클릭하여 미리 제작해 둔 로고 이미지를 업로드합니다. ❸ 같은 방법으로 파비콘의 '업로드' 버튼을 클릭한 뒤, 이미지를 업로드합니다. ❹ 'x'를 클릭하여 설정창을 닫습니다.

> '파비콘(Favicon)'이란 'Favorites icon'의 줄임말로, 웹 브라우저의 탭이나 북마크 목록에 표시되는 아주 작은 아이콘(16*16 픽셀)을 의미합니다.

7 웹사이트 왼쪽 상단에는 로고, 탭 제목에는 파비콘이 적용되었습니다.

8 공지사항 배너 공지사항 배너는 사이트 상단에 중요한 공지를 띄우는 기능입니다. ❶ '공지사항 배너'를 클릭합니다. ❷ '배너 표시'를 활성화하고 ❸ '배너 색상'을 선택합니다. ❹ 공지 메시지를 입력합니다. ❺ 'x'를 클릭하여 설정창을 닫습니다.

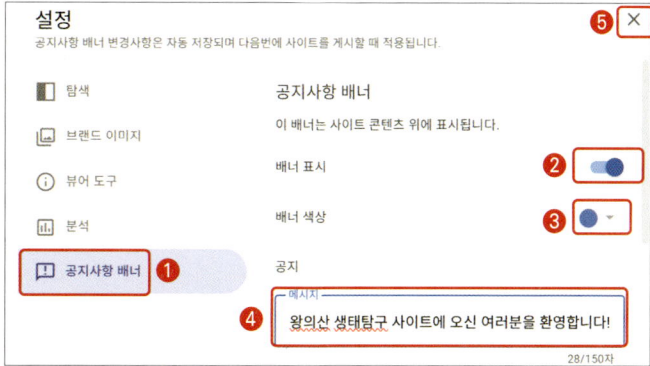

9 사이트 상단에 공지사항이 게시되었습니다.

03. Google Sites로 만드는 살아있는 교실

Google Sites의 다양한 기능을 교육 현장에 적용한 실제 사례를 살펴보도록 하겠습니다. 학생들이 직접 웹사이트를 제작하며 자기 주도적 학습 역량을 키우고, 협업을 통한 프로젝트 기반 학습을 실현하며, 교실 속 작은 아이디어가 세상과 연결되는 경험을 Google Sites와 함께 시작해보세요.

1. 프로젝트 산출물을 모아 자신만의 탐구 보고서 만들기

활용한 기능
탭 시스템, 이미지 웹검색, 댓글, 링크 삽입, 이미지 삽입-카메라

프로젝트 수업이나 탐구 학습은 학생들이 처음에는 흥미를 가지고 시작하지만, 긴 활동 기간과 여러 문제들로 인해 쉽게 흐지부지되곤 합니다. 또 산출물이 만들어져도 제대로 활용되지 못하거나 잊히는 경우가 많습니다. 이러한 한계를 보완하고 학생들의 흥미를 꾸준히 유지하며 결과물을 효과적으로 공유하기 위해, 사이트 도구를 활용한 '탐구 보고서 만들기' 수업을 설계하였습니다.

1단계: 웹사이트 탐색으로 흥미 유발하기

가장 먼저, 학생들이 사이트 도구에 흥미를 느낄 수 있도록 교사가 직접 제작한 웹사이트를 탐색하도록 안내했습니다.

이 사이트에는 숫자 야구, 속담 퀴즈, 퍼즐 맞추기 등 두뇌회전을 돕는 간단한 웹 기반 게임들이 포함되어 있었고, 모두 구글의 생성형 AI인 Gemini(제미나이)를 활용해 코딩 지식 없이 제작한 것이었습니다. 학생들은 교사가 직접 만들었다는 사실에 큰 흥미를 보이며 적극적으로 활동에 참여했고, 사이트를 만든 도구를 학생들도 직접 활용할 수 있다고 알려주자, 학습에 대한 동기가 더욱 높아졌습니다.

2단계: 도구 탐색 및 학습하기

사이트 도구에 접속해 자유롭게 기능을 탐색하는 시간을 가진 뒤, 사이트 제작 관련 유튜브 영상을 시청하였습니다.

스스로 메뉴를 조작하며 경험을 쌓은 뒤, 관련 유튜브 설명 영상을 시청하니 학습 효과가 더욱 높았습니다.

◆ 구글 사이트 제작 참고 영상

이어서 교사가 미리 만들어둔 연습용 사이트를 구글 클래스룸 과제에 첨부하고 파일 공유 옵션을 '학생에게 파일 수정 권한 제공'으로 설정한 뒤 배포하였습니다.

웹사이트의 첫 페이지에는 몇 가지 규칙을 제시해 학생들이 자연스럽게 지킬 수 있도록 했습니다.

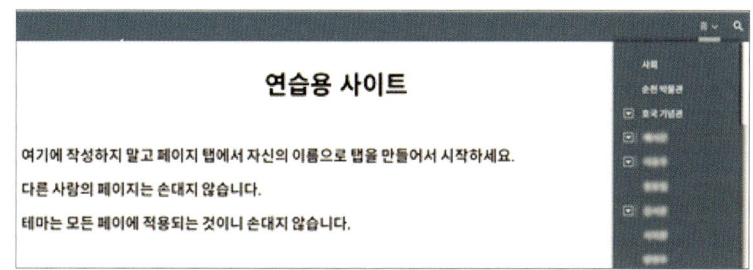

처음 하는 작업이다 보니 실수로 다른 학생의 작업을 건드리는 경우도 있었지만, 되돌리기 기능과 버전 기록을 활용해 복구할 수 있었습니다. 학생이 테마를 변경하면서 웹사이트의 전체 디자인이 바뀌는 일이 생겼을 때에도, 이를 계기로 테마 기능의 특성과 작동 방식을 설명하며 학생들이 도구의 특징을 이해하도록 도왔습니다. 초기에는 다양한 콘텐츠를 페이지에 삽입하고 그 결과가 어떻게 표시되는지를 익히는 데 초점을 두었는데, 이러한 경험이 이후 학생들이 더 세련된 웹사이트를 제작하는 데 큰 도움이 되었습니다.

3단계: 탐구 보고서 만들기

학교 주변에 있는 왕의산으로 체험학습을 다녀온 뒤, 학생들은 산에서 관찰한 식물과 동물(곤충)에 대한 보고서를 작성했고, 이를 사이트 도구를 활용해 정리했습니다.

자신이 조사한 내용을 글과 이미지, 영상으로 꾸며 넣으며 보고서를 하나의 웹페이지로 완성하였습니다.

◆ 학생이 제작한 탐구 보고서

04. Google Sites 확장 꿀팁

프로젝트 수업의 핵심을 한눈에 보여주는 웹페이지를 만들어볼까요? Gemini Canvas 기능을 활용하면 복잡한 웹 개발 지식이 없어도 세련된 웹페이지를 손쉽게 제작할 수 있습니다. 단순한 사이트 도구의 한계를 넘어, 텍스트로 핵심 내용과 원하는 스타일을 설명하면 AI가 시각적 레이아웃을 자동으로 제안하고 구현합니다. 덕분에 제작 부담은 줄이고, 디자인의 완성도는 더욱 높일 수 있습니다.

1. Gemini Canvas로 '프로젝트 수업 개요 페이지' 만들기

프로젝트 수업의 목표, 핵심 질문, 진행 흐름, 주요 산출물 등을 텍스트로 입력하면 Gemini Canvas가 HTML 코드를 기반으로 웹페이지를 자동 생성합니다. 이렇게 생성된 코드를 '전체 페이지 삽입' 기능을 활용하여 붙여넣으면, 사이트의 헤더와 탐색 메뉴를 그대로 유지한 깔끔한 개요 페이지가 완성됩니다.

1 Chrome 브라우저 첫 화면에서 ❶ 'Google 앱 메뉴' - ❷ 'Gemini'를 클릭합니다.

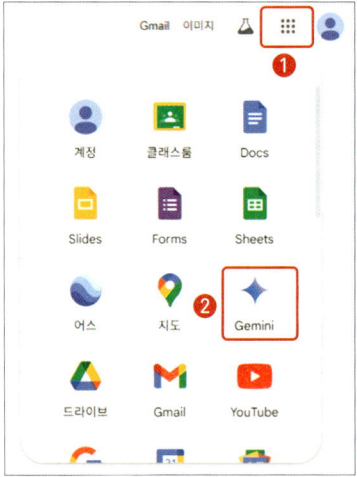

2 웹페이지 생성을 요청하는 프롬프트를 입력합니다.

> ☞ **프롬프트 입력 예시**
> 프로젝트 수업을 요약한 [웹페이지]를 만들어줘.
> 1) 초등학생이 이해할 수 있도록 쉽고 친절하게 설명해줘
> 2) 이모티콘과 그래프를 활용한 시각적 디자인을 많이 사용해줘

3 프로젝트 수업 자료를 추가하기 위해 ❶ '+' 를 클릭하고 ❷ 파일 업로드를 선택합니다.

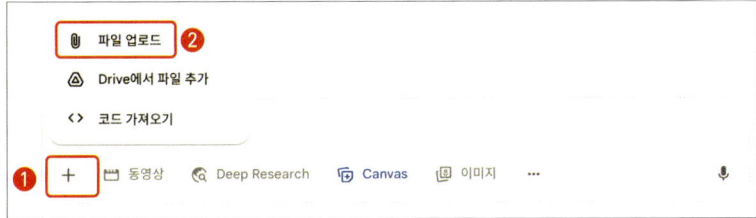

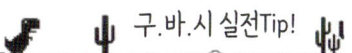구.바.시 실전Tip!

Gemini Canvas 기능으로 웹페이지를 만들 때는 참고자료를 첨부하는 것이 좋습니다. 프롬프트에 직접 내용을 입력해도 되지만, 보다 풍성하고 체계적인 자료를 제공하면 Gemini가 더 완성도 높은 결과물을 생성할 수 있습니다. 다음과 같이 프로젝트 수업의 목표, 영역별 내용, 성취기준, 차시별 수업 계획을 정리한 문서를 첨부했습니다.

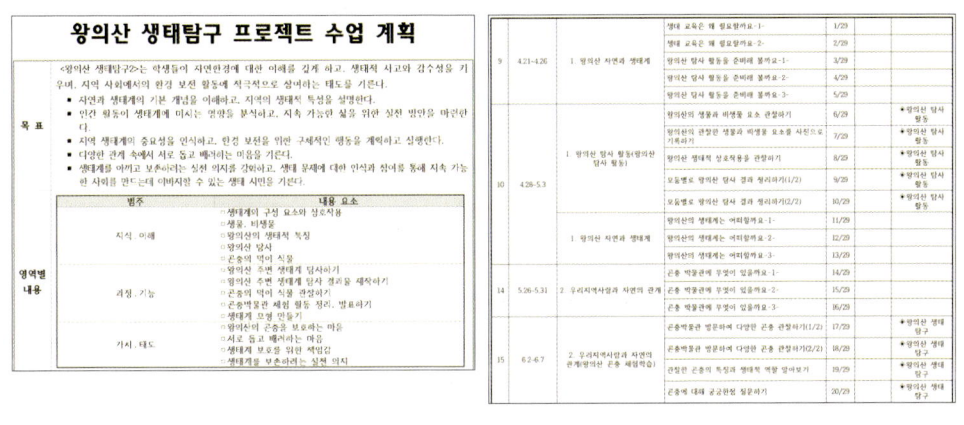

4 ❶ 'Canvas' 버튼을 클릭하여 기능을 활성화 시킵니다.

06장 Google Sites 교실과 세상을 연결하는 디지털 포트폴리오　263

5 ❶ 미리보기로 표시된 웹페이지를 확인한 뒤, ❷ 필요한 경우 수정사항을 프롬프트에 입력하여 개선을 요청합니다. (**예** "글씨 크기를 조금만 크게 해서 가독성을 높여 줘.")

6 웹페이지가 완성되면 ❶ 오른쪽 상단의 '공유' - ❷ '콘텐츠 복사'를 클릭합니다.

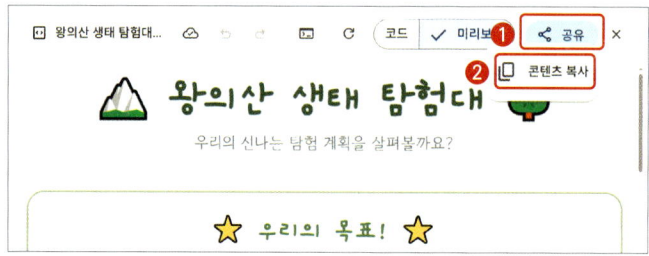

7 다시 사이트 도구로 돌아와 ❶ '페이지' - ❷ '+' - ❸ '전체 페이지 삽입' - ❹ '삽입 추가'를 클릭합니다.

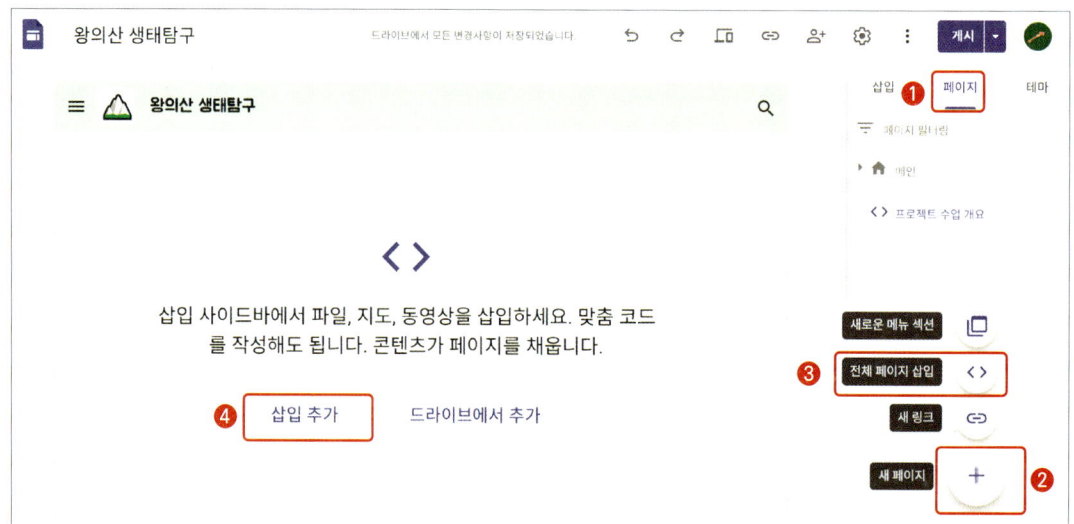

8 ❶ '소스 코드'를 선택하고 ❷ 복사한 코드를 붙여 넣은 후 ❸ '다음'을 클릭합니다.

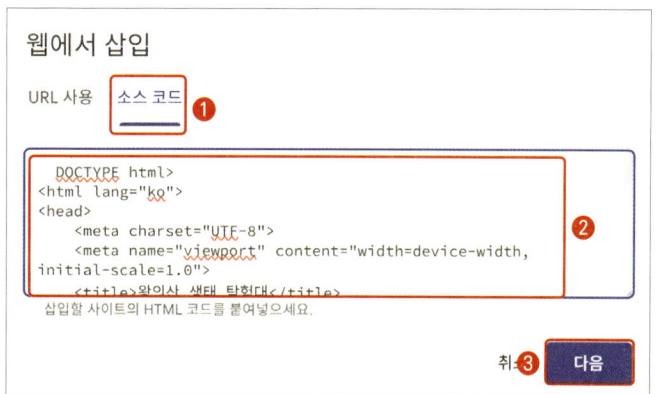

9 미리보기 화면을 확인한 후 ❶ '삽입'을 클릭합니다.

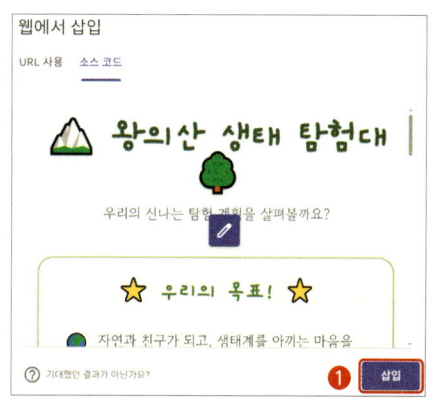

10 Gemini Canvas를 활용하여 생성한 웹페이지가 삽입되었습니다.

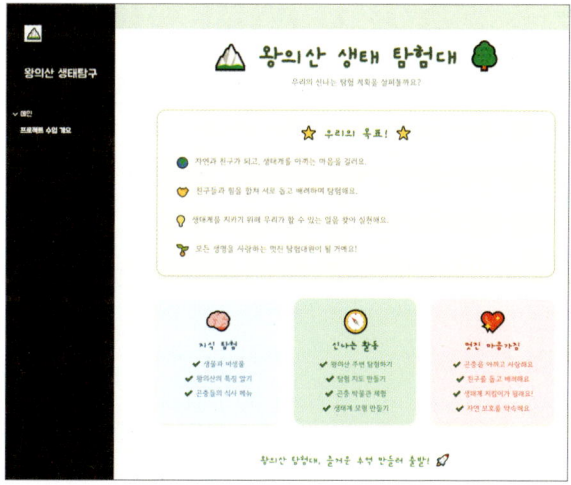

Google 사이트 도구는 무엇이든 담아낼 수 있는 그릇처럼 다양한 방식으로 활용할 수 있습니다. 여기에 Gemini를 더하면, 선생님이 상상만 했던 놀라운 도구를 직접 만들어낼 수도 있습니다. 학생들 역시 Google 사이트 도구를 활용해 자신만의 포트폴리오를 구축하며 꿈을 키워갈 수 있습니다. 무궁무진한 가능성을 지닌 Google 사이트 도구, 이제 직접 체험해 보시겠어요?

Song Maker
클릭 한 번으로 시작하는 나만의 음악 만들기

Song Maker는 Chrome Music Lab의 대표적인 도구로 클릭 한 번으로 누구나 쉽게 음악을 창작할 수 있는 디지털 작곡 스튜디오입니다. 복잡한 음악 이론이나 악기 연주 기술 없이도 격자 모양의 디지털 악보에서 마우스 클릭만으로 멜로디와 리듬을 만들고, 다양한 악기 소리를 조합하여 나만의 음악을 완성할 수 있습니다.

Chrome 브라우저의 주소창에 '송 메이커(Song Maker)'를 입력하여 바로 실행할 수 있습니다.
별도의 로그인이나 앱 설치 없이 웹 브라우저에서 바로 사용할 수 있습니다.

Song Maker가 바꾼 음악 수업 풍경

"선생님, 제가 만든 멜로디 한번 들어보실래요?"

평소 음악 시간이면 항상 뒷자리에 조용히 앉아있던 민호가 갑자기 손을 번쩍 들며 말했습니다. "선생님, 제가 만든 멜로디 한번 들어보실래요?" 화면에는 민호가 Song Maker에서 방금 완성한 작품이 있었고 재생 버튼을 누르자 생각보다 훨씬 완성도 높은 멜로디가 교실에 울려 퍼졌습니다. 이 순간이 제게는 음악 수업의 큰 전환점이었습니다. 지금까지 음악 교육의 가장 장벽이었던 '창작에 대한 두려움'이 순식간에 무너지는 순간이었거든요.

여러분의 교실에도 이런 아이들이 있지 않나요? 음악 시간만 되면 "저는 음치예요.", "음악은 어려워요."라며 자신감을 잃는 아이들 말입니다. 전통적인 음악 교육에서 아이들은 늘 수동적인 위치에 있었습니다. 악보를 읽어야 하고, 악기 연주법을 익혀야 하며 정확한 음정과 박자를 맞춰야 한다는 부담감 때문에 많은 아이들이 음악 창작을 '특별한 재능이 있는 사람만 할 수 있는 것'으로 여겨왔습니다.

하지만 Chrome Music Lab의 Song Maker는 이 모든 장벽을 단숨에 허물어뜨렸습니다. 복잡한 음악 이론을 몰라도, 악기를 다룰 줄 몰라도, 심지어 음치라고 생각하는 아이들도 태블릿PC의 화면을 몇 번 터치하거나 마우스를 클릭하는 것만으로 자신만의 음악을 창조할 수 있게 된 것입니다.

✦ Song Maker의 혁신적인 점은 바로 부담 없이 시도할 수 있는 창작 환경을 제공한다는 데 있습니다. 격자 형태의 직관적인 인터페이스에서 세로축은 음의 높낮이를, 가로축은 시간의 흐름을 나타내어 음악의 기본 구조를 시각적으로 이해할 수 있도록 설계되어 있습니다. 비록 음표 배치에 따라 불협화음이 생길 수도 있지만 바로 들어보고 쉽게 수정할 수 있는 즉시 피드백 시스템 덕분에 아이들은 시행착오를 통해 자연스럽게 음악의 원리를 체득하며 자유롭게 실험할 수 있습니다.

✦ 교육 현장에서 이 도구가 가져온 가장 큰 변화는 아이들의 학습 주도성이었습니다. 이전에는 "음악은 어려워요.", "저는 못해요."라며 소극적이던 아이들이 이제는 "이것도 해보고 싶어요.", "다른 악기로도 만들어볼까요?"라며 스스로 탐구하기 시작했습니다. 음악을 단순히 듣고 감상하는 입장에만 머물렀던 아이들이 이제는 스스로 창작하고 표현하는 능동적 주체가 된 것입니다.

✦ 특히 놀라운 점은 Song Maker가 학습자 개개인의 독창성을 자연스럽게 발현시킨다는 것입니다. 체계적이고 규칙적인 패턴을 선호하는 아이는 수학적 질서가 담긴 음악을, 자유분방한 성향의 아이는 즉흥적이고 실험적인 음악을 만들어내며, 각각의 개성과 창의성이 그대로 음악으로 표현됩니다. 정해진 답이 없고, 각자의 상상력과 감성에 따라 무한히 다른 결과물이 나올 수 있으며, 그 모든 결과물이 존중받고 의미를 갖는다는 것을 아이들이 몸소 체험하게 됩니다.

✦ Song Maker는 동료 학습의 새로운 차원을 열어주었습니다. 완성된 작품을 링크로 즉시 공유하는 과정을 통해 아이들은 서로의 음악을 듣고 아이디어를 주고받으며 자연스럽게 학습 공동체를 형성하게 되었습니다. "이렇게 멜로디를 연결하는 방법도 있구나!"와 같은 건설적인 대화가 오가며 상호 학습이 활발해졌습니다.

✦ 별도의 프로그램 설치나 회원가입 없이 웹 브라우저만 있으면 즉시 사용할 수 있다는 점 역시 Song Maker의 큰 강점입니다. 학교의 IT 환경이나 개별 학생의 기기 사양에 관계없이 모든 아이들이 동등하게 참여할 수 있습니다.

아이들의 음악적 재능을 깨우는 도구,
Song Maker를 활용하여 우리 교실에서도 놀라운 변화를 만들어 내려면 어떻게 해야 할까요?

02. Song Maker의 핵심 기능과 전략

수업에 유용한 Song Maker의 핵심 기능
• 디지털 격자 악보 • 악기 변경 기능 • 링크 공유 시스템

이번 장에서는 음악 수업의 패러다임을 바꾸는 Song Maker의 핵심 기능들을 살펴보겠습니다. 각 기능이 어떻게 학생들의 음악 창작 경험을 풍부하게 만들고, 교사의 음악 수업을 더욱 효과적으로 만드는지 구체적인 교실 상황을 통하여 알아보겠습니다.

1. 디지털 격자 악보로 누구나 쉽게 작곡하기

Song maker의 화면은 복잡한 오선지 대신 직관적으로 구성된 '디지털 격자 악보'로 이루어져 있습니다. 마우스 클릭 한 번으로 원하는 위치에 음을 배치할 수 있어 음악 이론에 대한 사전 지식이 부족한 학생들도 부담 없이 작곡에 도전할 수 있습니다.

1 구글 검색창에서 '송메이커(또는 Song Maker)'를 검색하여 접속합니다. 최상단에 표시되는 결과가 Song Maker의 시작 페이지입니다.

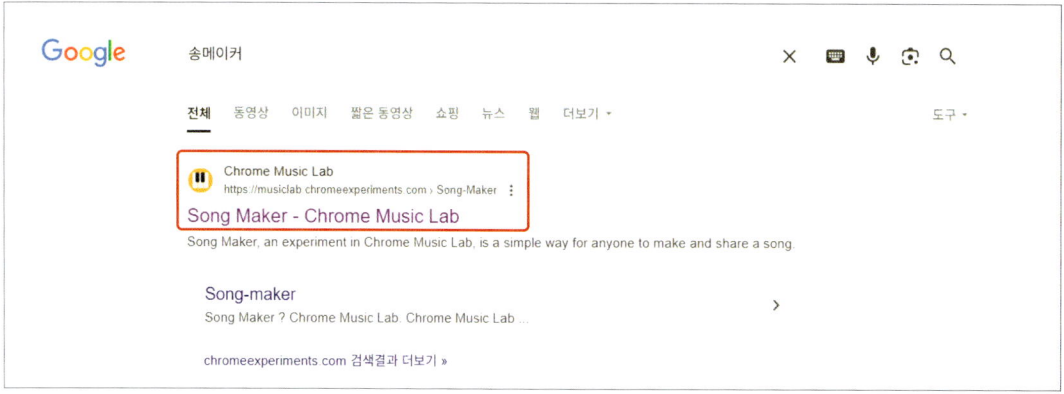

2 Song Maker의 화면 구성 알아보기

세로축은 음의 높낮이로, 위로 갈수록 높은 음의 소리가 납니다. 가로축은 박자의 진행과 리듬으로, 왼쪽에서 오른쪽 방향으로 멜로디가 재생됩니다.

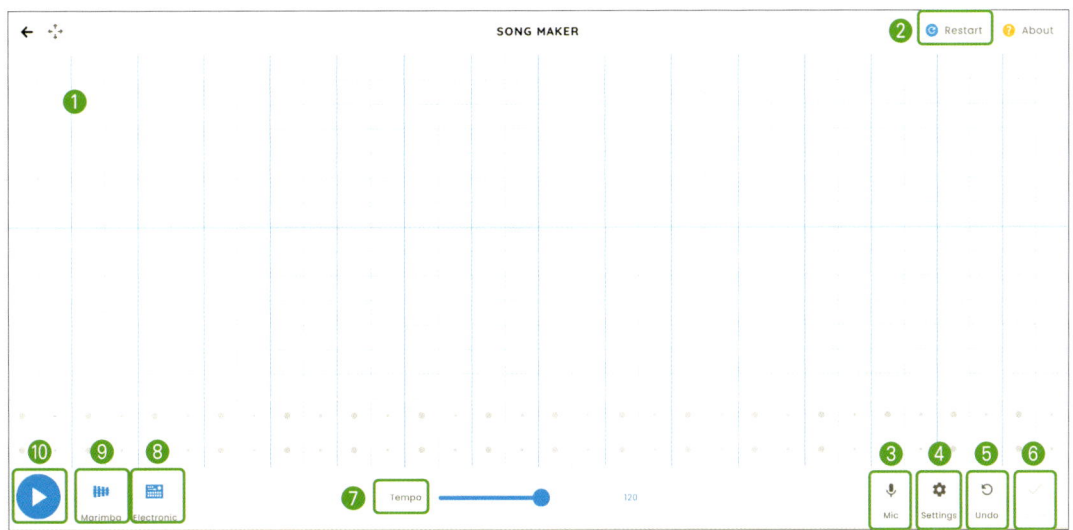

◆ Song maker(송메이커) 화면 구성

❶ 격자(Grid): 음악의 주된 멜로디가 그려지는 디지털 캔버스입니다. 마우스 클릭이나 터치로 색깔 블록을 찍어 음표를 만들 수 있습니다.

❷ 다시 시작(Restart): 작업하던 모든 내용을 깨끗이 지우고 처음의 빈 상태로 돌아갑니다. 새로운 아이디어로 곡을 완전히 새로 만들고 싶을 때 사용합니다.

❸ 마이크(Mic): 마이크에 대고 노래를 부르면 목소리에 따른 음높이를 격자 위에 가이드 선으로 보여줍니다.

❹ 설정(Settings): 곡의 구조를 세밀하게 조정합니다.

❺ 실행취소(Undo): 바로 직전의 작업을 취소하고 이전 단계로 되돌립니다.

❻ 저장(Save): 완성된 곡을 공유할 수 있는 고유의 링크(URL)를 생성합니다.

❼ 빠르기(Tempo): 곡의 전체적인 빠르기를 조절합니다.

❽ 리듬 악기: 음악의 규칙적인 박자와 장단을 담당하는 악기의 종류를 선택합니다. 전자 비트(Electronic), 어쿠스틱 드럼(Kit), 콩가 등 여러 리듬 악기로 곡의 흥을 더할 수 있습니다.

❾ 멜로디 악기: 음악의 주된 가락(선율)을 담당합니다. 피아노, 마림바, 현악기 등 다양한 악기로 멜로디의 분위기를 자유롭게 바꿀 수 있습니다.

❿ 재생(Play): 만들고 있는 음악을 처음부터 끝까지 들어볼 수 있는 재생 및 정지 버튼입니다.

구.바.시 실전Tip!

☑ 멜로디 악기의 종류

1) **피아노:** 피아노 건반 소리를 구현한 악기입니다.
2) **현악기:** 바이올린, 첼로 등 현악기 소리를 구현한 악기입니다.
3) **마림바:** 목제 타악기 소리를 구현한 악기입니다.
4) **목관악기:** 플루트, 클라리넷 등 목관악기 소리를 구현한 악기입니다.
5) **신디사이저:** 전자합성기로 만든 인공적인 소리를 구현한 악기입니다.

☑ 리듬 악기의 종류

1) **전자 드럼:** 전자 드럼머신 음색을 구현한 악기입니다.
2) **우드블록:** 나무 블록 소리를 구현한 악기입니다.
3) **킥드럼:** 드럼세트(킥, 스네어, 하이햇 등)소리를 구현한 악기입니다.
4) **콩가드럼:** 콩가 드럼 소리를 구현한 악기입니다.

3 나만의 작곡 환경 만들기 화면 하단의 '설정(Settings)'을 클릭합니다. 곡의 길이, 박자, 음계 등 음악의 기본 구조를 나의 스타일에 맞게 변경할 수 있습니다. 설정을 변경하면 멜로디 격자 화면이 새로운 설정에 맞게 자동으로 조정됩니다.

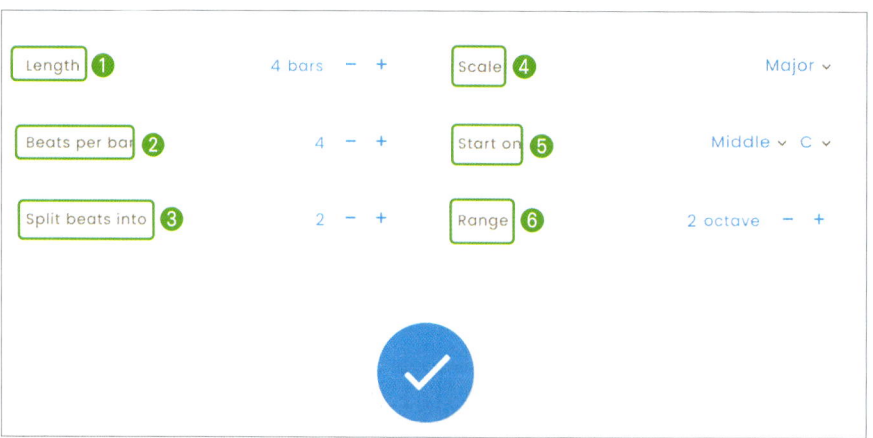

❶ 길이(Length): 음악의 전체 길이를 1마디부터 16마디까지 설정할 수 있습니다.
❷ 박자(Beats per bar): 한 마디 안에 들어갈 박자 수를 2부터 7까지 설정할 수 있습니다. 가장 대중적이며 안정적인 느낌을 주는 4박자(4/4박자), 왈츠에 많이 쓰이는 3박자(3/4박자), 행진곡에 많이 쓰이는 2박자 등을 선택할 수 있으며 7박자 같은 특수한 박자도 가능하여 독특한 리듬감을 만들 수 있습니다.

❸ **박자 나누기(Split beats into)**: 한 박자를 몇 개로 나눌지 결정합니다. 2분할은 8분 음표 단위로 간단하고 안정된 리듬을, 3분할은 블루스 느낌의 흔들리는 리듬을, 4분할은 랩이나 일렉트로닉 음악 같은 세밀하고 빠른 리듬을 표현할 수 있습니다.

❹ **음계(Scale)**: Major(장조), Pentatonic(5음계), Chromatic(반음계) 중에서 선택할 수 있습니다. Pentatonic(5음계)은 5개의 음만 사용하여 작곡하는 방식으로 음들 간의 충돌이 적어 초보자도 쉽게 듣기 좋은 음악을 만들 수 있습니다.

❺ **시작음(Start on)**: 음계의 시작음을 C, C#, D, D# 등으로 조절할 수 있습니다. C, D, E, F, G, A, B는 기본 음정(도, 레, 미, 파, 솔, 라, 시)이고, #이 붙은 것은 반음을 높인 음정입니다. 음역대의 경우 일반적으로 Middle을 사용하면 적당한 높이의 음악을 만들 수 있습니다.

❻ **옥타브(Range)**: 1옥타브부터 3옥타브까지 설정할 수 있어 다양한 표현이 가능합니다. 넓은 음역 설정을 사용할수록 더 풍부한 멜로디를 만들 수 있습니다.

4 멜로디 만들기 격자 칸을 클릭하면 해당 음높이와 박자에 음표가 배치되고 클릭과 동시에 소리가 재생되어 어떤 음인지 바로 확인할 수 있습니다. 각 음은 고유한 색깔로 표시됩니다. 도(빨간색), 레(주황색), 미(노란색), 파(연두색), 솔(초록색), 라(보라색), 시(자주색)으로 구별되며 학생들은 색깔로 음정을 쉽게 기억하고 구별할 수 있습니다.

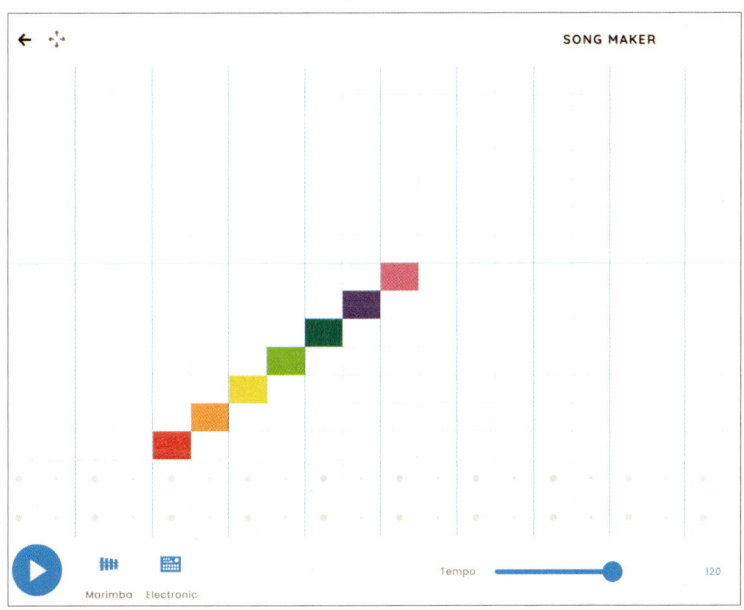

5 화면 하단의 재생(▶) 버튼을 클릭하면 배치한 모든 음이 순서대로 연주됩니다. 재생 중에는 현재 연주되고 있는 부분이 세로선으로 표시되어 멜로디의 흐름을 시각적으로 확인할 수 있습니다. 일시 정지(❙❙)버튼으로 언제든지 재생을 멈출 수 있고, 재생 중에도 격자를 클릭하여 실시간으로 음을 추가하거나 제거할 수 있습니다.

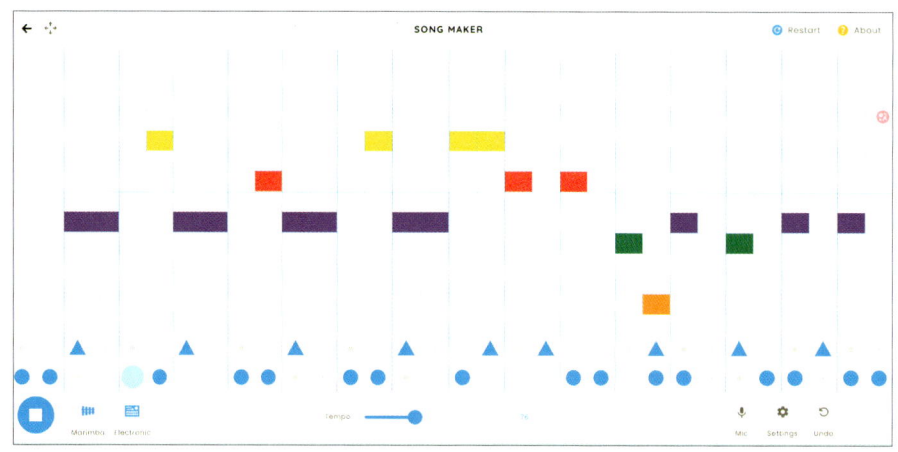

6 이미 배치된 음을 다시 클릭하면 해당 음이 제거됩니다. 화면 아래쪽의 'Undo(실행취소)'을 클릭하면 방금 전 실행한 작업을 되돌릴 수 있고, 처음부터 다시 시작하고 싶다면 'Restart(새로고침)'을 클릭하여 모든 음표를 지우고 새롭게 시작할 수 있습니다.

구.바.시 실전Tip!

화면 하단의 리듬 섹션을 활용하여 타악기 소리를 추가하면 더욱 풍성한 음악을 만들 수 있습니다. 하단 격자에는 원과 삼각형으로 두 가지 다른 드럼 소리가 구분되어 표시됩니다. 원(●)은 낮고 깊은 '쿵' 소리, 삼각형(▲)은 높고 날카로운 '탁' 소리입니다. 원하는 박자에 클릭하여 리듬을 배치하면 멜로디와 함께 연주되어 음악이 훨씬 더 생동감 있게 완성됩니다.

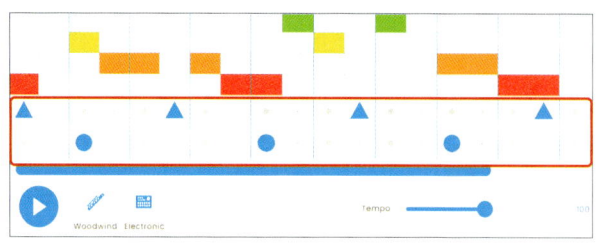

2. 링크 공유 시스템으로 함께하는 음악 수업 만들기

Song Maker의 링크 공유 기능을 활용하여 개별 학습에서 협동 학습으로 자연스럽게 확장하고, 학생들이 서로의 음악 작품을 감상하며 피드백을 주고받을 수 있는 학습 공동체를 만들어보겠습니다. 완성된 작품은 URL을 활용하여 공유할 수 있어 학생들의 창작 동기를 높이고, 교사는 실시간으로 모든 학생의 진행 상황을 확인하며 개별 지도할 수 있습니다.

1 완성된 음악 작품을 저장하고 링크를 생성해보겠습니다. ❶ 화면 오른쪽 하단의 'Save'를 클릭합니다.

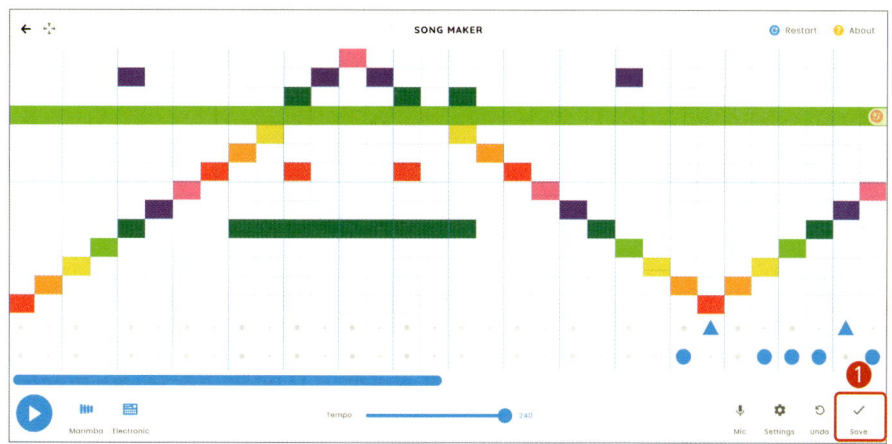

2 이어서 표시되는 화면에서 ❶ 'Copy Link'를 클릭하면 작품의 URL이 자동으로 클립보드에 복사됩니다. 복사된 링크를 Google Classroom이나 웹게시판 등에 붙여넣어 친구들과 공유할 수 있습니다. ❷ 'DOWNLOAD WAV'를 클릭하여 음악을 다운로드하면 영상에 삽입하거나 발표 자료에 삽입할 수도 있습니다.

3 공유받은 Song Maker 작품 링크를 클릭하면 음악을 감상하거나 악보를 자유롭게 수정할 수 있습니다. 수정하여 다시 완성한 작품도 'Save' 버튼을 활용해 링크를 생성한 뒤 공유할 수 있습니다. 별도의 로그인이나 앱 설치 없이도 바로 접근할 수 있어 누구나 쉽게 음악을 들을 수 있습니다.

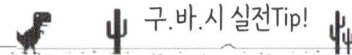

- ☑ 'DOWNLOAD MIDI'에서 MIDI((Musical Instrument Digital Interface)는 소리가 저장된 오디오 파일이 아니라 음표 정보가 담긴 '디지털 악보'나 '설계도'와 같습니다. 이 파일을 전문 작곡 프로그램으로 불러오면 음표를 수정하거나 템포를 바꾸는 등의 자유로운 편곡이 가능합니다.

- ☑ 'DOWNLOAD WAV'에서 WAV는 우리가 흔히 듣는 MP3처럼 소리 자체가 녹음된 음원 파일입니다. 이 버튼으로 다운받은 파일은 **별도의 프로그램 없이 컴퓨터나 스마트폰에서 바로 재생**할 수 있습니다. 완성된 음악을 그대로 듣거나 영상의 배경음악으로 사용할 때 편리합니다.

- ☑ 'EMBED CODE'는 음악 파일이 아니라 내 음악을 다른 웹사이트나 블로그에 그대로 삽입할 수 있는 HTML 코드입니다.

03. Song Maker로 만드는 살아있는 교실

Song Maker를 활용해 음악 수업을 더욱 풍성하게 만든 사례를 소개합니다. 학생들은 자신의 음악적 아이디어를 시각적으로 표현하고 즉시 들어보며, 창의적 표현 능력과 음악적 감각을 키워가는 경험을 할 수 있었습니다.

1. 음악: 내 마음 날씨 음악관 만들기

활용한 기능
격자 인터페이스, 악기 변경, 링크 공유, 템포 조절

학생들에게 "오늘 기분이 어때?"라고 물으면 대부분 "좋아요." 또는 "그냥 그래요."라고 대답합니다. 하지만 실제로 학생들은 훨씬 복잡하고 미묘한 감정을 경험하고 있습니다. 이러한 감정을 좀 더 구체적이고 창의적으로 표현할 수 있는 방법은 없을까요?

이러한 고민을 해결하기 위해 Song maker를 활용하여 학생들이 복잡한 음악 이론에 관한 지식 없이도 자신의 감정을 음악으로 표현할 수 있는 기회를 제공하는 프로젝트 수업을 설계했습니다. 학생들은 자신의 감정을 날씨에 비유하고, 음악으로 표현하는 활동을 통해 감정 인식과 음악 창작을 동시에 경험하게 되었습니다.

1단계: 악기별 감정 탐색하기

학생들은 먼저 Song Maker의 화면 구조를 파악합니다. 격자의 위쪽 칸을 누르면 높은 소리가, 아래쪽 칸을 누르면 낮은 소리가 표현된다는 것을 확인합니다. 간단한 패턴(예: 도-레-미-파)을 각기 다른 악기로 연주해보며 악기별 특성을 파악합니다.

> 이어서 Song Maker가 제공하는 Piano, Woodwind, Synth, Marimba, String 등 다양한 악기의 소리를 직접 체험하며 각 악기가 주는 감정을 탐색하기 시작하였습니다.

- Piano: 맑고 선명한 소리 – 깔끔함, 정확함, 차분함의 감정
- Strings: 부드럽고 따뜻한 소리 – 포근함, 그리움, 따뜻함의 감정
- Woodwind: 목관악기의 부드러운 소리 – 자연스러움, 평온함의 감정
- Synth: 전자음의 독특한 소리 – 미래적, 신비로움, 활기찬 감정
- Marimba: 타악기의 밝은 소리 – 경쾌함, 즐거움, 상쾌함의 감정

학생들은 각 악기를 체험한 후, "피아노 소리를 들으니 어떤 기분이 드나요?", "마림바의 소리는 어떤 날씨와 어울릴까요?"와 같은 질문에 답하며 소리와 감정의 연결고리를 찾아갑니다.

2단계: 감정을 음악으로 구현하기

1단계에서 탐색한 악기별 특성을 바탕으로 자신이 선택한 감정과 날씨를 음악으로 표현합니다.

먼저 각자 선택한 감정과 날씨에 어울리는 악기를 결정한 뒤, 4마디 길이의 간단한 멜로디를 만듭니다. 작업 중간 재생 버튼을 눌러 확인하고 수정하는 과정을 반복합니다.

마음 날씨를 음악으로 표현한 예

☑ 평온한 행복을 느끼는 날을 표현하기 위해 피아노를 선택하여 안정적이고 따뜻한 분위기를 연출하였으며, 극단적인 높은 음이나 낮은 음을 피하고 균형 잡힌 음역대를 활용하였습니다.

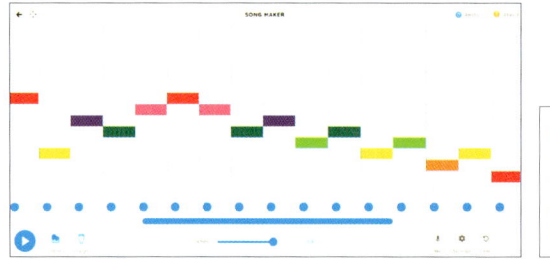 

◆ 행복과 기쁨을 표현한 학생의 작품

☑ 변덕스러운 감정을 느끼는 날을 표현하기 위해 낮은 음역대에 불규칙하게 음을 배치하였습니다. 리듬 섹션에서는 원과 삼각형을 적절히 조합한 박자로 잔잔함과 활기찬 리듬이 변화무쌍하게 연주되도록 하였습니다.

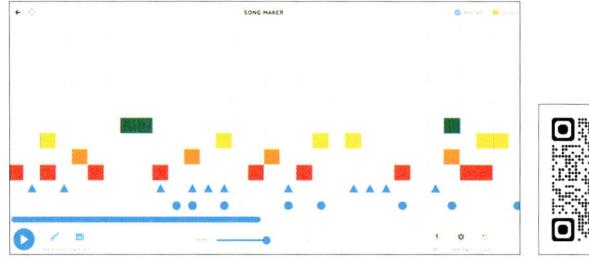 

◆ 변덕스러운 날씨와 마음을 표현한 학생의 작품

☑ 밝고 경쾌한 봄날을 표현하기 위해 피아노를 선택하였으며, 높은 음역대부터 낮은 음역대까지 골고루 분산시켜 음을 배치함으로써 상쾌하고 활기찬 감정을 표현하였습니다. 음이 격자 전체에 고르게 흩어져 있는 배열을 통해 하늘에 떠있는 구름처럼 자유롭고 가벼운 기분을 나타내었습니다.

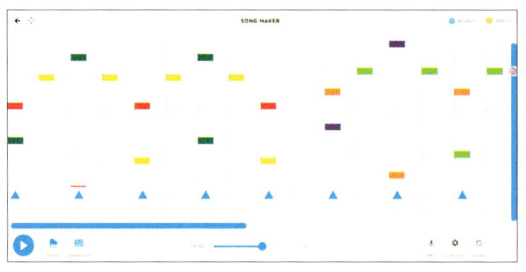 

◆ 변덕스러운 날씨와 마음을 표현한 학생의 작품

☑ 복잡한 감정이 교차하는 날을 표현하기 위해 화면 상단에 무지개처럼 연결된 아치형 멜로디를 배치하였습니다. 마치 비 온 뒤 하늘에 뜬 무지개를 보다 여러가지 감정이 한꺼번에 밀려와 복잡 미묘해지는 순간을 음악으로 구현한 것입니다.

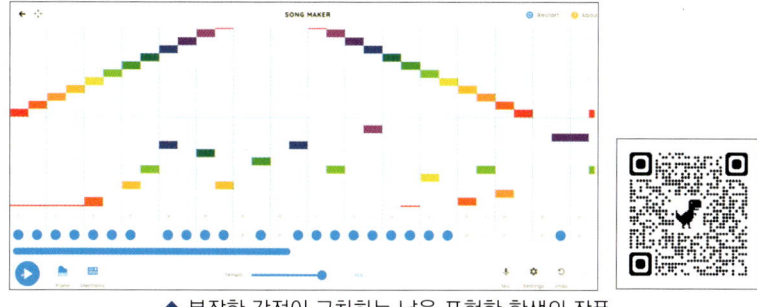

◆ 복잡한 감정이 교차하는 날을 표현한 학생의 작품

☑ 천둥이 치기 전 긴장감이 고조되는 날씨처럼 불안한 마음을 표현하고자 중간 음역대의 음을 규칙적으로 반복 배치하여 먹구름이 몰려오는 것처럼 계속 쌓이는 불안한 분위기를 표현하였습니다. 리듬 섹션에서는 원과 삼각형을 지속적으로 사용하여 멀리서 점차 들려오는 천둥소리처럼 서서히 고조되는 긴장감을 표현하였습니다. 폭풍우가 오기 직전 하늘이 어두워지고 바람이 불기 시작할 때 느껴지는 예측 불가능하고 긴장된 마음의 상태를 음악으로 구현한 것입니다.

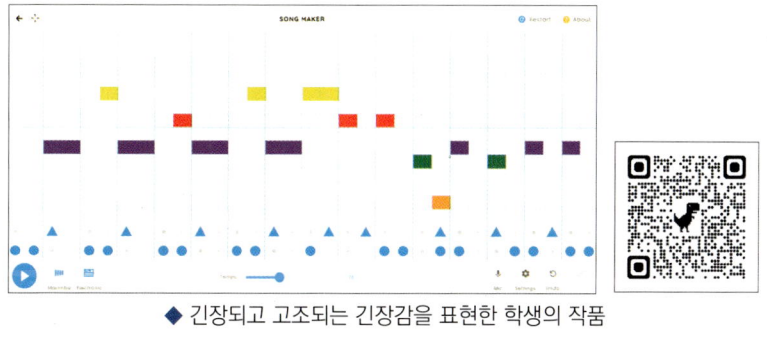

◆ 긴장되고 고조되는 긴장감을 표현한 학생의 작품

이러한 예시는 참고사항일 뿐이며 실제 수업에서는 학생 개개인의 감정 해석과 음악적 표현이 모두 다르게 나타납니다. 중요한 것은 학생들이 자신만의 방식으로 감정을 음악으로 표현하는 과정 그 자체입니다.

학생들은 화면 아래쪽의 템포 조절 기능을 활용하여 자신의 감정에 맞는 속도를 설정합니다. Song Maker에서는 40bpm(매우 느림)부터 240bpm(매우 빠름)까지 폭넓은 범위에서 템포를 조절할 수 있어 감정을 더욱 생생하게 표현할 수 있습니다.

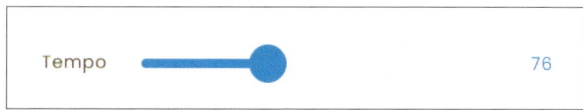

3단계: 작품을 공유하며 서로의 감정을 나누기

자신의 음악을 완성한 학생들은 Song Maker의 링크 공유 기능을 활용하여 서로의 작품을 감상하고 피드백을 나누는 활동을 진행합니다.

완성된 작품의 'Save' 버튼을 클릭하여 고유 링크를 생성한 뒤, 개인별로 할당받은 학급 공유용 Google Slides에 다음 정보를 정리합니다.

1) 곡 제목, 표현한 감정과 날씨
2) Song Maker 작품 링크
3) 간단한 작품 소개

학생들은 공유된 Google Slides에서 친구들의 작품 링크를 직접 클릭하며 감상할 수 있습니다. 이렇게 모아진 작품 링크들은 자연스럽게 학급의 디지털 음악 포트폴리오가 되어, 학생들이 단순히 음악을 창작하는 것을 넘어 서로의 감정을 이해하고 공감하는 경험을 쌓도록 돕습니다. 나아가 이 자료들은 다른 교과와 연계한 창작 활동으로 확장하거나, 상담 자료 등으로도 활용될 수 있습니다.

◆ Google Slides에 정리한 '나의 마음날씨 음악관' 발표자료_1

◆ Google Slides에 정리한 '나의 마음날씨 음악관' 발표자료_2

04. Song Maker 확장 꿀팁

학생들이 만든 Song Maker 작품들을 체계적으로 정리하고 전시할 수 있는 웹페이지를 만들어볼까요? 복잡한 웹 개발 지식 없이도 Gemini Canvas 기능을 활용하면 전문적인 음악 전시관 웹페이지를 쉽게 만들 수 있습니다.

1. Gemini Canvas로 '우리반 음악 전시관' 한 번에 완성하기

앞서 'Google Sites 도구 확장 꿀팁'에서 Gemini Canvas 기능을 소개하였습니다. Song Maker 에서는 사이트 도구를 활용하지 않고도 Gemini Canvas 기능을 활용하는 팁을 소개합니다.

1 Chrome 브라우저 첫 화면에서 ❶ 'Google 앱 메뉴' - ❷ 'Gemini'를 클릭합니다.

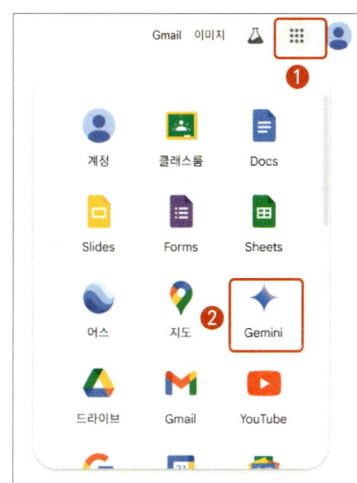

2 웹페이지 생성을 요청하는 프롬프트를 입력합니다.

☞ **프롬프트 입력 예시**

아래 내용을 참고로 하여 학생들이 작품을 감상할 수 있는 [웹페이지]를 만들어줘.
1) 웹페이지 제목: 00반 음악감상 갤러리
2) 각 작품마다 Song Maker 링크를 클릭할 수 있도록 구성해줘.
3) 학생들의 작품 URL 목록을 순서대로 웹페이지에 게시해줘.
4) 각 작품마다 '작곡가', '노래 제목', '멜로디 듣기' 링크가 포함되도록 해줘.

[학생 작품 목록]
- 작곡가: 000
- 노래 제목:
- 멜로디 URL:
(이하 다른 학생들의 작품 목록 추가)

---

3 프롬프트를 입력한 뒤에는 반드시 입력창 아래쪽의 ❶ 'Canvas' 버튼을 클릭하여 파란색으로 활성화된 상태에서 실행해야 합니다.

4 Gemini가 HTML코드를 생성하면 Canvas 기능을 통해 '실시간으로 웹페이지 미리보기'를 확인할 수 있습니다. 필요한 경우 '학생들이 흥미를 가질 수 있도록 웹디자인은 따뜻하고 멋지게 다듬어줘.'와 같은 추가 프롬프트를 입력하여 수정합니다.

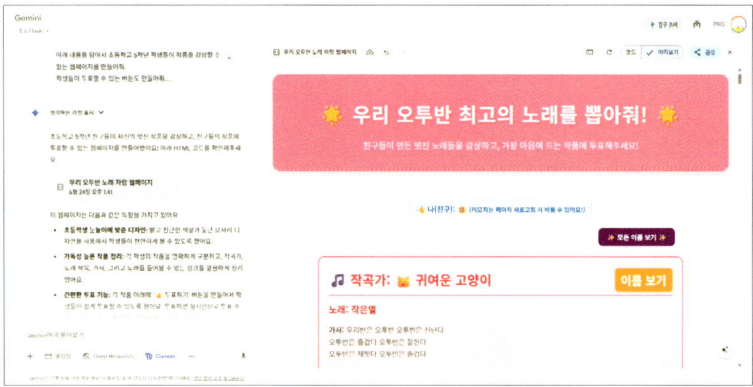

5 웹페이지가 완성되면 ❶ 오른쪽 상단의 '공유' - ❷ '콘텐츠 복사'를 클릭합니다.

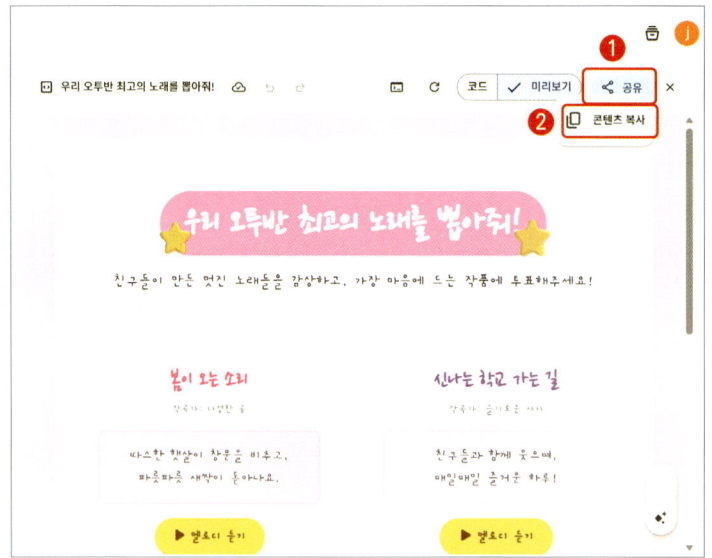

6 메모장을 열어 복사된 코드를 붙여넣은 뒤, 파일 이름 끝에 '.html' 확장자를 붙여서 저장합니다. (예 우리반_음악전시관.html) 저장된 파일을 더블클릭하면 웹 브라우저에서 웹페이지가 열립니다.

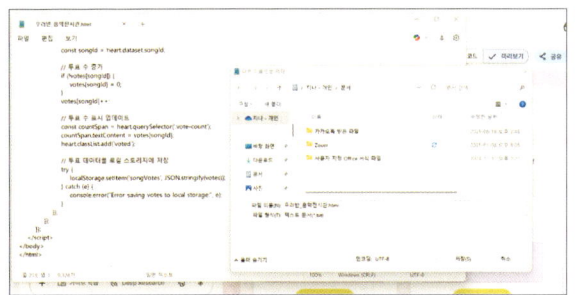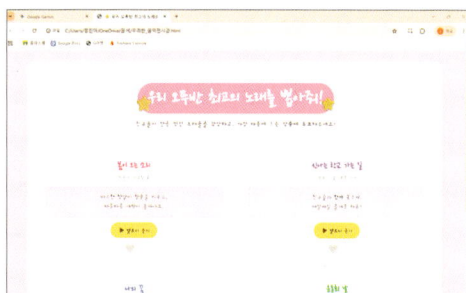

◆ Gemini Canvas로 완성한 웹페이지

Song Maker와 Gemini Canvas의 결합은 단순한 기술 활용을 넘어 교육적 가치를 창출합니다. 복잡한 절차 없이 학생들의 창작물이 전문적인 형태로 전시되는 경험은 성취감을 높이고, 지속적인 창작의 동기를 불어넣습니다. 또, Song Maker의 직관적인 음악 창작 도구와 Gemini Canvas의 손쉬운 웹페이지 제작 기능은 교사와 학생 모두에게 부담 없는 디지털 음악 교육 환경을 제공합니다.

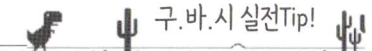

Gemini 개인계정(@gmail.com)에서는 'Canvas 공유 기능'을 통해 '공개 가능한 공개 링크'를 생성할 수 있습니다. Gemini 개인 계정으로 만든 Canvas 웹페이지에서 ❶ 오른쪽 상단의 '공유' - ❷ 'Canvas 공유하기'를 클릭하면 공유 가능한 링크가 자동으로 생성됩니다. ❸ '링크 복사'를 클릭하여 학급 LMS 또는 Google Classroom 등에 배포합니다.

닫는 글

변화는 이미 시작되었습니다

이 책을 시작하며 우리는 '진짜 변화'의 시작이 Google이었다고 이야기했습니다. 그러나 이 책의 마지막 장을 덮는 지금, 저희는 확신합니다.

이제 그 변화는 '선생님'으로부터 시작될 것입니다.

책에 담긴 수많은 사례와 팁들은 선생님의 교실에서 꽃피울 새로운 가능성을 위한 작은 씨앗입니다. 책을 읽는 동안 아마 "우리 반 아이들은 구글을 어떻게 활용할 수 있을까?", "이 도구로 어떤 새로운 배움을 만들어낼 수 있을까?"와 같은 질문이 선생님의 마음속에 떠올랐을지도 모릅니다.

이제 머릿속으로만 그려보던 수업 아이디어를 직접 실현해 볼 시간입니다.

이 씨앗이 어떤 열매를 맺을지는 오직 선생님의 손에 달려 있습니다. 처음에는 작은 실패를 경험할 수도 있고, 예상치 못한 어려움에 부딪힐 수도 있습니다. 하지만 걱정하지 마세요. 우리 모두는 이미 아이들을 위한 최고의 수업을 만들고 싶은 뜨거운 마음을 가지고 있습니다. 그 마음을 현실로 만들 '작은 용기'만 있으면 충분합니다.

내일 수업에서 아주 작은 아이디어 하나만 실천해 보세요. 그 한 걸음이 쌓여 어느새 선생님의 교실에도 놀라운 변화가 시작될 것입니다.

저희가 시도하고 깨달으며 찾아낸 수업 혁신의 여정, 그 끝은 바로 선생님의 교실에서 완성됩니다.

이제, 선생님의 시간입니다.